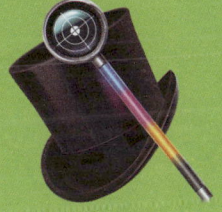

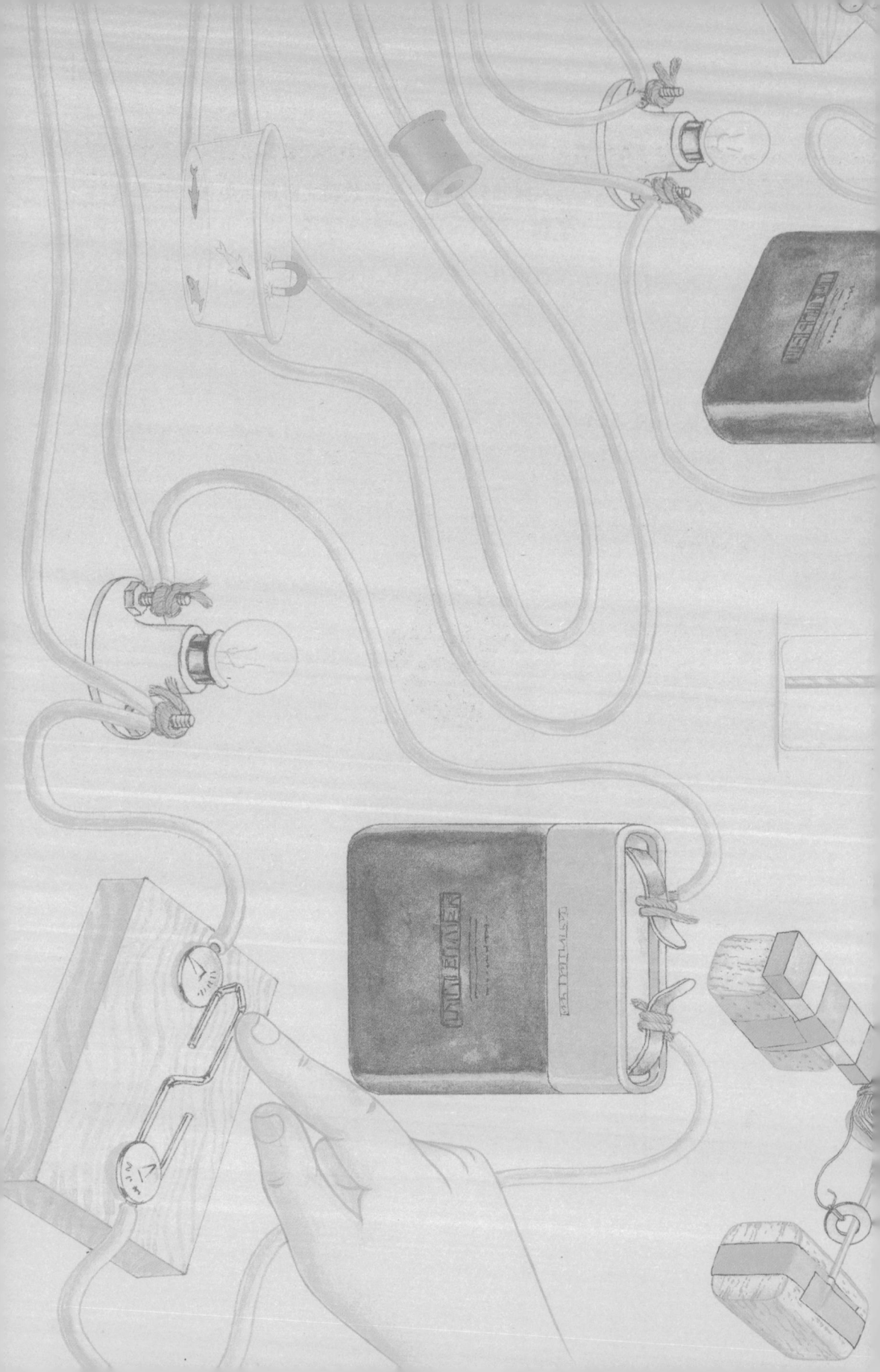

一起来玩儿吧

游戏中的科学和知识

方怡 编著

中国华侨出版社

图书在版编目（CIP）数据

一起来玩儿吧：游戏中的科学和知识 / 方怡编著. —北京：中国华侨出版社，2016.11
ISBN 978-7-5113-6397-8

Ⅰ.①一… Ⅱ.①方… Ⅲ.①科学知识—青少年读物 Ⅳ.①Z228.2

中国版本图书馆CIP数据核字（2016）第250946号

一起来玩儿吧：游戏中的科学和知识

编　　著：方　怡
出 版 人：方　鸣
责任编辑：子　梓
封面设计：韩立强
文字编辑：徐胜华
美术编辑：潘　松
经　　销：新华书店
开　　本：720mm×1020mm　1/16　印张：20　字数：480千字
印　　刷：北京中创彩色印刷有限公司
版　　次：2017年6月第1版　2017年6月第1次印刷
书　　号：ISBN 978-7-5113-6397-8
定　　价：29.80元

中国华侨出版社　北京市朝阳区静安里26号通成达大厦3层　邮编：100028
法律顾问：陈鹰律师事务所
发 行 部：（010）58815874　　　传　真：（010）58815857
网　　址：www.oveaschin.com
E－mail：oveaschin@sina.com

如果发现印装质量问题，影响阅读，请与印刷厂联系调换。

前言
PREFACE

　　门捷列夫用一副扑克牌发现了自然界各种物质间的关系,牛顿通过玩三棱镜创立了光谱学,李波尔赛受孩子游戏的启发试制成功了世界上第一台望远镜,雷内克从敲木头中得到启发从而发明了听诊器,威廉·梅尔道克回忆小时候玩的烧"煤石头"游戏发现了煤气……许多伟大的科学发现就是从游戏中诞生的。

　　科学并没有我们想象得那样难懂和枯燥,它就在我们触手可及的地方:它藏在喝可乐时的打嗝声中,它随着迎风飘飞的风筝一起飞舞,它是树上落下的苹果,它是爷爷看报时的老花眼镜……只要参与到有趣的科学游戏中,你会发现很多心中的疑惑将得到解答:为什么水珠是圆形的?空气有重量吗?北极星在星空中的什么位置?航天飞机是如何工作的?眼睛是如何看到东西的?怎样知道树木的年龄?如何辨别害虫与益虫?……在奇妙有趣的游戏世界中,你将学到丰富多彩的科学知识,感受到发现的乐趣,读懂科学的奥秘。

　　《一起来玩儿吧:游戏中的科学和知识》是精心编撰的科学游戏书,本书精选了近150个简单易做、妙趣横生的科学小游戏,包括简单小实验、趣味小制作、观察测量等。这些小游戏涵盖水、动植物、空气、光、运动、力、电、磁场、魔术、人体等各个方面的科学知识,内容涉及数理化、天文、地理、生物各学科领域,将科学知识蕴含在有趣的游戏中,寓教于乐。它们不仅妙趣横生,而且设计简单易做,用的都是生活中随手可得的材料,可以让读者随时随地做游戏,开开心心学知识。步骤虽然简明,却能得到惊奇有趣的结果,而且每个游戏后面都附有科学原理的讲解,深入浅出,让你在惊奇

中恍然大悟——科学道理一玩就懂。

这些有趣的科学游戏，许多是历史上科学大师们当年做过的经典实验，有些是最近新发现的自然现象，还有一些是生活味十足的科学趣事。做这些游戏的时候，你会陶醉在科学之中，也许会萌生新的科学构想，启发新的科学发明。从家里的厨房、客厅，到郊外的公园、学校的操场……在一个充满魔法的环境中，你可以随时随地体验科学探索的乐趣，还能成为让家长、老师和同学们都刮目相看的小科学家、小魔法师呢。

游戏令人快乐，科学使人智慧。在游戏中体验科学，感受自然奥秘的乐趣。捧读本书，动手游戏，思考问题，追求科学的热情和精神将由此培养起来，新奇的幻想和发明创造也将从这里开始。还需要犹豫吗？快快打开这本书，快快动手，进入科学游戏的迪斯尼乐园吧！

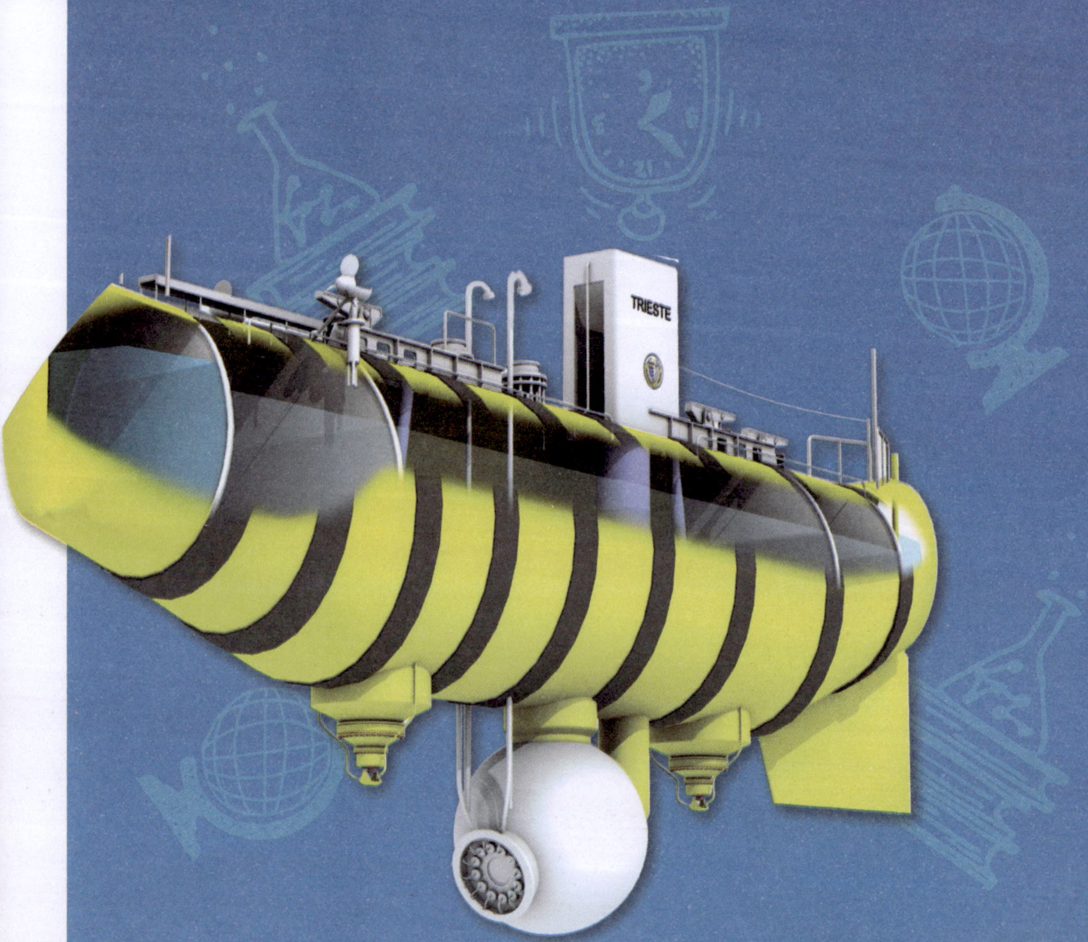

目录
CONTENTS

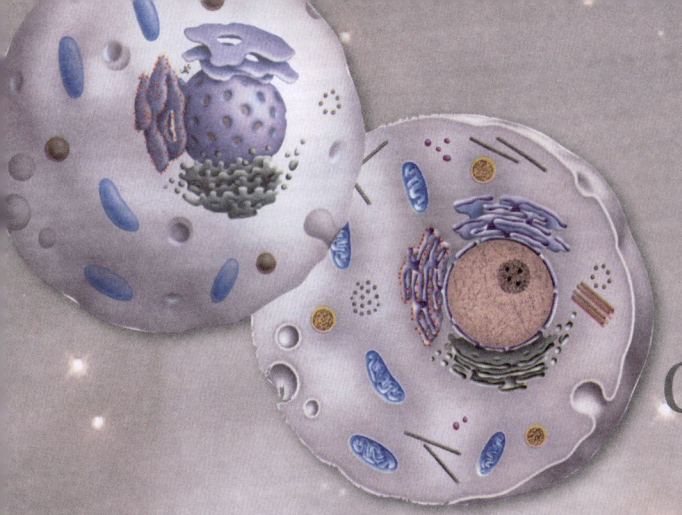

第一章　游戏玩转科学

▶ 抓住空气

- ▶ 空气无处不在 2
- 在水中保持干燥 3
- 称量空气（1） 4
- 称量空气（2） 5
- ▶ 空气的压力 6
- 无形的力 6
- 空气使水上升 7
- 比水更强大的力量 8
- 挤压空气 9
- ▶ 热空气和冷空气 10
- 加热空气和冷却空气 10
- "喷气式"气球 11
- 空气循环 12
- 保存热量 13
- 谁在挤压塑料瓶？ 14
- 空气的推力 15

水的力量

- ▶ 水 16
- 水往高处流 17
- 水中绽放的纸花 17
- 水的重量 18
- 简易喷泉 19
- ▶ 水的表面张力 20
- 水上漂浮 20
- 隔水膜 21
- 水中的小孔 22
- 蹦蹦跳跳的泡泡 23

光影游戏

- ▶ 光线 24
- 沿直线传播 25
- 照在地球上的光 25
- 花园日晷 26
- 穿过或不穿过 27
- ▶ 反射 28
- 闪亮的白纸 28
- 从黑暗到光明 29
- 做一个潜望镜 30

光线"反弹" 31
发光的"喷水机" 32

磁的世界

▶ 磁铁 33
哪些东西能抵抗吸引力？ 34
水下的磁力 35
赛车游戏 36
▶ 磁极 37
磁力线 38
"浮动"的磁铁 39
远距离推车 40

电的魔力

▶ 静电 41
特殊的力量 42
魔棒 43
确定电性 44

制做验电器 45
▶ 电流 46
电路 46
连续的线路 47
电导体 48
获取畅通电路 49
注意电池上的标志 50

运动是什么

▶ 从高处到低处 51
下落实验 52
弹簧秤 53
反弹 54
▶ 运动和静止 55
不受影响的硬币 55
生的还是熟的？ 56
用滚轴来移动 57
省力地移动 58

第二章　魔术中的科学

搞笑小魔术

从背上脱下的衬衫 60
钩破了 61
纸币加倍 61
不会爆炸的气球 62
听话的手帕 63
擤鼻子 64
断臂 64
断鼻 65

麻木的手指 65
使关节"劈啪"作响 65
领带"穿"脖子而过 66
啤酒钱 66

视错觉

普遍视错觉 67
哪一根更长 67
多少层架子 67

收缩的薄雾 67	散去的胡椒粉 75
小，中，大 67	硬币穿孔 76
连接线 68	悬挂制作 77
与帽檐同长 68	吸管瓶 78
标准正方形 68	逃脱的硬币 78
奇怪的圆形 68	试着站起来 79
伸缩的钢笔 69	必赢的赌注 79
飘浮的香肠 69	要是你可以，就将我举起 80
手中的洞 69	压不碎 81
手臂变长 70	悬架桥 81
小手指短了 70	硬币诡计 81
拇指变长 71	金字塔游戏 82
拧断拇指 71	解谜 82
消灭它 72	靶心 83
东西相遇 72	打乱的杯子 84
合二为一 73	X射线视力 85
夹住王后纸牌 74	夹起硬币 85
	穿过一张明信片 86
特技和智力游戏	喝酒难题 87
浮起的手臂 75	剪切难题 87
	分开盐和胡椒 88

第三章 去宇宙中旅行

出 发

明亮还是昏暗 94	4~6月的星空 106
恒星 96	7~9月的星空 115
星空天体 99	10~12月的星空 122

北天星图

南天星图

1~3月的星空 101	1~3月的星空 131
	4~6月的星空 136
	7~9月的星空 142

10～12月的星空.................................148

月球、太阳和行星
月球.................................151

月食和日食.................................157
八大行星.................................161
银河.................................173
彗星.................................175

第四章 它们是怎么工作的

航天器"研究所"
最早的太空访客：V-2火箭.................180
"斯普特尼克"1号人造地球卫星.......182
"东方"1号飞船...............................184
"土星"5号火箭...............................186
"先驱者"11号探测器........................188
穿梭太空的航天飞机........................190

船与潜艇的工作密码
水上利器：水翼艇...........................192
商用气垫船....................................194
邮轮：航向全球最美丽的角落...........196
海上运输专家：货轮........................198
航空母舰：海上移动堡垒..................200
潜艇：深海沉浮的幽灵.....................202
深海潜水器....................................204

解剖车辆
骑行天下——山地自行车..................206
旅行摩托车....................................208
舒适实用的家庭轿车........................210
炫酷的超级跑车..............................212

电器们是怎么工作的
运算高手：电子计算器.....................214
全新视觉体验：纯平显示器..............216
个人电脑，让你的生活变得丰富多彩..218
留住美好瞬间——数码相机..............220
数码摄像机，记录精彩片段..............222
"过目不忘"的扫描仪........................224
个人音乐播放器，让音乐无处不在....226
人人都爱游戏机..............................228
现代通信之王——手机.....................230
回家看电影：家庭影院.....................232

第五章 认识我们的身体

人体生理系统

- ▶ 复杂的"机器" 234
  - 细胞的分布 234
  - 人体系统 234
- ▶ 细胞是生命活动的基本单位 236
  - 细胞器 236
  - DNA 236
- ▶ 人体组织和器官 238
  - 组织的类型 238
  - 器官 239
- ▶ 骨骼是身体的支架 240
  - 各类骨骼 240
  - 骨骼上所附着的肌肉 241
- ▶ 人体的发动机 242
  - 肌肉的构造与功能 242
  - 肌肉的收缩 243
- ▶ 人体的信息网 244
  - 神经系统 244
  - 神经冲动的传导 245
- ▶ 体内物质运输的系统 246
  - 血细胞 246
  - 血管 247
- ▶ 我们是怎样呼吸的 248
  - 呼吸系统的构造 249
  - 呼吸运动的调节 249
  - 气体的交换 249
- ▶ 食物是怎样被消化的 250
  - 食物的消化 250
- ▶ 什么是内分泌系统 252
  - 激素的功能 253
- ▶ 生命从哪里来 254
  - 染色体数 254
  - 受精过程 255
- ▶ 人的孕育和出生 256
  - 胎儿的发育 256
  - 分娩 256

大脑与感官

- ▶ 大脑的构造是怎样的 258
- ▶ 大脑怎样工作 260
- ▶ 视觉是怎样形成的 262
  - 视网膜 262
  - 视觉皮层 263
- ▶ 你怎样听到声音 264
  - 听觉功能 265
  - 维持人体平衡 265
- ▶ 嗅觉、味觉和触觉面面观 266
  - 嗅觉 266
  - 味觉 266
  - 触觉 267

| 怎样延缓衰老 | 268 | 衰老过程 | 268 |

第六章 藏在四季里的科学

春季篇

制作石膏印模	270
追踪蜗牛	272
喂养鼻涕虫和蜗牛	273
饲养毛毛虫	274
发现池塘和小河底下的秘密	276
室内育种	278
分育幼苗	279

夏季篇

测量树的高度	280
测出树的粗细和年龄	281
花园"狩猎"	282
让蜜蜂和蝴蝶入住你的花园	283
赶海	284
收集贝壳	286
布置迷你池塘	288
建造沙漠花园	290
种植野花	291

秋季篇

认识树木的结构	292
认识大树上的生命	294
做一名自然侦探	295
观察石块和圆木下的世界	296
设置隐形陷阱	297
收获秋天	298
收集秋天的落叶	300

冬季篇

绘制自然地图	302
记录旅途中的见闻	303
蛛丝马迹	304
观察地鳖虫	305
制作饲虫箱	306

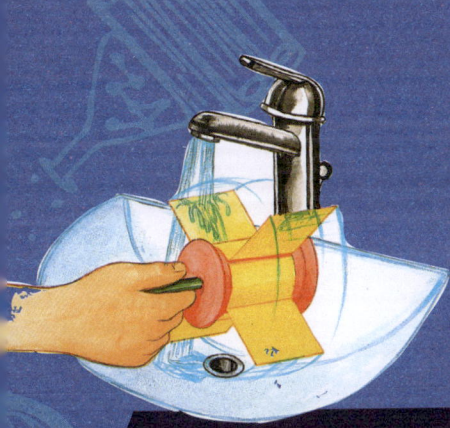

第一章

游戏玩转科学

抓住空气

空气是什么？空气有重量吗？空气能产生力吗？风有多大的力量？最适合飞行的形状是什么？声音如何传播？

空气无处不在

空气无处不在，占据着每一个自由空间。空气存在于水、动植物和人类的体内以及其他物体中。虽然空气很轻，而且看不见，但我们仍然可以发现称量空气的方法。

第一章 游戏玩转科学

★ 在哪里我们可以发现空气？

在水中保持干燥

你需要准备：
- 1个干净的大口玻璃瓶
- 1个乒乓球
- 1张纸
- 1个装水的透明的碗或盆（比玻璃瓶高）

游戏步骤：

1. 把纸放入玻璃瓶底。
2. 把乒乓球放置在盆内的水面上。

3. 把玻璃瓶倒置，扣住乒乓球，然后把玻璃瓶用力往下压，直到瓶口接触到盆底。

发生了什么呢？

水没有进入玻璃瓶内，而乒乓球在盆底静止不动，几乎还是干燥的。

原因解答：

玻璃瓶内的空气阻止了水进入玻璃瓶内，所以玻璃瓶里的纸没被弄湿。如果把玻璃瓶垂直向上提出水面，你会看到，玻璃瓶内的纸几乎没有变湿，玻璃瓶内仍然保持干燥状态。

4. 把玻璃瓶再次浸入水中。
5. 当玻璃瓶口接触到盆底的时候，稍微倾斜一点点。

发生了什么呢？

一串串空气泡从玻璃瓶里跑出来，冒出水面，然后破裂。水进入了玻璃瓶，乒乓球在玻璃瓶内向上漂浮，最后水把纸浸湿了。

原因解答：

玻璃瓶里的空气找到了跑出玻璃瓶的路径，并且向上升。现在，水进入瓶内占据了玻璃瓶里空气所占据的空间。

真空包装的产品

如果你仔细阅读咖啡瓶包装纸上印刷的信息，你可能会看到"真空包装"的字样。真空包装是一种特殊的制作程序，它把瓶里的空气抽走，使咖啡的香味能够被更好地保留。当玻璃瓶盖被打开的时候，你可以听到一声轻响，就好像是呼吸声。这是空气重新占据了咖啡瓶内的空间而发出的声音。

水中的空气

空气也存在于水中，我们可以通过一个小小的实验来验证这一点。

把一个装满水的透明玻璃杯放在一个热源旁边。当水开始升温时，你会看到一个个充满空气的小气泡聚集在玻璃杯的杯壁上。尽管水中存在空气，但是人类却不能直接从水中呼吸空气。在水下，我们需要用吸管从水面呼吸氧气，或者用装满氧气的氧气瓶来维持呼吸。

★ 空气有重量吗?

称量空气(1)

你需要准备:

- 2根塑料棒,1根长15厘米,1根长30厘米
- 2个大小相同、颜色不同的气球,稍微充气
- 2罐饮料
- 1卷胶带
- 1支铅笔

游戏步骤:

1. 用铅笔在30厘米长的塑料棒的中心点处做一个记号。

2. 用胶带把两个气球分别套在塑料棒的两端。

3. 把15厘米长的塑料棒两端分别粘在两个饮料罐上,然后把30厘米长塑料棒的中心点放在15厘米塑料棒上。

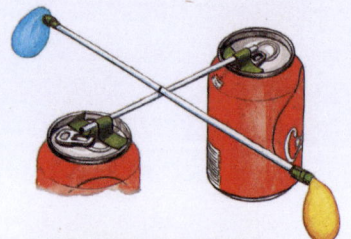

发生了什么呢?

30厘米的塑料棒仍然保持着平衡。

原因解答:

塑料棒两端的两个气球重量相等。

4. 把一个气球取下来,打满气,然后把它再套在30厘米塑料棒的一端,把塑料棒的中心点放在15厘米塑料棒的上面。

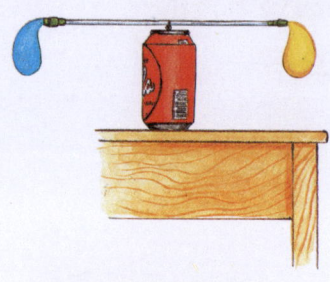

发生了什么呢?

充满气的气球的那一端往下压。

原因解答:

充满气的气球里的空气质量比另一端的气球里的空气质量大。

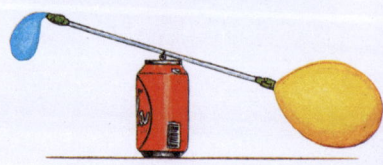

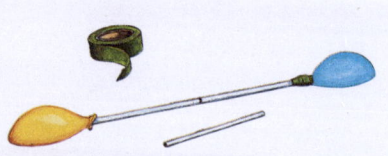

称量空气（2）

你需要准备：
- 1 把米尺（或 1 把软尺）
- 1 支笔和一张纸
- 1 个体重计

游戏步骤：

1. 以米为单位，测量房间的大小，分别测量房间的长、宽、高。

2. 将测量得到的数据相乘，得出房间的体积（体积＝长×宽×高）。

3. 科学家们经过计算得出，1 立方米空气约重 1.2 千克。因此，如果用房间的体积乘以 1.2，你就可以得出房间里空气的质量。

4. 现在用体重秤称你自己的体重，与房间中的空气质量相比，哪一个更重呢？

发生了什么呢？
你会发现，房间中空气的重量比你还重。

原因解答：
一个中等大小的房间里的空气重量跟一位成年人的体重大致相等（约为 70 千克）。

用气泡来吸引猎物

乒乓球从水底浮出来的时候，你可以看到它在水面上快速旋转，因为它比水轻。这也是水里的气泡浮出水面的原因。

巨头鲸会利用这种现象（气泡）来捕捉猎物：它在一大群鱼的下面不断转圈，制造出很多浮上水面的气泡。这些气泡会把鱼吸引过来，而巨头鲸只要坐等美食送上门来就行了！

一起来玩儿吧
游戏中的科学和知识

空气的压力

大气层是指包裹着地球的厚的空气层（约为1000千米厚），它对人体和物体产生巨大的压力，但是却没人注意到它——尽管压在每个成年人身上的空气达15吨！虽然我们在自己身上感觉不到空气的巨大压力，但我们可以发现并测量到它，还能人为地增加空气的压力，并利用空气的压力来操纵机器，克服重力。

★ 空气能产生力吗？

无形的力

你需要准备：
- 1把尺子
- 1大张白纸
- 1块木板

游戏步骤：

1. 把尺子放在木板上，使它的1/3露在木板的外面。

2. 把白纸放在尺子的上面，并使白纸平摊在木板上。

3. 用力向下击打露在木板外面的尺子部分，使纸跳到空中（注意不要用力过猛把尺子打断）。

发生了什么呢？

纸阻止尺子跳起来。

原因解答：

空气向下压着白纸。因为白纸的面积很大，所以尽管向下击打的力量很大，但是纸面上的空气重量足以阻止它跳起来。

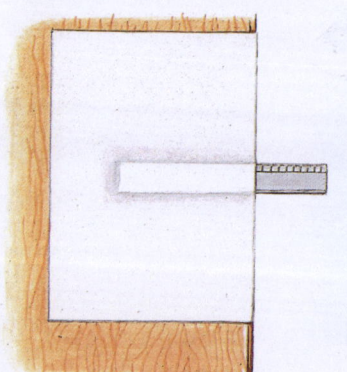

第一章 游戏玩转科学

空气使水上升

你需要准备：
- 1个盆
- 1个玻璃杯
- 清水

游戏步骤：

1. 把玻璃杯放进盛满清水的盆中，使杯底朝上。

2. 把玻璃杯向上提，但是不要使杯口离开水面。

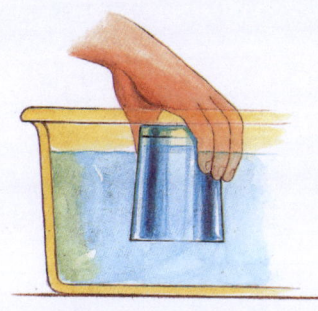

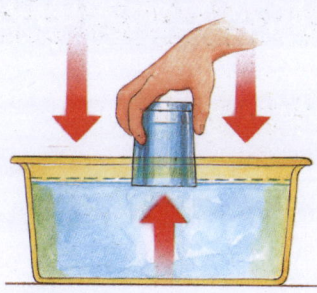

发生了什么呢？

玻璃杯中的水面上升了，比玻璃杯外的水面要高。

原因解答：

盆里水的表面上的空气压力把水推进了玻璃杯里。如果玻璃杯的杯口离开盆的水面，空气就会进入玻璃杯，并把玻璃杯里水向外推出，玻璃杯就会变空。

★ 空气只会向下压吗？

比水更强大的力量

你需要准备：

- 1个杯口光滑的透明玻璃杯
- 1张风景明信片，或者1张明信片大小、表面光滑的卡片
- 少量清水
- 1个用来做实验的水池

游戏步骤：

1. 将玻璃杯装满清水。

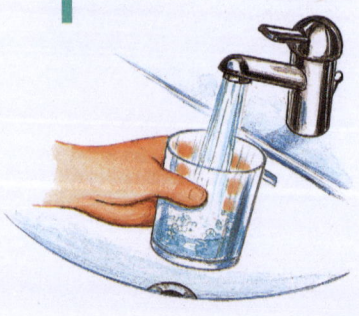

2. 小心地把明信片光滑的一面放在玻璃杯的杯口上。

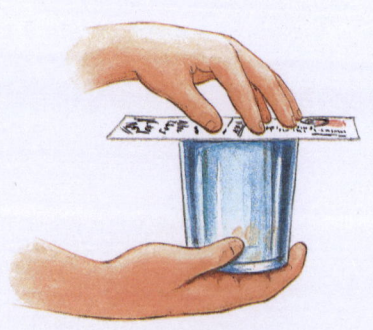

3. 用手指按住明信片，将玻璃杯倒过来。
4. 把手从明信片上拿开。

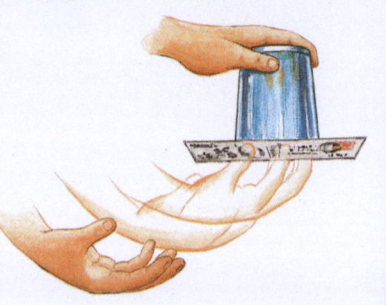

发生了什么呢？

明信片仍然附着在玻璃杯口，而且玻璃杯中的水也没有流出来。

原因解答：

明信片下方的空气压力比玻璃杯中的水的重量更大，这就是明信片能承受住水的重量让水无法流出来的原因。

吸盘的力量

把吸盘用力按在物体表面上时，吸盘里的空气就被挤压出来了。由于吸盘外的空气压力，吸盘紧紧地附着在物体的表面，造成完全密封。但是，如果你把吸盘的边缘稍稍抬起，空气就会进入吸盘里面，吸盘就无法再吸在物体的表面了，因为吸盘里面的空气压力和吸盘外面的空气压力是一样大的。关于这一点，你还可以通过测试哪些物体表面吸盘可以吸住，哪些物体表面吸盘不能吸住的实验来证明。你会发现，吸盘只会吸附在那些表面非常光滑的物体上。而当吸盘按在表面很粗糙的物体上时，空气从外面挤压吸盘，同时迅速地从吸盘和物体表面之间的空隙钻进吸盘。

第一章 游戏玩转科学

★ 空气可以被压缩吗？

挤压空气

你需要准备：
- 1个去掉针头的注射器

游戏步骤：

1. 把注射器的活塞拉起，使注射器里充满空气。
2. 用一个手指堵住注射器的口，用力向下推活塞，然后放开活塞。

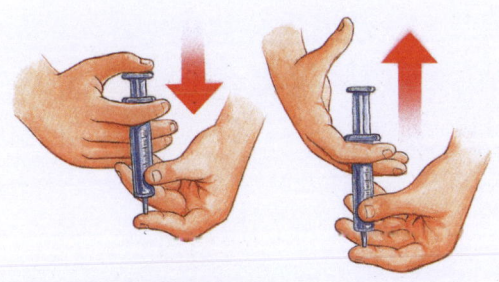

发生了什么呢？

活塞仿佛被一种看不见的力量推挤，向上弹起，然后停住。你会感觉到有一股强大的推力挤压着你堵住注射器口的手指。把你的手指拿开，活塞就会回到最初的位置。

原因解答：

空气被压缩了，因为活塞压得空气只占据了一个很小的空间。压缩增加了空气的压力——挤压容器内壁和你的手指的那股力量。活塞回到最初的位置是因为被压缩的空气膨胀并从注射器口流出，随后，空气压力减小，然后活塞下落。

压缩空气的力量

轮胎里的压缩空气可以支撑整个自行车、轿车甚至自动列车的重量。由于轮胎的表面柔韧而富有弹性，因此，当车辆行驶到颠簸的路面或遇到不平的物体时，轮胎就会像一个软垫子一样起到缓冲的作用。

直升飞机和降落伞都利用空气压力工作。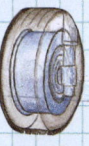直升飞机的螺旋桨旋转时，把空气向下推，挤压空气，最终获得一股力让直升机起飞并升上天空。

降落伞的形状就是为了在伞下聚集和压缩大量的空气而设计的。这些空气向上产生足够强大的力，抵消下降的力，并延缓下降的速度。

气垫船是一种悬置在气垫上，并能在陆地和水面行驶的交通工具。

不论是眼药水滴瓶这么简单的东西，还是飞机引擎那么复杂的机器，都利用了将空气压缩至一个更小的空间而产生更大的力的原理。当你放飞一个充气的气球，目送它升入天空时，你也利用了被压缩的空气的力量。

热空气和冷空气

在大气中有大量的冷空气和热空气移动，气象卫星将这些情况拍成照片，供气象学家们进行分析，以便预报降雨和台风。这些大量的空气就像风一样，依靠大气的反应和太阳的热量，围绕着地球持续流动。

★空气加热、冷却会发生什么？

加热空气和冷却空气

你需要准备：
- 1个气球
- 1个空小口玻璃瓶
- 1个装满热水的盆（注意别被烫伤）

游戏步骤：

1. 将气球稍微充气，并将它套在玻璃瓶口上。

2. 握着玻璃瓶，将其竖立在热水中1~2分钟。

发生了什么呢？

气球发生了膨胀。

原因解答：

跟其他物质一样，空气也是由分子构成的，而分子是由微小的、运动的粒子组成。热量使得这些分子分开了，这意味着玻璃瓶内的空气发生了膨胀，因此需要更多的空间，所以瓶内空气进入了气球，并且使气球膨胀。

3. 打开水龙头，用凉水冲玻璃瓶。

发生了什么呢？

气球慢慢地缩小了。

原因解答：

因为遇冷，空气收缩了，分子之间相互靠近了。因此，空气占据玻璃瓶内的空间变小，使气球内的气体进入玻璃瓶，气球变小。

第一章 游戏玩转科学

"喷气式"气球

你需要准备：
- 1个玻璃杯
- 1本书
- 1块表面光滑的木板
- 冷水和热水

游戏步骤：

1. 将木板轻轻地斜靠在书上，用凉水清洗玻璃杯，然后将玻璃杯底朝上倒放在木板的最高点。

2. 用热水冲洗玻璃杯，再把它杯底朝上倒放在木板的最高点。

发生了什么呢？

用冷水冲洗过的玻璃杯沿着木板慢慢向下滑行，最后停住。而用热水冲洗过的玻璃杯会很快地向下滑行，然后跌落。

原因解答：

玻璃杯内的空气被热水加热后，发生膨胀，使得玻璃杯非常轻微地从木板上面抬升，因此它能够不受阻力地很快滑下木板末端。

小心空气膨胀

在每一个气体喷雾剂上，你都会发现这样一个警告："避免阳光直接照射，避免温度超过50℃。"通过我们之前的实验，你会知道这些警告的原因：喷雾剂里的压缩气体跟空气一样，如果受热，压缩气体就会膨胀，使喷雾剂瓶炸开！

★ 热量如何在空气中传导？

空气循环

你需要准备：

- 薄纸条
- 1 把剪刀
- 1 根细绳
- 1 卷胶带

注：这个实验必须在冬天一间温暖的房间里进行。

游戏步骤：

1. 用胶带把纸条粘在一条至少 1 米长的细绳上。
2. 如图所示，用另外两块胶条把绳子的末端固定在窗户的两个下角。
3. 打开窗户，使它刚好拉紧绳子。现在，开始仔细观察纸条的运动情况。

发生了什么呢？

纸条朝房间内弯曲。

原因解答：

冷空气进入房间，把纸条压向房内。

4. 现在，重复这个实验。这一次，把绳子的末端粘在窗户的两个上角。

发生了什么呢？

纸条朝房间外弯曲。

原因解答：

冷空气从窗户的下部进入房间的同时，热空气从房间的上部向外逃逸，把纸条压向房外。

加热房间

热能够穿过冷的物体和热的物体。在一个房间内，散热器先把它附近的空气加热，然后加热周围的空气。随着热空气上升，它原来所占据的空间就会被质量更重的冷空气所占据。这一部分冷空气接着也会被加热，然后上升，当热空气升到很高后，与冷空气接触，并加热冷空气。因此，热空气又会变冷，然后下沉。这个热空气－冷空气－热空气的循环周而复始，这种空气由下到上，再由上到下的运动被称作对流（意思是"传导"）。

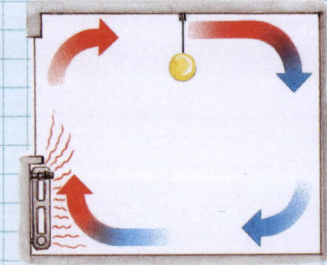

第一章
游戏玩转科学

保存热量

你需要准备：

- 3个一样的带盖玻璃瓶
- 羊毛巾
- 几张报纸
- 1个与三个玻璃瓶一样深的盒子
- 热水
- 可以在水里使用的温度计

游戏步骤：

1. 将第一个玻璃瓶用羊毛巾裹起来。把第二个玻璃瓶放在盒子里，并用揉皱的报纸把它包起来，第三个玻璃瓶则不用任何东西包裹。

2. 将三个玻璃瓶都装满热水，然后测量出每个玻璃瓶的水温，盖上盖子。

3. 把三个玻璃瓶放在一个寒冷的地方（如阳台上或一个寒冷的房间）30分钟。

4. 用温度计测量哪个玻璃瓶里的水的温度下降最少。

发生了什么呢？

水温下降最多的是没有包裹的那瓶水，而水温下降较少的则是盒子里围着皱报纸的那瓶水和用羊毛巾包裹的那瓶水。

原因解答：

羊毛巾和报纸能保存热量，并且使瓶子与冷空气隔绝了，这延缓了水温的下降。

保存热量

热的导体有很多种，其中一种是金属，因为它受热后可以立即把热量传导出来，这就是为什么水壶的金属柄很快就变热的原因！自由流动的空气向四周传播热量，金属会保存并吸收热量，这就是金属成为优良导体的原因。

同时，我们也利用双层玻璃窗来阻止房间内的热量向外逃逸。玻璃窗的两个窗格间的间隙可以保存空气，成为一道热空气和冷空气之间的屏障。羊毛衣物、填料、鸟类的羽毛以及很多动物的皮毛都以同样的方法来保存热空气。即使是雪也能成为隔热层，保护动物和植物的种子不受危害性霜冻的侵害。

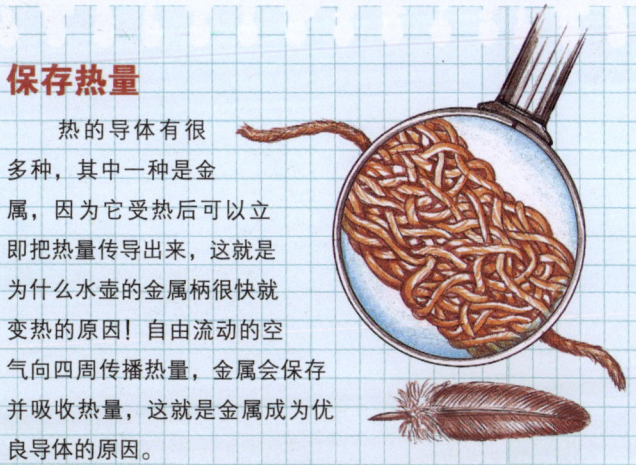

一起来玩儿吧
游戏中的科学和知识

★ 热空气和冷空气产生的压力相同吗？

谁在挤压塑料瓶？

你需要准备：
- 1个有盖的1.5升空塑料瓶
- 热水

游戏步骤：

1. 将塑料瓶装满热水。
2. 等待几秒钟后，将塑料瓶里的水倒空，并迅速盖上瓶盖。

原因解答：

塑料瓶里的空气因为受热膨胀变轻，因此对内壁产生的压力比瓶外空气对外壁的压力小，所以，塑料瓶外的空气挤压瓶子，使之变扁。

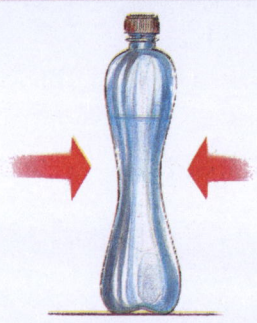

发生了什么呢？

你会发现，塑料瓶变扁了，就好像有一双手在挤压瓶身！

高空俯瞰图

地球周围环绕着无数的对流气流，它们是由太阳的热量引起的。空气持续不断地从温度较低、空气质量较重的高气压区（如南极和北极地区）流向温度较高、空气质量也较轻的低气压区（如赤道地区）。这些大量空气的运动形成了风，温度也不断发生变化。这就是气象学家和气象预报员认真研究它们的原因。在低气压区，我们可以预测到降雨天气，因为空气上升，聚集在一起形成云朵；在高气压区，我们可以预测到干燥的天气，天空晴朗，阳光灿烂，因为风把云推向该区域的外部。

欧洲的一张卫星云图显示：英国上空有一个气旋。

第一章
游戏玩转科学

★ 风有多大的力?

空气的推力

你需要准备:
- 1 张卡片
- 1 支铅笔
- 1 把剪刀
- 1 个图钉
- 1 根小木棍

发生了什么呢?

风车飞快地旋转。

原因解答:

空气吹到卡片上时,就会对着卡片聚集在一起,但是被卡片的4个角阻挡了。风对卡片的4个角的推力让风车不断旋转。风车房和风力农场里风力机器的工作原理与此相同。风吹在可以被推动的阻碍物——帆的表面,可以使它转向。在风力农场里,风能被转化为电能。

游戏步骤:

1. 如图所示,把纸剪成图中的形状。

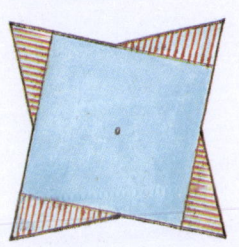

2. 把图中的阴影部分折起来,做成风车。

3. 把风车的中心点用图钉钉在小木棍上。

4. 确保风车能够自由地旋转。拿着小木棍,使风能吹到风车。

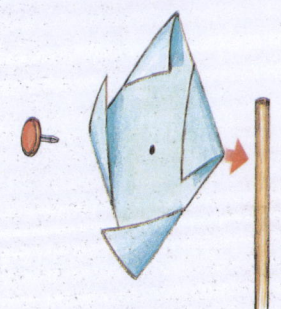

龙卷风

低气压区,也被称为气旋,比高气压更多变,并且能形成旋风。根据产生地的不同,旋风也被称为台风或飓风。热带气旋是地球上已知的破坏力最强的气象现象,它能够造成彻底的毁灭,摧毁任何挡在它前进道路上的东西。在旋风里,风围绕着叫作"旋风眼"的中心点以高达500多千米的时速飞快旋转,而在旋风眼中心,气压较低,天空晴朗,空气平稳。

水的力量

水是如何运动的?为什么水珠是圆形的?为什么一些物体能浮在水面上而另一些却不能?为什么天会下雨?物质溶于水中时会发生什么?

水

水同其他液体一样,本身没有形状,它可以占据任意能容纳它的空间。

水往低处流,这是地球引力的作用。当水下落时,能产生巨大的能量,可以用来发电。

水还能通过植物根系被慢慢地、一点点地向上传遍植物的枝干,维持植物的生命。

接下来的几个游戏将展示水的许多其他特性:水的渗透能力、水的压力,以及水受热时的运动情况。

第一章
游戏玩转科学

★ 水是如何运动的？

水往高处流

你需要准备：
- 1根约20厘米长带叶子的芹菜
- 1个玻璃瓶
- 水
- 蓝墨水或红墨水

游戏步骤：

1. 把水倒入玻璃瓶内，滴入几滴墨水给水上色。
2. 把芹菜放入染上色的水中。然后将玻璃瓶置于温暖的地方。

发生了什么呢？

几小时后，芹菜梗及叶子呈现出墨水的颜色。

原因解答：

如果你切开芹菜梗，你就会发现它是由很多"小管子"组成的。水通过这些小管子流到芹菜叶子上，就像被吸上去一样。这种现象就叫作毛细作用。植物就是利用这一作用用其根系从土壤中吸取水分，然后将其一直运送到叶片上。用类似的方法，你也能将白色的花朵染上颜色。

水中绽放的纸花

你需要准备：
- 1张白纸
- 水彩笔
- 剪刀
- 装上水的水盆

游戏步骤：

1. 先用水彩笔在纸上勾勒出下图的图形，描出上面的线，然后把它剪下。
2. 将花瓣沿虚线折好。
3. 把弄好的纸花小心地放在水上。

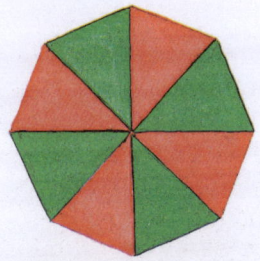

发生了什么呢？

慢慢地，花开了。

原因解答：

水通过毛细作用渗入纸内部的纤维中，这使纸内部纤维膨胀。折线部分渐渐张开，纸花就绽放了。

★ 你能增强水的力量吗？

水的重量

你需要准备：
- 2个塑料瓶
- 1个钉子
- 胶带
- 水

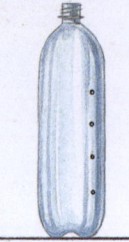

游戏步骤：

1. 如图所示，用钉子在一个瓶子上竖着钻一排小孔，在另一个瓶子上横着钻一圈小孔（在成年人的监护下进行）。

2. 用胶带封住两个瓶上的孔。

3. 给两个瓶子装上水，撕下瓶上的胶带。

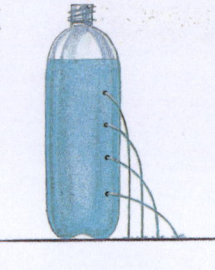

发生了什么呢？

水从横着打有一圈孔的瓶子中向四周喷出，而且喷出的距离相同。但从竖着打有一排孔的瓶子中，水喷出的距离不同，离瓶底越近的孔里喷出的水越远。

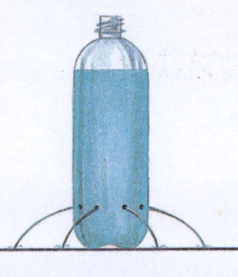

原因解答：

装在瓶里的水对瓶内壁产生很大的压力，所以当它从孔中喷出时，力量很大。这种力量因为靠近底部的水的重量增大而加大，喷出的水就更远。

深海探险

深海潜水器是可下潜的水下船只，用于深海探险和研究。深海潜水器船身内装有发动机和蓄水箱，当深海潜水器下潜时，这些蓄水箱逐渐地装满水，使船内压力和外部海水压力保持平衡。深海潜水器船身下是一个圆球，用于船员在里面对深海进行观察，它由能承受深海巨大水压的钢板做成。在1960年，雅克·皮卡尔（深海潜水器发明者奥古斯特·皮卡尔之子）与美国海军少尉沃什乘坐"德里雅斯特3号"深海潜水器下潜到水下11022米的太平洋海底。

简易喷泉

你需要准备：

- 1个橡胶管
- 胶带
- 眼药水瓶滴嘴
- 漏斗
- 水

游戏步骤：

1. 用胶带将漏斗缠在橡胶管一头，将眼药水瓶滴嘴缠在另一头。

2. 用手指捏住滴嘴，同时将水从漏斗中灌入橡胶管中（在水池上进行）。

3. 放低有眼药水瓶滴嘴的一端橡胶管，松开手。

发生了什么呢？

水从眼药水瓶滴嘴喷出。漏斗那端抬得越高，眼药水瓶滴嘴喷出的水越高。

原因解答：

漏斗处的水受到的大气压力大于橡胶管中水的重量，这使橡胶管中的水从眼药水瓶滴嘴喷出。漏斗抬得越高，水也喷得越高，这是因为管内水的落差变大。同理，把一个物体抬得离地面越高，它的势能就越大。

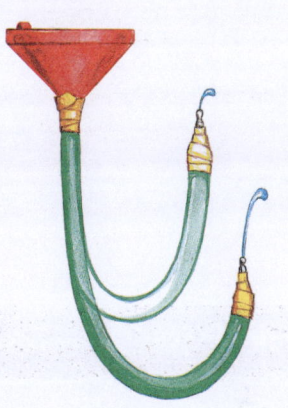

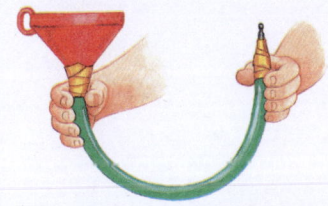

水的天然力量

几个世纪以来，人们一直利用水来驱动水车。水的这种力量源于水的落差或是水下暗流的作用。水电站就是利用水从高山上流下时产生的能量发电。

水的表面张力

水是液体，能流动，并能让物体沉入其中。水分子使水运动，但水分子不会完全分开，它们每时每刻都相互吸引。

水面的水分子没有其他水分子从其上方吸引，因此结合得更加紧密。水面的这种张力使一些小动物能在水面行走，我们能吹肥皂泡泡也是得益于此。

★ 为什么水珠是圆形的？

水上漂浮

你需要准备：
- 镊子
- 针
- 杯子
- 水

游戏步骤：

1. 往杯中加满水。

2. 用镊子夹住针，将针轻轻地放在水面上。

发生了什么呢？

针漂浮在水面上（针也可能沉入杯底，多试几次，你必须将针轻轻地水平放下）。

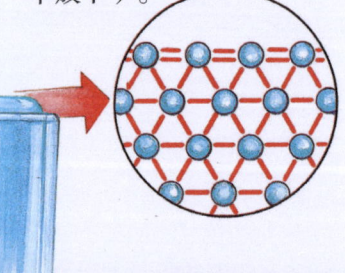

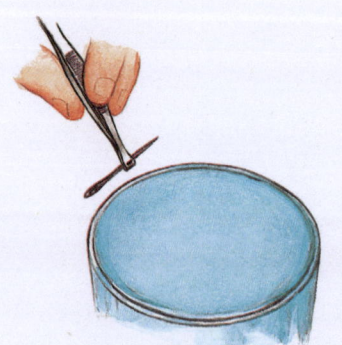

原因解答：

水面的水分子会形成一种膜，能够支撑住较轻的物体。这种使水分子联结在一起的力量叫水的表面张力。当你倒了满满一杯水，仔细观察水面，你会发现，沿着杯口，水面向上微微鼓了起来，构成一个曲面，这正是水的表面张力的作用。它紧紧拉拽着水面，就如同一个袋子般装着水。如果水很少的话，水的表面张力就使水形成圆圆的水滴。

第一章 游戏玩转科学

隔水膜

你需要准备：
- 手绢
- 皮筋
- 杯子
- 水

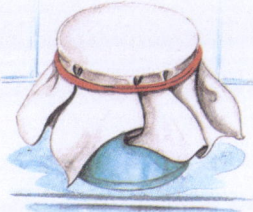

游戏步骤：
1. 把手绢浸入水中，然后拧干。
2. 往杯中倒满水。
3. 把手绢充分展开罩在杯口上，用皮筋紧紧地扎住。
4. 把杯子快速翻转过来。

发生了什么呢？
杯中的水被手绢挡住，就好像手绢不透水似的。

原因解答：
手绢被弄湿后，纤维间都充满了水。水的表面张力使湿手绢变成一层不透水的隔膜。类似的例子还有：湿头发会粘在一起；湿沙子可用来雕塑却不会坍塌。这都是因为纤维或颗粒间的空隙被水填满，并相互联结在一起。

★ 肥皂对水的影响

水中的小孔

你需要准备：

- 滑石粉
- 水
- 肥皂水
- 1个水池或水盆

游戏步骤：

1. 在水池或水盆中灌入水。

2. 把滑石粉撒在水面上。

3. 将手指插入水中，就像在水面上打孔一样。

发生了什么呢？

滑石粉会体现水的表面张力。因此，当你将手指插入水中时，水的表面张力会使"小孔闭合"。

4. 将指尖沾上肥皂水（注意别让肥皂水滴入盆里的水中），将沾上肥皂水的手指靠近水池或水盆边缘插入水中。

5. 用沾了肥皂水的指头在撒了滑石粉的水面钻孔。

原因解答：

水的表面张力很强，当你将手指插入时，水面只是暂时被穿破。

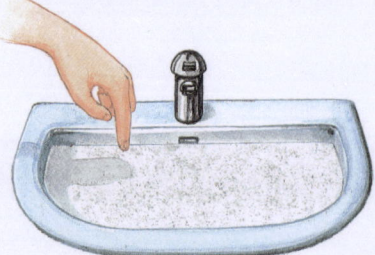

发生了什么呢？

你第一次将沾了肥皂水的指头伸入有滑石粉的水中时，水面的滑石粉会散开。但从第二次开始，手指就能在水面留下小洞。

原因解答：

肥皂水会降低你手指钻入处水的表面张力，而水面其他地方张力仍会很强，紧紧地吸住滑石粉。水面上产生的小孔不会合上，因为小孔处的肥皂水使水分子不能结合，水面也无法恢复到以前的状态。如果你想重复实验，你需要把水换掉。

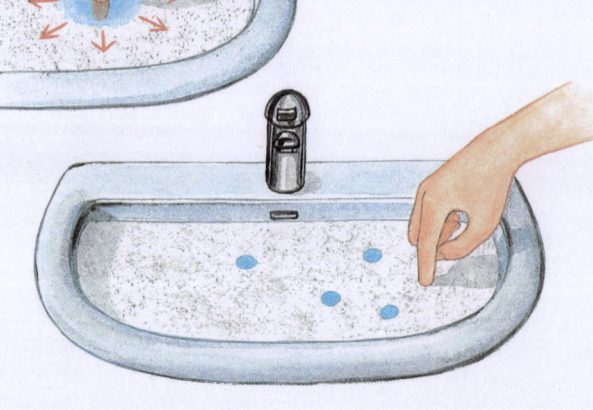

蹦蹦跳跳的泡泡

你需要准备：

- 1件毛衣或羊毛围巾
- 肥皂水（最好能在冰箱里冰镇一下）
- 1个吸管
- 乒乓球拍（托盘或硬皮书也行）

游戏步骤：

1. 把毛织品缠在拍子上。
2. 吹一个肥皂泡，让它落到拍子上。
3. 轻轻移动球拍，使肥皂泡弹起来。

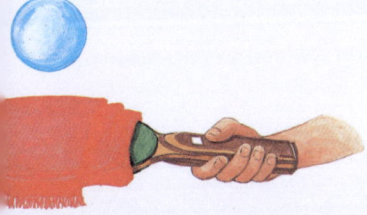

发生了什么呢？

肥皂泡安然无恙地落在拍子上，并弹了起来。

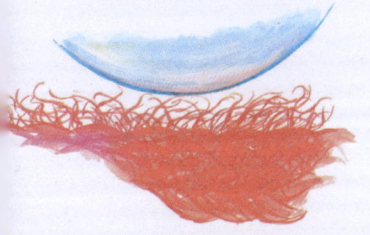

原因解答：

泡泡的表面由水和肥皂构成，十分有弹性，并可曲伸，落在毛织物上能悬在它表面而不会破裂。如果你想在冷天做这个实验，把上面用到的东西拿到户外，这时泡泡会被微微冻住，看上去像一个水晶球。

有方形的泡泡吗？

肥皂泡表面的张力使它能向外伸展到最大程度。但泡泡表面总趋向闭合，使泡泡内壁接触的空气比外表面的少，也就使泡泡表面成球体。所以，要天然地吹一个其他形状的泡泡是不可能的。但利用铁丝，可以吹出奇形怪状的泡泡。如果泡泡弹性足够的话，吹出方形、金字塔形的泡泡都是有可能的。

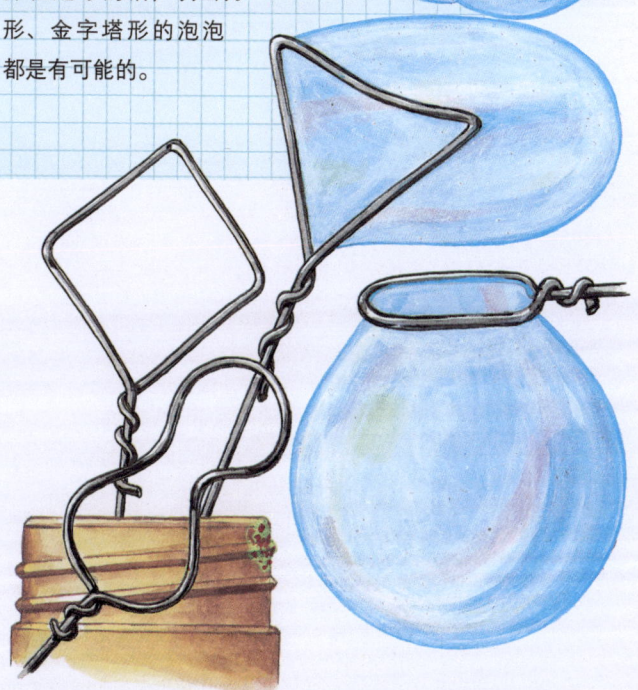

光影游戏

影子是怎么形成的？为什么光能让我们看见物体？透镜是如何工作的？我们的眼睛是怎么看见物体的？

光线

宇宙中没有任何东西比光的速度快，光以30万千米/秒的惊人速度传播！但是，光是怎么从光源（不论是太阳还是电灯）到达它照射的物体上呢？光能照亮物体的每个面吗？影子到底是什么？影子是怎么形成的？影子能改变形状吗？

要回答这些问题，我们必须了解有关光的一些真相，比如光从哪里来，什么东西会阻挡它的传播，以及它可以穿透哪些事物。

★ 光如何传播?

沿直线传播

你需要准备:
- 2张正方形纸板
- 1个手电筒
- 2张长方形纸板
- 几本书

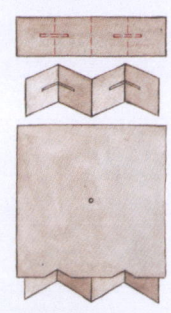

游戏步骤:

1. 首先,分别在两张正方形纸板的中心钻一个孔。如图中所示,通过折叠长方形纸板和在长方形纸板上剪切口来支撑正方形纸板。

2. 把正方形纸板竖立起来,并使两个小孔对齐。把手电筒放在书上,使手电光对准第一块正方形纸板上的小孔。你可以蹲下或坐下,以使你的视线与第二块纸板的小孔平齐。

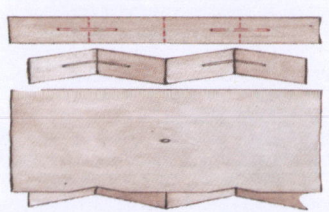

发生了什么呢?

你可以看到光线穿过了两个小孔。

3. 移动一块纸板,使两块纸板不再对齐。

发生了什么呢?

你看不到光线了。

原因解答:

光沿直线传播。如果光找不到传播路径的终点,就无法穿过那个小孔。

照在地球上的光

你需要准备:
- 1个地球仪
- 1盏可以移动的灯
- 1间黑暗的房间

游戏步骤:

1. 把光直接对准地球仪。

2. 把地球仪向下移,从上到下,然后从一面到另一面,始终使它处于光的照射中。

发生了什么呢?

只有朝向光源的那一部分地球仪被照亮了,而且不管你怎么拿,这一部分的反面总是处于黑暗中。

原因解答:

光线沿直线传播,它们不能绕过一个物体并弯曲,照亮我们看不到的那一面。这就是为什么太阳只能照亮地球朝向它的那一半,而背向太阳的另一半则是黑暗的。

一起来玩儿吧
游戏中的科学和知识

花园日晷

你需要准备：

- 1个直径约为20厘米的圆形纸板
- 1根长为10~15厘米的小棍
- 1把剪刀
- 1支铅笔
- 1只手表
- 1条整天都有太阳照射的小路

游戏步骤：

1. 在纸板的中心钻一个小孔，把小棍的1/3穿进小孔。把小棍插在土里，使纸板固定在地面。

2. 随着时间的变化，每隔一段时间都用铅笔在纸板上标记出阳光在纸板上投下的影子，并在每条线旁标明时间。

3. 每隔1小时做一个标记，记得写下每个影子的时间。

发生了什么呢？

每隔1小时小棍子投下的影子的位置都不相同；铅笔所画的线从小棍子向纸板的四周发散。

原因解答：

小棍子的影子的位置看起来随着太阳的位置的变化而变化。但是事实上，是因为地球在匀速转动——要么是朝向太阳，要么是远离太阳。

在这个实验中，你制作了一个日晷。日晷曾经被当作测量时间的工具。现在，在一些老房子的墙上或者古老的广场和花园的地上，我们仍然可以看到日晷。

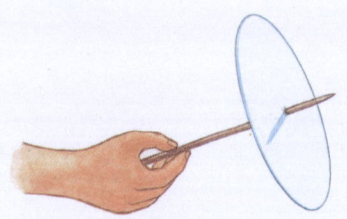

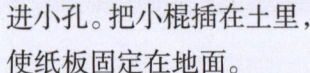

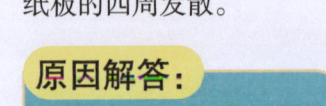

树的影子

在一天的时间里，太阳相对于地球的位置不断变化（这是因为地球在绕着地轴自转）。因此，太阳光线的方向也不断发生变化。这就是影子不断"移动"的原因。当太阳距地面很高的时候，它投射出很短的影子；而当它离地平线很低的时候，则投射出很长的影子。

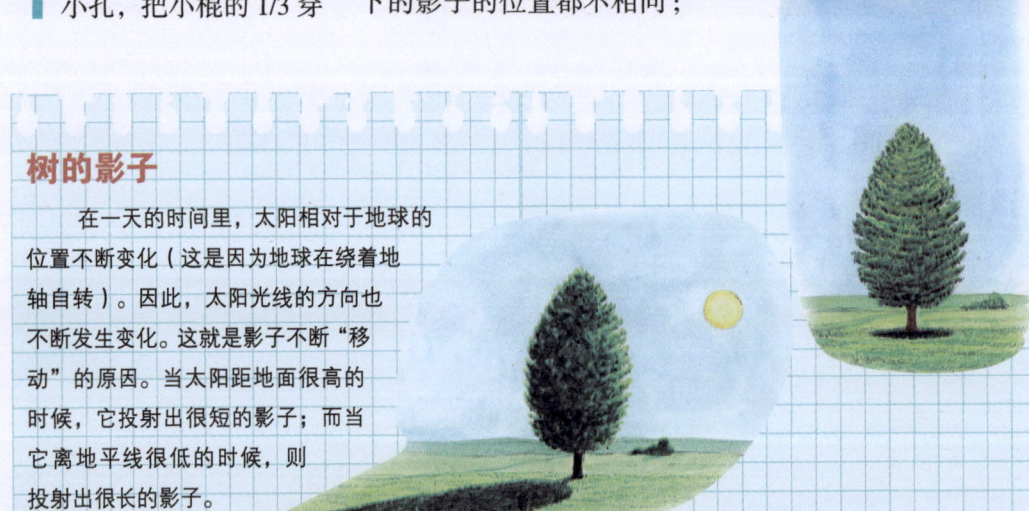

第一章 游戏玩转科学

★ 一切物体都有影子吗？

穿过或不穿过

你需要准备：
- 1 个手电筒
- 1 本书
- 1 个不透明杯子
- 装有一点点水的玻璃杯
- 1 片薄玻璃片
- 1 张薄纸
- 1 张手帕
- 1 张面巾纸
- 1 间黑暗的房间

原因解答：
杯子和书是不透明物（看不透），所以阻挡了光的传播。薄玻璃片和水都是透明物（能够看透）。像薄纸和手帕这一类的东西都是半透明物（可以让一些光线通过），所以它们只是阻挡一部分光线，而没有被阻挡的光线则向外发散，微微地照亮墙壁。

游戏步骤：
1. 把所有物品都摆放在墙壁前。
2. 用手电按顺序照射这些物体。

发生了什么呢？
在杯子和书的后面形成了影子，而在玻璃杯和薄玻璃片的后面，墙壁被照亮了。在面巾纸和手帕的后面，则形成了一个模糊的光晕。

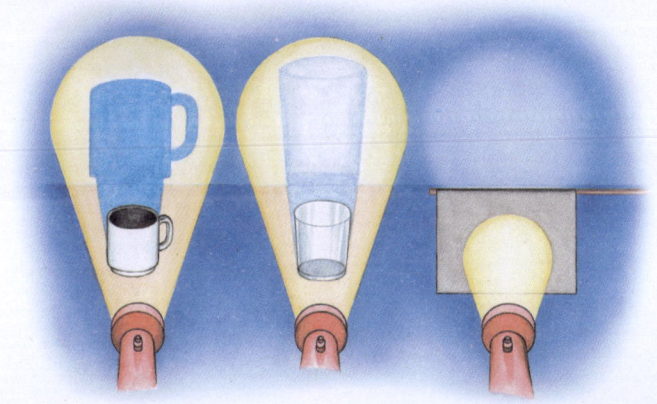

月晕

环绕地球的大气层有时候也会变得半透明。当地球表面海拔很高的地方形成冰晶时，冰晶会把来自月亮的光折射回去并发散，使月亮看起来好像被一个光晕环绕着。

反射

为什么人在黑暗中什么都看不到？阳光为什么能照亮我们周围的每一件事物？人的眼睛利用了光线反射的原理，我们能够看到所有光照亮的物体，是因为我们的眼睛利用了被物体反射回来的光线。如果我们的眼睛能够充分接收这些被反射光线的话，就能产生与真实物体完全一样的图像。

★ 为什么光线能使我们看见物体？

闪亮的白纸

你需要准备：
- 1 张白纸
- 1 张黑色的纸
- 1 个手电筒
- 1 面镜子
- 1 间黑暗的房间

游戏步骤：

1. 在黑暗的房间里，打开手电筒，站在镜子前。
2. 把手电筒举到你的脸部侧面，使手电光线照射在你的鼻子上。
3. 用另一只手举起黑纸在脸的另一侧，然后再举起白纸。在这个过程中要一直看着镜子。

发生了什么呢？

如果只用手电筒，手电的光只能照亮你的鼻子。而加上黑纸的话，你的脸部反射几乎完全模糊。如果用白纸的话，那么几乎你的整个脸部都被照亮了。

原因解答：

只用手电筒的时候，光线只从它所碰到的物体——你的鼻子反射回来。而有了纸的帮助，反射的效果则取决于纸的颜色：黑色的纸几乎不反射照在自己上面的光线，而白色的纸则反射大量的光线。因此，照在白纸上的光线被反射回到脸部，几乎把整个脸都照亮了。

第一章 游戏玩转科学

从黑暗到光明

你需要准备：
- 1间装满各种东西的房间（比如储物间）

游戏步骤：

1. 进入这间黑暗的房间，向房间四周看看。
2. 把门打开一点点，稍稍放进来一点灯光，然后向四周看看。接着，慢慢地把门缝开大，直至门完全打开，再看看房间四处。

发生了什么呢？

当房门关闭时，你的眼睛看不到房间中的物体。把房门打开一条缝，借助一小束光，你开始能够分辨房间里的物体。渐渐地，随着越来越多的光线进入房间，你最终可以看清房间内所有的东西了。

原因解答：

物体只有通过光的反射才能够被看见。也就是说，我们只有通过反射到我们眼中的光线才能够看见物体。明亮的物体反射大量的光线，而暗色的物体吸收大量的光线，只反射很少的光线。所以我们需要很多光线才能看清楚暗色的物体。

做一个潜望镜

你需要准备：

- 1 张 32 厘米 × 50 厘米的硬纸板
- 1 把剪刀
- 1 卷胶带
- 2 面小手袋镜，6 厘米 × 10 厘米
- 1 把尺子
- 1 支铅笔
- 2 张边长为 6 厘米的正方形纸板

游戏步骤：

1. 用尺子把长方形纸板分成四个相等的长方形，宽均为 8 厘米。然后再如图所示，画两个边长为 6 厘米的正方形。最后，把这些图形都剪下来。

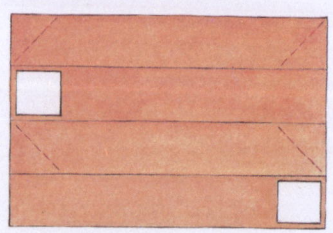

2. 把边长为 6 厘米的正方形沿对角线剪成两个直角三角形。

3. 如图所示，把三角形放在最上面的纸板上，用铅笔沿三角形的对角线画一条线，并沿这条线剪一个切口，然后在其他几张纸板上重复这些步骤。最后，把纸板折叠成形，并把几条边用胶带粘起来。

4. 把两面镜子穿过两个切口。

5. 站到一个障碍物（比如一堵墙，或者一个窗台）后面，让潜望镜高于障碍物，然后从潜望镜下方的正方形开口往里看。

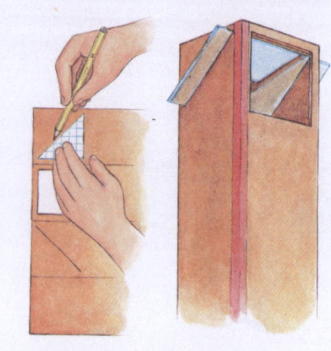

发生了什么呢？

在潜望镜里面的镜子里，你可以看到障碍物后面所有物体的反射图像。

原因解答：

从障碍物后面的人或者是物体上反射回来的光线反射到潜望镜顶端的镜子上。由于这面镜子放置的角度关系，使得光线被反射到底端的镜子上。你可以利用你的潜望镜来观看那些看不到的东西——就像潜水艇中的船员一样，他们不用浮上海面就可以观测到海面的情况！

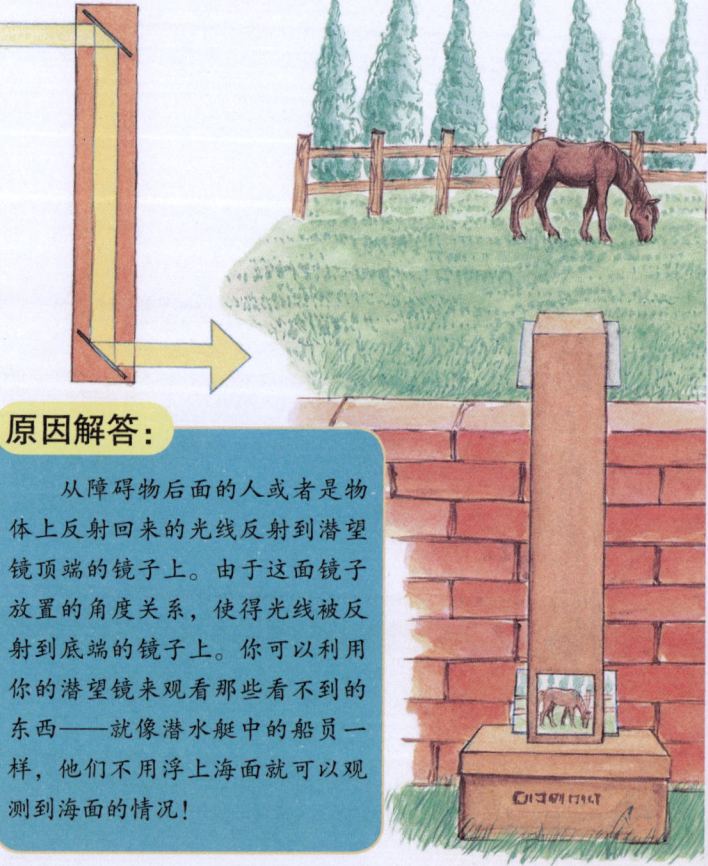

第一章 游戏玩转科学

★ 光线可以弯曲吗？

光线"反弹"

你需要准备：

- 1个四面平滑的透明容器
- 清水
- 少量牛奶
- 1个手电筒
- 1张黑色纸板
- 1把剪刀
- 1卷胶带
- 1本书
- 1间黑暗的房间

2. 在黑色纸板的中心钻一个小孔，然后用胶带把纸板粘在手电筒的镜片上。

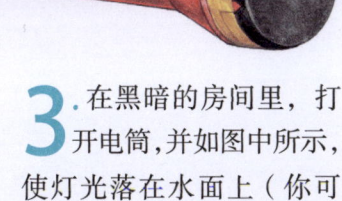

3. 在黑暗的房间里，打开电筒，并如图中所示，使灯光落在水面上（你可能会发现，如果把容器放在一本书上会有些帮助）。

发生了什么呢？

当光照射在水面时，会发生弯曲并从容器的另一面射出，这样光线便形成了一个角度。

原因解答：

光线沿直线射入容器。水面充当了镜子的作用，反射了光线。反射改变了光线进入容器的直线路径。而光线为了保持沿直线传播，改变了方向。

游戏步骤：

. 将容器装满水，然后加上几滴牛奶（牛奶使光线更容易看清）。

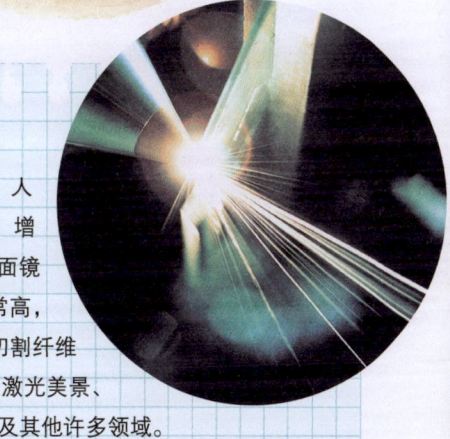

激光

激光是一种非常强烈、非常细密的光线，携带着巨大的能量。人们通过特殊的程序来制造激光，并用两面镜子来回反射这些光线，增加激光的强度。当激光达到了人们所需的强度，激光则穿过其中一面镜子——它只能反射部分激光。由于激光含有巨大的能量，精确度非常高，而且非常容易控制，因此运用领域非常广泛，比如切割材料（从切割纤维到切割钢材）、熔合铁块、进行精确计量、医疗手术、在户外制造激光美景、制作和使用光碟、阅读代码、在商店中制造和阅读货物条形码，以及其他许多领域。

发光的"喷水机"

你需要准备：

- 1个透明的软塑料瓶
- 1根透明的薄塑料管
- 1个碗
- 一些黏土
- 1卷胶带
- 1块厚的暗色布料
- 1间黑暗的房间
- 清水
- 1把剪刀

游戏步骤：

1. 将塑料瓶装满清水。

2. 请一位成年人用剪刀在塑料瓶的瓶盖上钻一个小孔，然后把塑料管穿进去，最后用黏土把塑料管固定住。

3. 用胶带把手电筒粘在塑料瓶的瓶底，打开电筒，然后用厚布把它们整个都裹起来，只把塑料管露在外面。

4. 在黑暗的房间里，小心地放置塑料瓶，使瓶子里的水顺畅地流入碗里。

发生了什么呢？

一股发光的水从塑料瓶里喷了出来。

原因解答：

光线顺着水穿过了弯曲的塑料管。在塑料管里，光线无法弯曲，但是不断被管壁反射。由于被困在塑料管中，所以光线以之字形的路线向前前进。这种现象叫作"全内反射"。

光纤

光纤是一种非常细的透明细丝。光从光纤的一端进入，从另一端出来。由于全内反射的作用，光线被困在光纤中，并被光纤弯曲。在医学上，光纤被用来检查人体，因为它们非常有弹性，并且十分细，所以能到达人体的很多部位（如胃和动脉等等），然后把这些部位照亮，并向人体外的医生传送图像。医生则通过镜头观看图像。光纤同时被应用于电话和电视通信，以及计算机系统的数据传输。

磁的世界

磁铁能吸住任何东西吗？是什么使指南针里的指针动起来的呢？任何物体都能被磁化吗？电磁体是怎么做成的呢？

磁 铁

磁铁具有能吸引钢铁质物品及能吸附在金属表面的力量，它的这一特性几百年来一直让人们着迷。为了了解这些神奇的力量，我们必须首先了解磁铁的结构和特性。在下面几页中，我们会把大块的和小块的磁铁都拿到实验中，观察和发现它们怎样中断和阻隔彼此的磁力，同时还会利用磁铁制作的玩具做游戏。

★ 磁铁能吸住任何东西吗？

哪些东西能抵抗吸引力？

你需要准备：

- 不同材质的物品：铁、木头、玻璃、塑料、钢、布料、纸
- 不同材质的表面：电冰箱门、衣柜门、墙、玻璃
- 1块与绳子连接在一起的磁铁

游戏步骤：

1. 把准备的所有物品分成两组：金属制品和非金属制品。
2. 用磁铁依次靠近第一组的物品。
3. 按照第一组的做法，用磁铁依次靠近第二组的物品。
4. 用磁铁靠近电冰箱、衣柜、墙壁和玻璃等表面。

发生了什么呢？

准备的金属物品被磁铁紧紧地吸住了，所有的非金属物品都没有被磁铁吸住。同样，磁铁吸住了有些材质的表面，但是对其他材质的表面并不起作用。

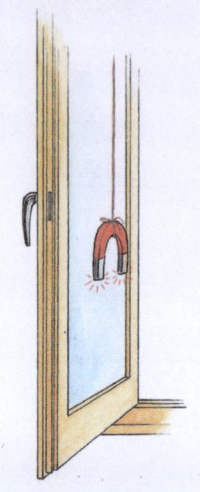

原因解答：

磁铁是一种钢片或铁片，它拥有一种特殊的能力吸引由钢、铁、镍、钴、铬制造的金属或者材料中包含有少量任意一种上述金属的东西。相反，木头、玻璃、塑料、纸和布料则不会被磁铁的这种力量吸引。磁铁对大体积钢质物品表面也有吸引力，而且可以在这些物品的表面移动。

磁力的发现

早在2000多年前，古希腊人就发现了一种能吸住钢铁的矿石，这种矿石就是磁铁矿（有磁性的铁矿石）。磁铁矿因为在古城马格内西亚（即今土耳其境内城市马尼萨）被发现而得名。

磁铁矿的碎片被称作天然磁石。现在，人们可以通过一种特殊的程序——磁化，将钢片或铁片制造成磁铁。

第一章
游戏玩转科学

★ 磁铁能隔着物体产生吸力吗？

水下的磁力

你需要准备：
- 1 块磁铁
- 1 个水壶
- 1 个回形针
- 水

发生了什么呢？

回形针跟着磁铁移动起来，直到磁铁上移的高度超出了水面。用这个方法，你不用弄湿手就能把回形针拿出来了！

原因解答：

因为磁铁透过这杯水同样能发挥它的磁力作用。如果水壶是铁质的或者钢质的，回形针仍然会被磁铁吸住，但是磁力的强度会稍弱一些，因为一部分磁力已经被钢铁质水壶吸收了。

游戏步骤：

1. 把水倒入壶中，把回形针扔下去。

磁铁被用在水中

因为磁铁的磁力在水中仍然存在，所以磁铁广泛应用于水下装置的建造和维修。比如，工程师们用磁铁将工具和设备安装在安全的地方，在操作中运用磁铁安装机器零部件。

2. 把磁铁放在水壶外面，挨着回形针那一侧。当回形针被磁铁吸住的时候，慢慢地把磁铁向上移。

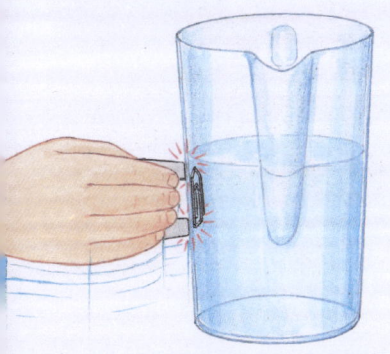

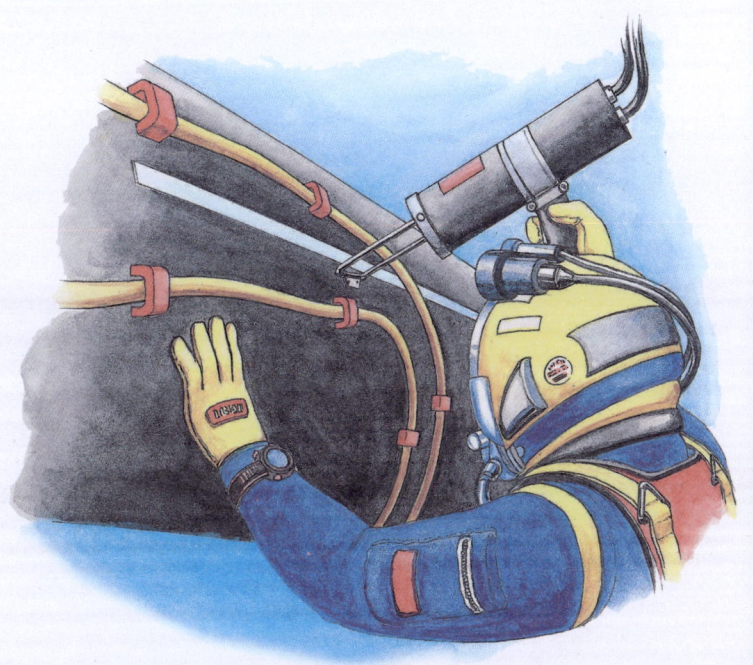

一起来玩儿吧
游戏中的科学和知识

赛车游戏

你需要准备：

- 1 张卡片
- 1 把剪刀
- 1 卷胶带
- 几支彩笔
- 1 张大的硬纸板
- 2 根小棍子
- 2 块磁铁
- 2 块小钢片
- 4 本厚书
- 1 张桌子

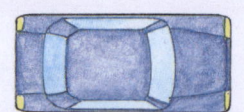
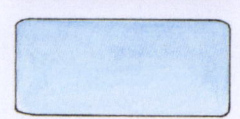
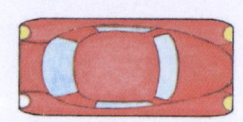

游戏步骤：

1. 画 4 个等大圆角的长方形，并把它们剪下来，然后在其中的 2 张上画 2 辆不同形状的汽车的俯视图，并给它们上色。

2. 用胶带把 2 块钢片分别固定在 2 张汽车图与另 2 张汽车图之间。

3. 在硬纸板上画出 2 条跑道，在每条跑道上都画上起点和终点，并且上色，然后像图中那样，把硬纸板架在书上。

4. 把 2 辆纸板汽车放在起点上。

5. 用胶带把 2 块磁铁分别紧紧地绑在 2 根小棍上。

6. 把系着磁铁的 2 根小棍放在硬纸板下面，分别对应着 2 辆小汽车。这样，移动小棍，你就能让汽车沿着跑道移动。现在，叫上你的朋友，进行一场赛车比赛吧！

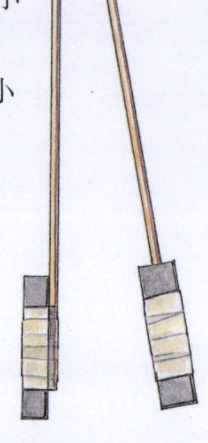

发生了什么呢？

纸板汽车跟着硬纸板下磁铁的移动，在跑道上奔跑起来。

原因解答：

磁铁的磁力透过硬纸板，吸住了粘在纸板汽车里的小钢片。所以系着磁铁的小棍一动，小汽车就跟着跑了起来。

磁 极

你是否曾经试图抗拒紧紧吸在一起的两块磁铁之间无形的力量呢？那几乎是不可能做到的！在下面几页中，你将会明白这是为什么。并且你会发现，磁力最强的磁铁竟然就在你的脚底下——地球。就像一块磁铁一样，地球也有自己的磁极，它决定了所有的指南针里指针的方向，而且它们还是神奇壮观的北极光产生的原因。

★ 磁铁每一部分的磁力都相同吗?

磁力线

你需要准备:

- 一些铁碎屑(能在工厂车间弄到,或者从一块铁上面锉下来)
- 1 块条形磁铁
- 1 块马蹄形磁铁
- 2 张明信片

游戏步骤:

1. 把 1 张明信片放在条状磁铁上面。
2. 逐渐把铁屑撒在明信片上,用你的手指轻轻敲一敲卡片。
3. 在马蹄形磁铁上进行相同的操作。

发生了什么呢?

大部分的铁屑围绕着磁铁的外围,另外少部分则分散在四周。

原因解答:

因为磁铁的磁力集中在磁极,也就是磁铁的两端。远离了磁极,磁性就没那么强了。

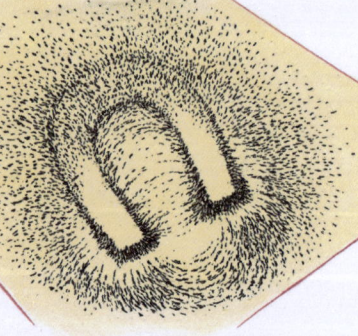
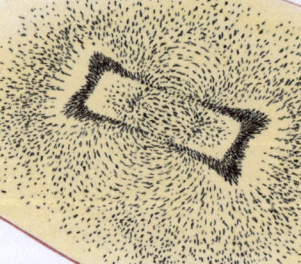

磁场

磁铁上的铁屑是围绕着磁铁,依照磁力线分布的,这样我们可以看出磁力活跃的区域,而这个区域就被称作磁场。被磁铁吸住的物体就是被拉进了磁场。磁力按特定的方式分布在磁铁的周围,在上面的实验中,我们撒铁屑的时候是在与地面平行的平面进行的,在与地面垂直的平面同样可以进行这项实验。

第一章
游戏玩转科学

★ 为什么两块磁铁的同极会相互排斥？

"浮动"的磁铁

你需要准备：

- 2块条形磁铁
- 红色、蓝色和透明的胶带
- 1个指南针
- 2个相同大小的硬纸盒
- 剪刀
- 2支铅笔
- 1根细绳

游戏步骤：

1. 如下图所示，在磁铁上系一根细绳，然后把它提起来悬在指南针上方，等待它停止旋转。接着，对比磁铁的位置和指南针指针的位置，在指南针指着的那一端贴上红胶带，在另一端贴上蓝胶带。

然后，在另一块磁铁上进行相同的操作。

2. 把颜色相同的磁铁两端相互靠拢，然后把不同颜色的磁铁两端也相互靠拢。

发生了什么呢？

颜色相同的两端没有互相吸引，而颜色相异的两端紧紧地吸附在一起。

3. 在每个盒子里都粘一块磁铁，然后盖上盒子。在盒子外面，根据盒子里磁铁两端的胶带颜色，粘上对应的、同样颜色的胶带。

4. 在一个盒子的上面摆上两支铅笔，接着把另一个盒子放在铅笔上，让两个盒子两端对应的颜色相同。

5. 用透明胶带把两个盒子绑在一起，再抽走铅笔，用手向下压上面的盒子。

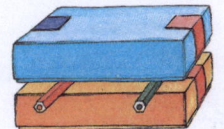

发生了什么呢？

上面的那个盒子就像浮在另一个盒子上一样。

原因解答：

每一块磁铁的两极都有着不同的磁极（南极和北极）。同极相斥，异极相吸——这就是两个盒子相互排斥的原因。因为相同的两极的作用，使两个盒子相互推开。你克服它们之间的抗力把它们压到一起后，只要一松开手，上面的盒子就又回到了原来的位置。

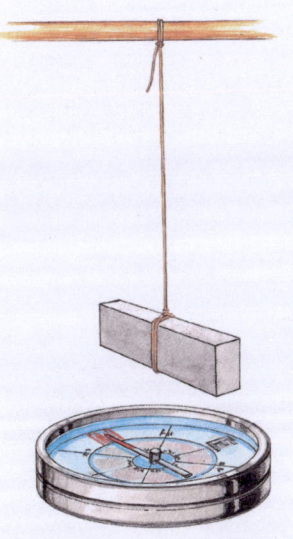

一起来玩儿吧
游戏中的科学和知识

远距离推车

你需要准备：
- 2块有相反两极的条状磁铁（参看上个实验）
- 1辆玩具卡车
- 1卷胶带

游戏步骤：

1. 用胶带把磁铁绑在卡车上。

发生了什么呢？

当你用相同的两极靠近卡车的时候，卡车被推动了。当你把不同的两极相互靠近时，卡车朝你的方向移过来。

原因解答：

卡车的移动是由磁力决定的，它让卡车指向了两个方向——朝着你手中的磁铁的方向（因为异极相吸）和另一个相反的方向（因为同极相斥）。你可以使用这个实验和你的朋友做游戏。

2. 用另一块磁铁把卡车吸过来。

磁悬浮列车

一些高速列车没有车轮，而是在原本应该有车轮的位置安装了一系列靠近铁轨的磁铁。这些磁铁靠电力工作，同性的两极互相排斥，这样，当磁铁互相排斥的时候，列车就在铁轨上"浮动"起来。也就是说，列车的移动没有任何摩擦，因此它们能达到相当快的速度。

电的魔力

闪电是什么？电流是从哪里来的？电灯是怎样点亮的？

静 电

"电"(electricity) 这个单词起源于"电子"(electron) 这个词，"电子"是古希腊人给琥珀这种矿物起的名字。古希腊人发现，用羊皮摩擦过的琥珀能够吸引如羽毛和木屑之类的轻小物体。17世纪末，人们发现玻璃也能带电，只是它和琥珀的带电方式不同。从那时起，科学家们就开始努力探索电的奥秘，其研究一直追溯至原子。在这一章里，你将会了解静电，明白你在手上、衣服上、头发上感觉到的微弱的电击是产生于何处，闪电怎么形成的。本章的实验都是安全的，不过某些工具要在成年人的帮助下才能使用。

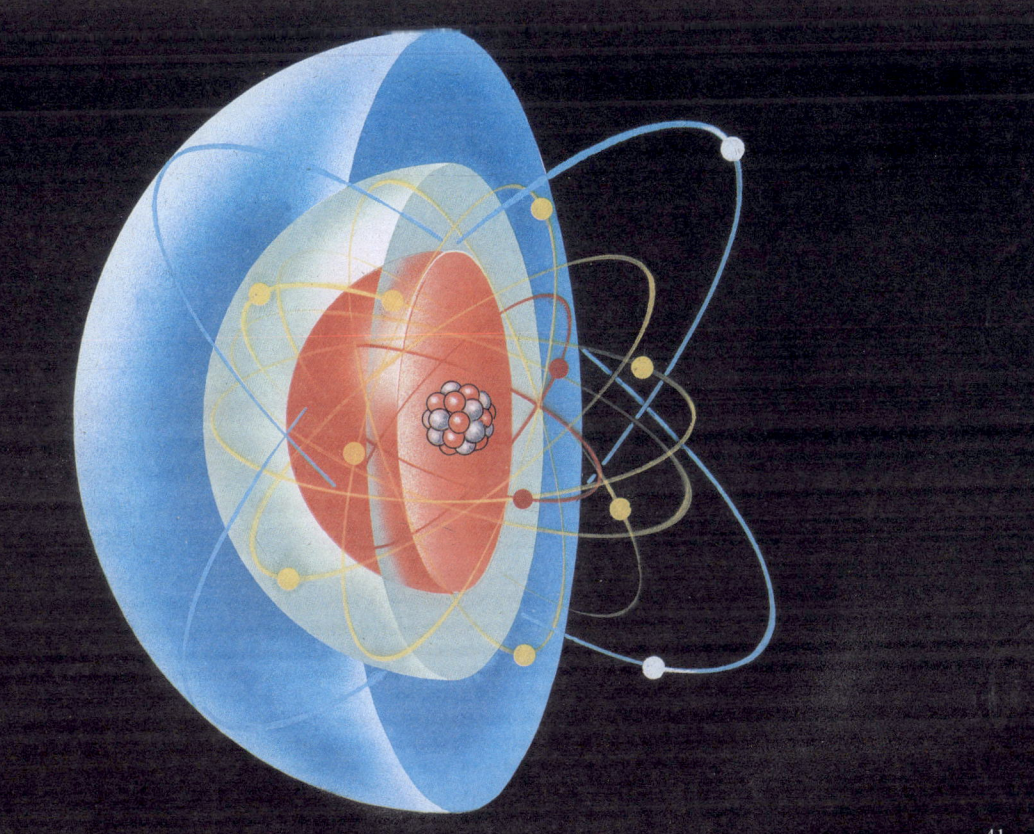

一起来玩儿吧
游戏中的科学和知识

★ 为什么有些东西会带电？

特殊的力量

你需要准备：
- 1个气球
- 一些碎纸屑
- 1面墙
- 水龙头
- 1块羊毛质的布料

游戏步骤：

1. 把气球吹大，用布料用力摩擦气球表面。

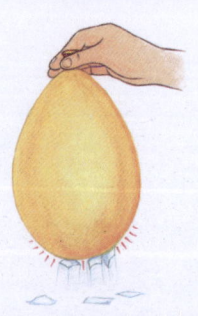

2. 将气球靠近碎纸屑，但不要接触到。

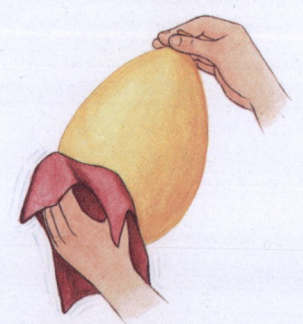

发生了什么呢？

碎纸屑跳起来，并粘在气球上了。

3. 再用布摩擦气球，并将球靠近墙。

发生了什么呢？

气球贴在墙上了。

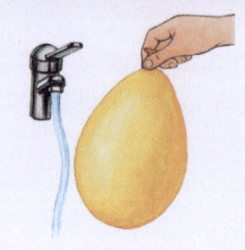

4. 拧开水龙头。再次摩擦气球并将气球靠近水流。

结果怎样？

水流弯曲并跟随气球运动。

原因解答：

当我们用羊毛材料摩擦气球时，气球就会带电，能够像磁铁一样吸引物体。你还可以将气球靠近自己的头发，头发会像被施了魔法一样立起来。

电子的传递

所有的物质都是由原子这种微小的颗粒组成的。原子内部包含更小的粒子，叫作质子和电子，质子和电子带电，质子带正电荷，用符号"＋"表示；电子带负电荷，用符号"－"表示。电荷具有异性相吸、同性相斥的性质。每个原子内部所包含的质子和电子数量相同，正电荷与负电荷平衡。一些原子内部还有中子，中子不带电。质子和中子保持静止并组成了原子的原子核，电子围绕原子核不断运动。当我们用羊皮摩擦气球时，羊皮原子内的一些电子进入气球的原子，此时气球的原子内部含有更多的电子，所以气球就带电了。

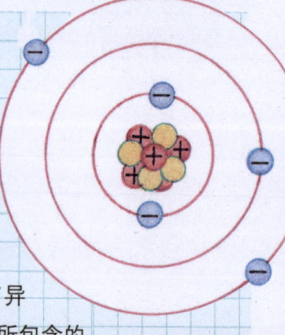

第一章
游戏玩转科学

魔棒

你需要准备：
- 1根吸管
- 1张正方形的薄纸
- 1根牙签
- 1块羊毛布料
- 1块橡皮
- 1把剪刀

游戏步骤：

1. 将纸对折成4个相等的正方形，并按图示裁剪折过的纸。打开后就得到一颗星星。

2. 将牙签插在橡皮上，然后把星星的中心放在牙签的顶端。

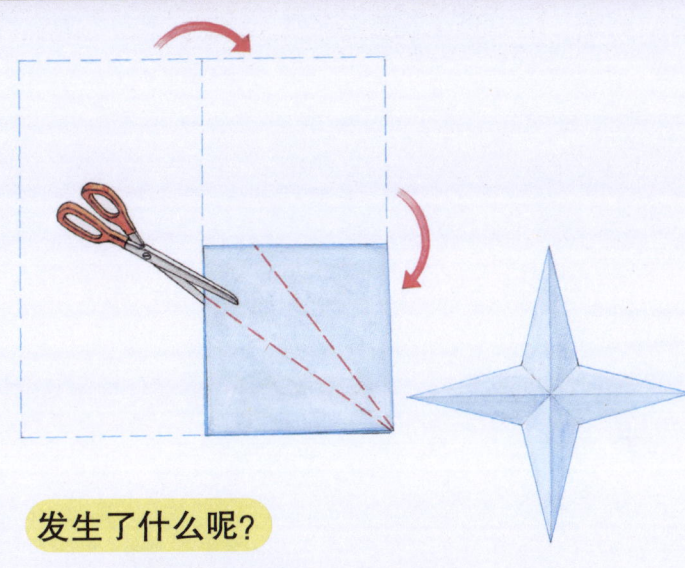

发生了什么呢？

星星跟着吸管转动。

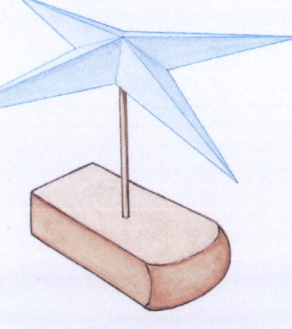

3. 用布料摩擦吸管，之后拿着吸管在星星上转动，就好像在画圈圈。

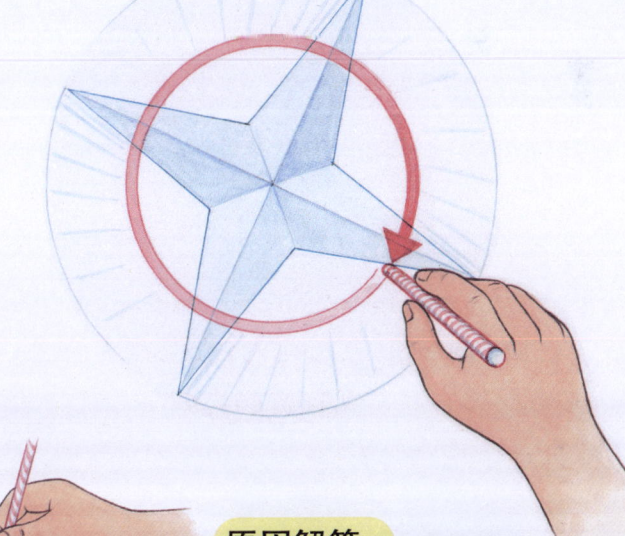

原因解答：

用羊毛摩擦吸管会使吸管带负电，所以吸管可以吸引纸张的正电。这就是为什么星星会跟随吸管转动的原因。

.43

★ 如何确定物体中的电荷的性质?

确定电性

你需要准备:

- 不同材质的待测物体(塑料、金属、木材、纸张)
- 1 支塑料笔
- 1 根玻璃棒
- 1 段绳子
- 1 块棉布
- 1 块丝绸
- 1 块羊毛布料
- 1 块皮毛

游戏步骤:

1. 将塑料笔和玻璃棒如图中所示分别用绳子系在棍子上,两者之间保持一定距离。

2. 用布料摩擦塑料笔和玻璃棒。

3. 用布料摩擦每一块待测实验物品,之后将它们分别靠近塑料笔和玻璃棒。

发生了什么呢?

每一件物品都因为摩擦而带电,这些物品会排斥或者吸引带电的塑料笔和玻璃棒。

原因解答:

已知塑料笔带负电,玻璃棒带正电。根据同性相斥,异性相吸的原理,我们可以知道吸引塑料笔而排斥玻璃棒的物体带正电,反之则带负电。

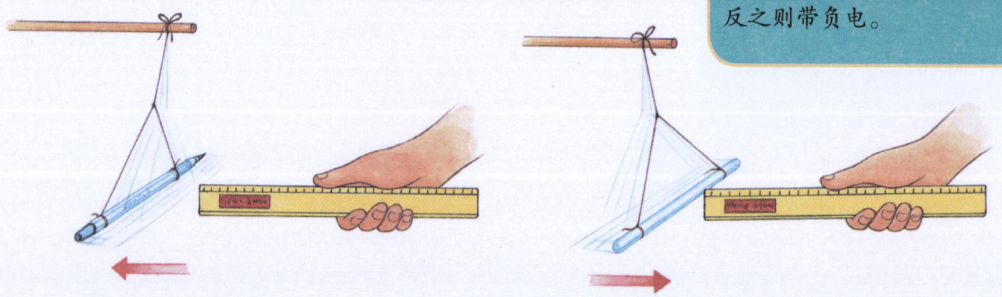

感应与接触

有时候物体会带中性电荷,也就是说不带电。在中性的物体内部,正负电荷最初是均匀分布的,如右图上部;之后正负电荷便会分开,因为有带电物体吸引相反的电荷,如右图下部。当两物体分开时,中性物体的电荷又会重新平均分布。因此,中性物体会因感应而暂时带电。

如果我们用带电物体,比如带正电的物体接触中性物体,该物体会吸引中性物体并中和中性物体的负电。所以正电荷会出现在这两个物体中。但是这种通过接触产生的电不会持续很长时间。

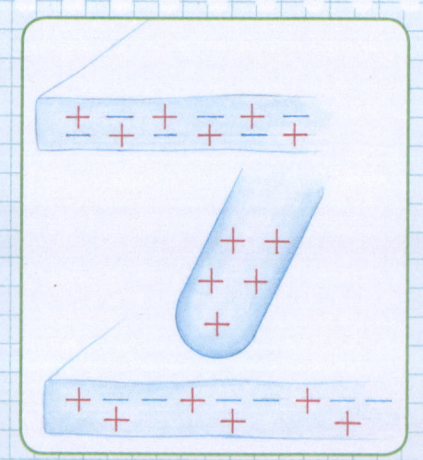

制做验电器

你需要准备：

- 1个玻璃瓶
- 1个合适的木塞，用来封瓶口
- 1段铁丝
- 1片锡纸
- 1个玻璃棒和一个塑料棒
- 1块羊毛布料

注意：一旦试验开始，不要用手接触铁丝，以免电荷流失。

游戏步骤：

1. 将铁丝穿过瓶塞，上下各留出一部分，将瓶塞下部的铁丝弯曲，如下图所示。

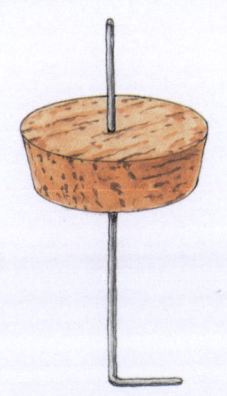

2. 将锡纸对折，并将其挂在铁丝的末端，然后用木塞封住瓶子。

3. 用羊毛布料摩擦塑料棒，然后使塑料棒接触铁丝上端。

发生了什么呢？

对折的锡纸的"两翼"展开了。

4. 用羊毛布料摩擦玻璃棒使其带电，然后用玻璃棒接触铁丝顶端。

发生了什么呢？

锡纸的"两翼"闭合了。

原因解答：

塑料和铁丝接触时，塑料中的负电荷通过铁丝传到了锡纸的两片叶子上。因为两片叶子都获得了负电荷，所以它们相互排斥。当你再用玻璃棒靠近锡纸时，玻璃的正电荷中和了负电荷，叶子就合起来了。如果先用玻璃棒接触铁丝，然后用塑料棒中和，也会出现同样的效果（两者都带电）。

这样你就做成了一个验电器，它可以用来检测正负电荷。你可以重复实验，先通过接触塑料或玻璃棒使验电器带负电或正电，接着测试通过摩擦而带电的不同材质的物体。当锡纸闭合时，物体带正电荷，反之，则带负电荷。

带电现象何时结束？

在做这个实验时你会发现，物体所带电荷一会儿就会消失。这是因为物体中的原子能从空气，或者支撑它的物体比如手、架子中获得电子，从而改变电荷的平衡。

电流

电的另一个特性就是流动，电能够在事先设计好的线路——电路——中流动。但电是如何从一个物体中移动到另一个物体中的？什么是闭合线路？用什么材料可以做成电路？电可以流过任何物体吗？我们为什么把点亮灯泡的能量叫作电流？在接下来的实验中，通过使用简单的电池，你将了解人们是如何控制电这种威力无比同时又非常危险的力量供日常使用的。

★ 电流是如何产生的？

电路

你需要准备：

- 1个4.5伏电池
- 2条绝缘电线（有塑料皮包裹的）
- 1个小灯泡
- 1把钢丝钳

游戏步骤：

1. 用钢丝钳剥掉电线两端的塑料皮（请一位成年人帮你）。注意不要剪到金属线。
2. 如右图所示，将两条电线的裸露部分拧在电池的两触点上。
3. 如右图所示，将两条电线的另外一端放在灯泡上，一条电线要接触螺旋灯口底端的电触点，另一条则要接触灯泡螺旋灯口的侧面。

发生了什么呢？

灯泡亮了。

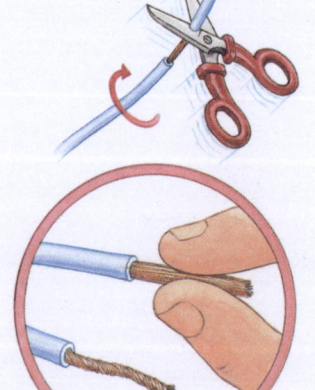

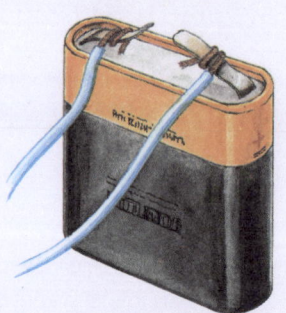

原因解答：

我们看到的传到灯泡的能量就是电流——电池产生的流动的电荷，通过电线传给灯泡。这一路线就叫电路。

电在什么情况下会流动？

当带电物体中过多的电子自由流向带电较少的物体时就会产生电流。两物体所带电量的差别叫作电位差。电池能够在电路的两端保持一定的电位差。

第一章 游戏玩转科学

连续的线路

你需要准备：
- 1 个 4.5 伏的电池
- 3 根绝缘电线
- 1 个小灯泡
- 钢丝钳
- 1 个灯座

游戏步骤：

1. 请一位成年人帮你将绝缘电线两端的塑料剥掉（小心不要剪到内部的铜线）。
2. 将灯泡放在灯座上，这样就不用用手扶着灯泡了。
3. 如右图所示，将电池、电线和灯泡连接起来。
4. 将两条电线裸露部分相连，之后再分开。

发生了什么呢？

当电线相连时，灯泡亮；当电线分开时，灯泡不亮。

原因解答：

电路（电流从电池流出的路径）必须在连接的时候才能工作。如果电路断开，电流就不能通过。

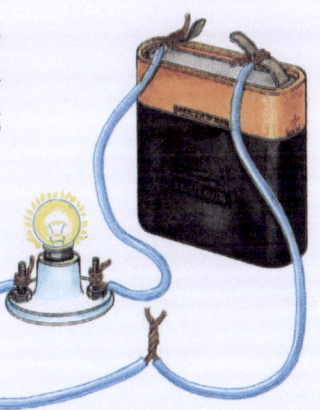
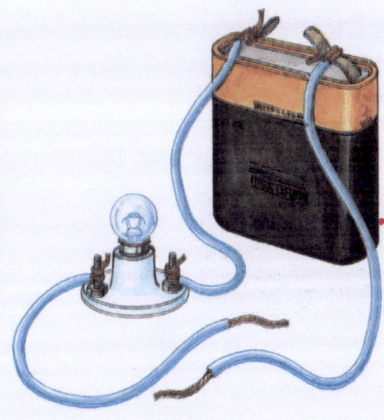

★ 电能否在所有物质中流动？

电导体

你需要准备：

- 1个4.5伏的电池
- 带灯座的5伏灯泡
- 3条绝缘电线（同上两个实验一样，电线两端铜线露出）
- 2个金属质托架
- 2个螺丝
- 1块木板
- 一些待测物品：1个钉子、1块橡胶、1根牙签、1张锡纸、1个玻璃棒、1根皮革质鞋带、1根吸管

游戏步骤：

1. 将两个金属托架固定在木板上，彼此相距2厘米。
2. 如图所示，将灯座放在托架旁边，然后用三条电线将电池、灯座和托架连接起来。
3. 将待测物品分别放在托架上。

发生了什么呢？

放在托架上的钉子和锡纸可以使灯泡发光，而其他的物品则不行。

原因解答：

只有当金属质的物品放在托架上时灯泡才会亮。金属物品使电路闭合，电流便能够通过。橡胶、木头、玻璃和皮革质鞋带都是绝缘体，这意味着这些物质的电荷被封住了，不能向外逃逸，因此阻碍电流通过。这些绝缘体可以保护我们不受电击。比如电线外面包裹的塑料皮，它让我们能够接触电线而不用担心被电击。

绝缘体和导体

在能导电的物质中，电子并不是被紧密地吸附在原子里，它们可以自由地移动。所以这样的电子能够将电从一个地方传到另一个地方。相反，绝缘体的电子被紧密地吸附在原子里，不能自由移动，所以不能导电。这种能够阻碍电流流动的倾向被叫作电阻，物体的电阻越小，其导电能力就越好。

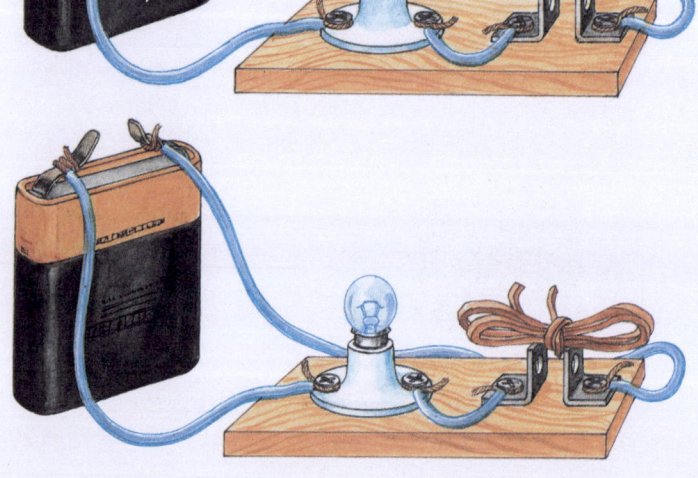

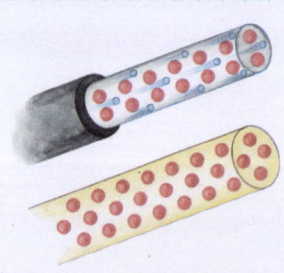

获取畅通电路

你需要准备：

- 1 张硬纸板
- 1 张纸
- 10 个铜制装订扣
- 1 段电线
- 1 把钢丝钳
- 1 个 4.5 伏的电池
- 1 个带灯座的灯泡
- 1 瓶胶水
- 1 支铅笔
- 1 把剪刀

游戏步骤：

1. 从纸中剪出 10 个长方形，然后在上面写下 5 个国家及其首都的名字，并将它们打乱顺序贴在硬纸板上。

2. 在硬纸板上每个名字旁边打一个孔，将装订扣固定在孔上。

3. 请一位成年人帮你剪 5 段电线，并露出电线末端的铜丝。在硬纸板的背面，用这些电线将国家和首都的名字按正确的顺序相连——将电线与装订扣后端的扣片相连。

4. 用另一根电线，将一端与电池一极相连，另一端连接灯座的一个接线端。然后再取两根电线，一根连接电池的另一极，一根连接灯座的另一个接线端——这两根电线的末端都不连接任何物品。

5. 请一个朋友用两根电线空出的一端分别连接国家的名称和其首都的正确名称，并试着正确的匹配。

发生了什么呢？

如果匹配正确，灯泡就会亮。

如果匹配错误，灯泡就不亮。

原因解答：

装订扣由黄铜制成，是导体。如果将纸板后对应的装订扣相连，电路就闭合，电流可以通过，灯泡就会亮。如果国家和首都名称搭配不对，电路仍然是断开的，所以灯泡不能发光。

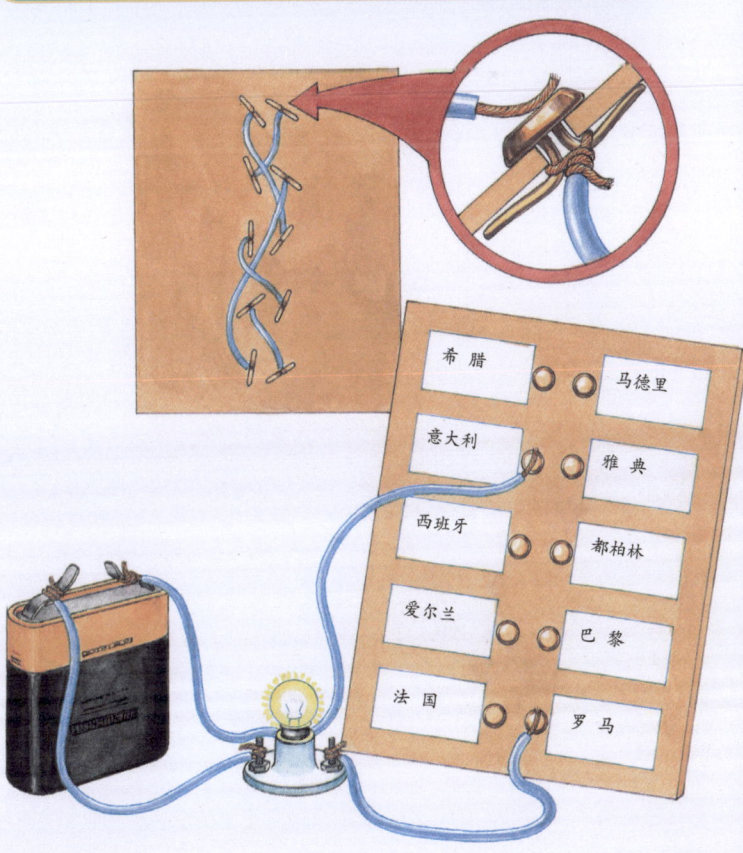

★ 为什么电池的安放方法很重要?

注意电池上的标志

你需要准备:

- 2节1.5伏电池
- 1个小灯泡
- 2根末端裸露的电线
- 1根尺子
- 胶带

游戏步骤:

1. 用胶带将电池绑在尺子上,让电池的正极(有"+"标识)对着另一节电池的负极(有"—"标识)。

2. 用胶带将两根电线的一端分别粘在电池两端。对接电池,然后将两根电线的另一端连接灯泡,如右上图。

发生了什么呢?

灯泡亮了。

3. 现在掉转电池,使两节电池的正极相接触。

4. 重新连接线路,然后用电线接触灯泡。如右上图。

发生了什么呢?

灯泡不亮。

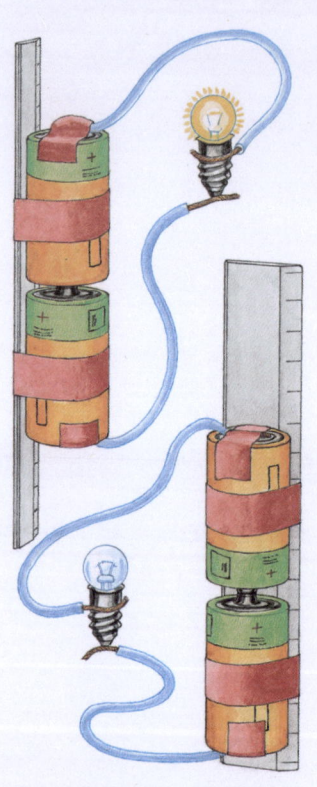

原因解答:

电子从负极不断地流向正极,从而产生电流。当两节电池相接时,电子同样可以从一节电池的负极流向另一节电池的正极。如果电子都从负极流出,电子的流动方向相反,电流就无法流动。这就是为什么你把手电或玩具的电池装反了,手电就不会亮,玩具就不能玩的原因。

亚历山德罗·伏打的发明

世界上第一块电池是意大利科学家亚历山德罗·伏打在18世纪末发明的。这块电池由锌片和铜片组成,每片锌片和铜片之间都夹有被硫酸浸泡着的材料。锌片和铜片以及被浸泡的材料竖直叠放,紧紧挨在一起。锌片和酸性物质产生化学反应,而伏打用一根铜线将最上面的锌片和最下面的铜片相连,电流便能循环流动。当酸性溶液被耗尽时,电流的流动就会停止。

伏打还发现,每次他安装两个不同的导体时,只要它们之间接触正确,就会产生电流。

运动是什么

为什么物体会向低处掉落？什么是摩擦力？人能不能仅用小小的力气就抬起重物呢？什么时候物体处于平衡状态？当运动着的物体碰撞静止的物体时，会发生什么呢？

从高处到低处

物体落地、雨水自天而降、河水向低处流动……是哪种神奇的力量吸引着一切物体都向着地表运动呢？答案是：地心引力——地球施加给地球表面一切物体的吸引力，这种力量吸引着大气层，并且使月亮围绕着地球转动。正如伟大的英国科学家艾萨克·牛顿创立的定理所指出：引力存在于一切物体之间，规范着宇宙内所有的运动。

接下来你会懂得：为什么人在月球上要比在地球上轻？为什么宇航员可以飘浮在太空中？你也将会明白：为什么陨石碰撞地球会留下巨大的陨石坑？怎样做才可能使物体下落的速度减慢？

★ 为什么物体会向低处掉落？

下落实验

你需要准备：
- 2张同样大小的纸
- 一些扑克牌
- 1把椅子

游戏步骤：

1. 把其中一张纸搓成球。

2. 站在椅子上，在同一高度使纸团和纸张同时自由下落。

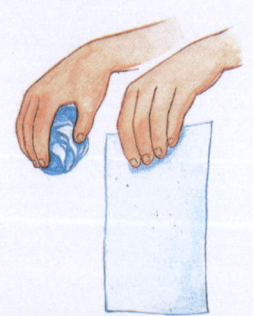

发生了什么呢？

纸团更快到达地面并直线落地，而摊开的纸张则慢慢地、路线曲折地飘落。

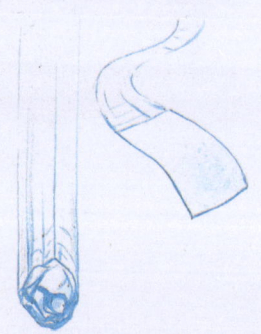

3. 在同一高度使两张扑克牌以不同的状态同时自由下落（如下图所示）。

发生了什么呢？

牌面平行于地面的要比牌面垂直于地面的下降得慢。

原因解答：

如果没有空气，所有的物体都会在地心引力的作用下以相同的速度直线落地。然而空气阻碍了它们的下落：物体的表面越大，受到的空气阻力就越大，下降得也就越慢，下降路线越不呈直线。

降落伞

地球引力吸引着降落伞向地面下落，然而聚集在伞盖下的空气却阻碍并减缓了它的降落：降落伞的伞盖越大，受到的空气阻力就越大，但同时张开的伞盖又能够让空气从伞盖下流出。事实上，如果空气不能够从伞盖旁流出，降落伞就会由于聚集的空气过多而飘浮在空中。

在真空中的降落

在伽利略的研究之前，人们认为物体的质量决定其下落的速度：物体越重，就会越快到达地面。但是，意大利物理学家伽利略在比萨斜塔上经过多次试验，证明了不同质量的物体同时落地——仅仅是因为物体的形状不同，因而受到的空气阻力不同，才使它们不同时到达地面。

第一章 游戏玩转科学

★ 什么是物体的重力？

弹簧秤

你需要准备：

- 1 块薄木板（规格：30 厘米 ×40 厘米）
- 1 段细绳子
- 1 张白纸
- 胶水
- 1 个酸奶杯子
- 1 根钉子
- 1 根橡皮筋
- 1 支记号笔
- 1 把剪刀
- 一些小物件

游戏步骤：

1. 在大人的帮助下把钉子钉在木板上方，把木板挂在或靠在墙上，并使其保持垂直状态。
2. 把橡皮筋挂在钉子上。
3. 用剪刀在酸奶杯杯口处剪3个小洞，并在每个孔中穿入长约10厘米的细绳，把绳子的末端如上图所示打上结。
4. 把白纸贴在木板上，并使其位于橡皮筋后面，用记号笔在白纸上标出橡皮筋位置。
5. 把小物件依次装进酸奶杯时，用记号笔逐次标出橡皮筋静止时的位置。

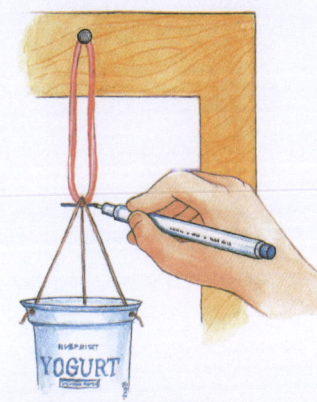

发生了什么呢？

随着杯子渐渐被装满，橡皮筋逐渐向下拉伸。

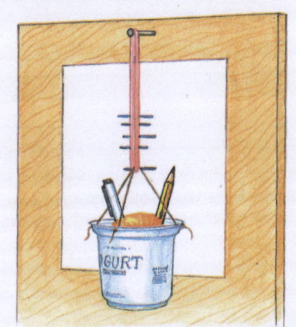

测力计的原理

物体的重力可以用测力计测量出来。这个工具中有一个弹簧，在弹簧下挂着物体，弹簧根据物体的重力而拉伸，重力的大小就可以从秤上的刻度中读出。

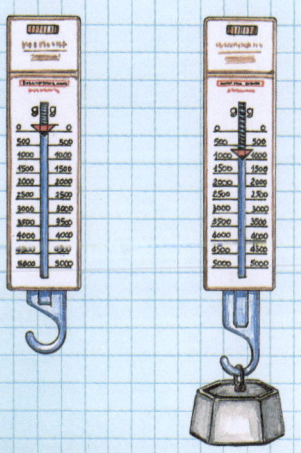

原因解答：

你制作的实际上是一个弹簧秤。橡皮筋在逐渐伸长的过程中，测量出了物体所受到的重力——地球对物体施加的向下的引力。物体的重力根据地球引力的变化而变化：引力越大，物体重力越大，橡皮筋也就越长。

一起来玩儿吧
游戏中的科学和知识

★ 物体掉在平面上会有什么发生？

反弹

你需要准备：

- 1个小皮球
- 1个铺着沙子的平面
- 其他的平面：大理石的，木质的，铺着毯子的……

游戏步骤：

1. 测试皮球从同一高度落在不同平面上的效果，观察皮球弹起的次数和反弹的高度。

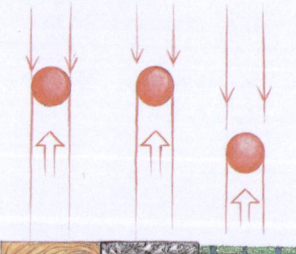

2. 让皮球从不同的高度落在铺着沙子的平面上。

发生了什么呢？

皮球在木质的或大理石的表面反弹效果好；在铺着毯子的表面弹起很少；在沙子中静止并形成坑，从越高处落下，皮球形成的坑就越深。

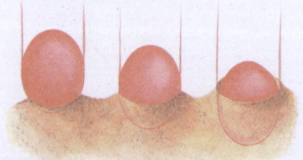

> 打桩机是一种用来往土地中打入桩子的器材，它有一个抗打击能力很强的物体——一般是差不多与桩子同样重的铸铁。这块铸铁在导轨上利用重力势能敲打桩子，使桩子发生位移，沉入土中。

原因解答

皮球在下降过程中积累了重力势能，在与平面相碰撞的时刻释放，使小球弹起，但这只会在坚硬的表面上发生。在坚硬的表面上，因为重力势能的作用，皮球会被压扁，所以会反弹，恢复原来的形状。如果表面不是坚硬的，球的重力势能会被表面吸收，用来使自身发生位移：球从越高的地方落下，速度越快，沙子吸收用来位移的能量也就越大。

第一章 游戏玩转科学

运动和静止

我们周围的一切事物都在不断地运动中。大自然中其他物体的运动都只遵循由高到低移动，而人却不断挑战地心引力，学会了使用力向各个方向移动其他物体。然而要做到这些，必须先发现运动的规律。

接下来的实验会帮助你明白哪些因素允许运动，哪些阻碍运动，哪些有助于运动；让你懂得为什么急刹车很危险，并了解什么是速度。

不受影响的硬币

你需要准备：

- 1个水杯
- 1张扑克牌
- 1枚硬币

发生了什么呢？

扑克飞了出去，硬币却没有跟着扑克一起运动，而是掉进了杯子里。

原因解答：

硬币比纸牌更重，有着更大的惯性——物体保持其原来静止或运动状态的趋势。你指尖的力量使纸牌克服惯性并且运动，而硬币因惯性较大则保持不动，但因为没有了承托而掉入杯子。

游戏步骤：

1. 把扑克牌放在水杯上，再把硬币放在牌中央。
2. 用指尖干脆地弹出扑克，使其不跃起地水平弹出。

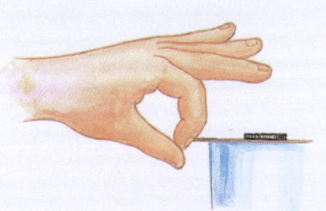

惯性和交通工具

乘坐速度很快的交通工具，乘客会感觉被向后拽，就好像身体想要保持原来静止的状态，而不是跟着交通工具一起运动。因此如果急刹车，乘客的身体又会向前甩出，就好像想要继续前进。这种身体不受外力影响而依然保持静止或匀速直线运动状态的趋势就是惯性。惯性会造成交通工具上乘客的安全隐患，这就是要采用安全设施的原因，例如：车内的扶手、安全带和婴儿椅。

.55

一起来玩儿吧
游戏中的科学和知识

生的还是熟的？

你需要准备：

- 1 个盘子
- 2 个鸡蛋
- 1 口锅
- 水

游戏步骤：

1. 请大人帮助把一个鸡蛋煮熟（差不多 8 分钟的时间）。等它冷却下来，你可以考验一个朋友，让他从两个中挑出熟的。

2. 让两个鸡蛋在盘子里打转。

3. 用指头按住蛋让它们暂停，再突然松手。

发生了什么呢？

一个保持不动，另一个又开始打转。

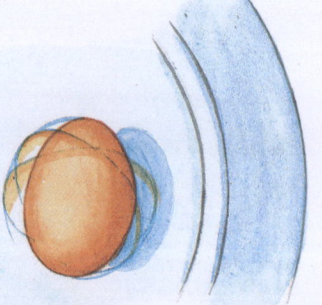

原因解答：

又开始打转的那个是生的。由于惯性作用，尽管蛋皮被停住，生蛋里面的蛋清和蛋黄还在继续转动，所以一松手，生蛋就又被带动转起来。

第一章 游戏玩转科学

★ 什么是摩擦力？

用滚轴来移动

你需要准备：

- 1个测力计（弹簧秤）
- 结实的细绳
- 1本厚重的书
- 4支圆柱状的笔
- 1张实验桌

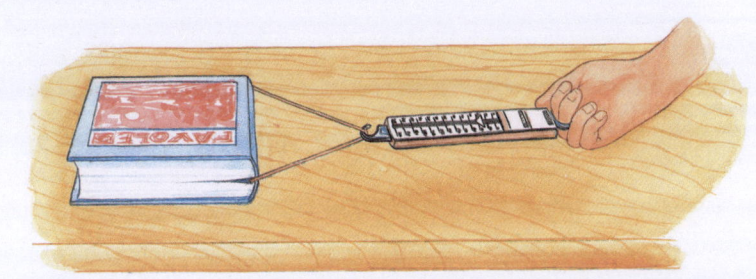

游戏步骤：

1. 把书放在桌子上，用弹簧秤钩着它（如上图所示）。
2. 用弹簧秤拉书，直到刚好能使它移动。读出用了多大的力。
3. 在书下面垫上4支圆柱状笔重复步骤2，读出在这种状态下用了多少力。

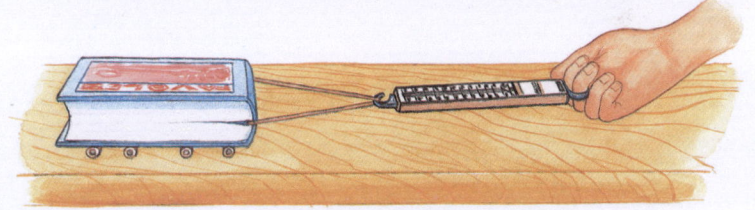

滚珠轴承

使用轴承可以减小机器各部件间的摩擦。轴承内部的小球相互滚动几乎完全消除了滑动摩擦，而代之以摩擦力非常小的滚动摩擦。旱冰鞋、汽车轮胎中都使用了滚珠轴承。

发生了什么呢？

弹簧秤显示：在书垫着笔的情况下，用的力更小。

原因解答：

当一个平面在另一个平面上滑动时产生了摩擦力——一种阻碍运动的力。第一种情况下，书放在桌子上——一个平的表面上滑动，产生的摩擦力（拖动摩擦和滑动摩擦）最大。第二种情况下，因为圆柱状笔与桌子的接触面可以滚动（滚动摩擦或转动摩擦），使得阻碍滑动的力变小。

一起来玩儿吧
游戏中的科学和知识

省力地移动

你需要准备：

- 1个圆柱状的桶（例如水果罐头或番茄罐头的罐子）
- 1张桌子

游戏步骤：

1. 把桶正着立在桌子的一端。
2. 用指头给它几次推力，直到把它推到桌子尽头。
3. 再次把桶放到桌子一端，这次让桶的侧面接触桌面。
4. 像步骤2一样，也把它推到桌子尽头，比较所施推力的次数。

发生了什么呢？

当桶立着放置时，推它的次数要比当它侧着放时的次数多。当它倒下，并用桶侧面在平面上滚动时，每推它一下，都可以移动一大段距离。

原因解答：

桶的底部是平的，在桌上产生滑动摩擦。而桶的侧面是曲面，所以产生的是滚动摩擦，摩擦力显然要小很多。

相对于第一种物体受到推力几乎不怎么动的情况，第二种情况下我们用相同的推力可以使物体移动的距离更长。因此，对于推此类的沉重的桶，我们最好让它滚动。

日常生活中的摩擦

如果我们的鞋底和地面之间没有摩擦，我们就不可能走，不可能跑。如果没有汽车轮胎与沥青路面之间的摩擦，汽车就不可能停在路面上；如果车轮完全光滑，我们的自行车也不可能静立于地面上，而可能滑向远方；如果没有我们笔的摩擦，我们就不可能在纸上留下字迹（就像在玻璃上写字一样）。我们也要感谢我们手指上的摩擦，它使我们能够抓得住东西而不至于从手中滑出去。正如你所看到的，摩擦非常有用，但很多时候，我们会想消除它或减小它。例如：机械的齿轮在涂过润滑油之后运转得更好；齿轮表面涂上薄薄的一层润滑油能够防止齿轮相互磨损；汽车、飞机和轮船的流线型外观使它们与空气或水的摩擦降到最低，以达到更快的速度；滑雪板底部的蜡有利于在滑雪道上滑得更加顺畅。

第二章

魔术中的科学

搞笑小魔术

简单的聚会魔术，却能增加聚会的热闹气氛。有些聚会魔术着重于力度、速度和灵活度的表演，叫人目瞪口呆；有的则是用来制造笑声、娱乐和惊讶。若能在魔术表演中添加聚会魔术，不仅能使表演更有活力，也能使观众参与到表演中。

从背上脱下的衬衫

叫穿着衬衫和外套的观众坐在面前，让他解开袖口和上面的几个纽扣。然后你就能拉出他的衬衫，而且外套依旧在他身上！要完成这个魔术，你需要一位助手。像在聚会这种不正式的场合里，你可以找个朋友当你的助手，让他事先穿好衣服。

1. 助手穿衬衫的方法特殊：先将衬衫像帽子一样套在肩膀上，扣上上面的4个纽扣；再将袖口绕着手腕扣上。

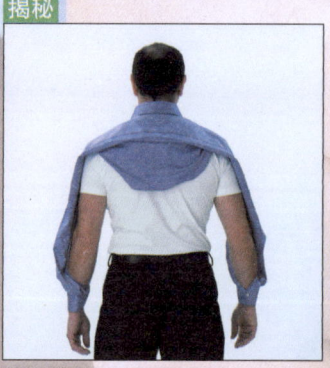

2. 这是后视图。尽量整平衬衫，不要使它皱成一团，不然就会被人发现的。

3. 最后，让他套上外套，整理着装，不要让人看出异样。

4. 表演时就邀请你的这位助手上场（在别人看来好像是随意选的），让他坐下。你就站在他的后面，叫他解开衬衫上的上面4个纽扣和袖口。这样就使衬衫解开了，你只要快速地将衬衫一拉，就能将它拿出来。要是助手再配上恰当的惊讶反应，就会非常有趣。

表演前，你可以先谈谈最近看过的电视节目（关于扒手如何趁你不注意时偷走你身上的衬衫），也可以跟"领带'穿'脖子而过"串起来表演，以达到更好的效果。

钩破了

你假装是要帮朋友拿掉领带上松脱的线头，然后使领带摆动，就像是拆开了他的领带。此招术快速有效，但你不要小题大做，要假装什么事都没发生过，就会更有趣。聚会场所、办公室或者学校，都是人们会戴领带的地方，在这些场所用这个魔术就再适合不过了。

1. 用左手拿住他人领带的末端。注意：拇指在上方。

2. 右手假装拉线，左手指快速上下拍动领带。领带的末端便会疯狂地摆动，就能立即引来笑声。

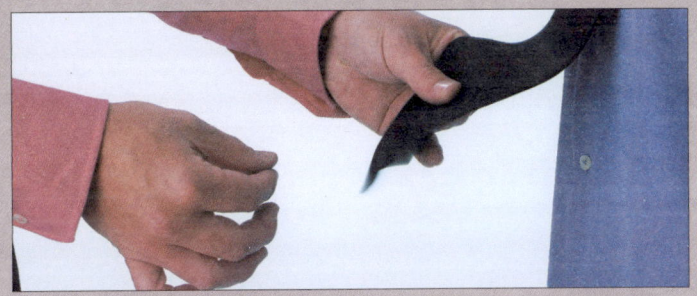

纸币加倍

这个折纸技艺很精巧，能让一张纸币看起来像是有两张。只要随身带着这张折好的纸币，你就可以随时表演，并能让人信服。注意：不能让别人碰到纸币，不然就会露馅的。

1. 先将纸币从长边中间对折。

2. 接着展开纸币，从短边中间对折。

3. 再展开纸币，用拇指和食指捏紧折痕交汇的部位。

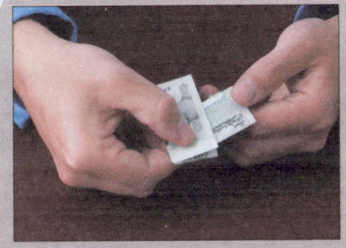

4. 然后将纸币压平，使其边缘成直线，这样就折好了。

5. 随便扫一眼的话，纸币就像是两张的。

一起来玩儿吧
游戏中的科学和知识

不会爆炸的气球

我们都知道将气球戳破它就会爆炸,可在这个魔术里你用尖棍子戳入气球,气球却没爆炸。这个魔术可以跟"针'穿'气球"一起表演。

揭秘

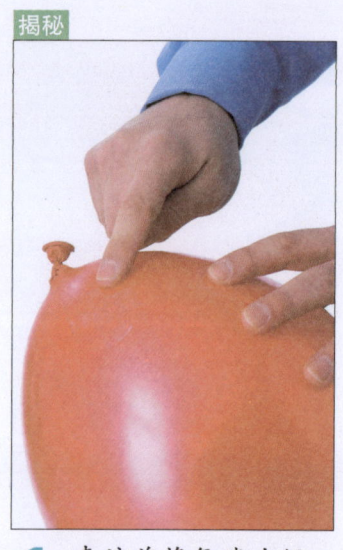

揭秘

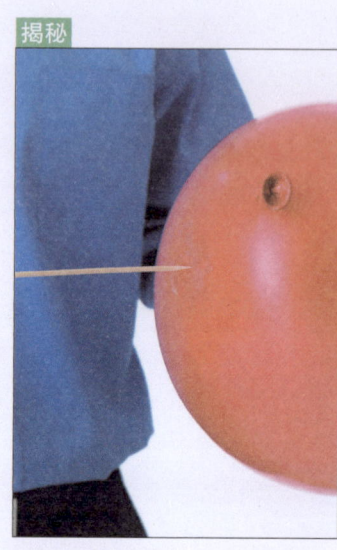

1. 表演前将气球吹好,在气球上粘两段交叉的透明胶,如图。然后同样在对面也粘上交叉的透明胶。

2. 表演时一手拿尖烤肉签,一手拿气球。

3. 慢慢地并小心地将烤肉签从透明胶交叉点插入气球。

4. 然后将烤肉签从另一透明胶交叉点插出来。

5. 要是你多粘几处透明胶,就可多戳进几根棍子。

听话的手帕

用这个魔术你可以使手帕遵照你的命令移动,再配合相应的表演就更为好玩。已故的英国魔术师鲍勃·瑞德最擅长表演这个魔术,他经常让观众忍俊不禁。

1. 表演时先用双手拉开一块手帕,再用左手将它握住,手帕向上伸出的10.0~12.5厘米会很容易立住。

2. 接着用右手将手帕往上拉高一点再放手,并假装很努力地使手帕保持直立。

3. 就这样一直将手帕一半以上的部分都拉到上面并使之直立。

4. 接着用右手朝手帕做个催眠手势,并让它倒下来,就如同使之入睡了一样。

5. 之后将手帕对折再将它握住,使一小部分立于上面。

6. 然后假装拔头发,并装作很痛的样子。

7. 再用这根无形的头发将手帕的上部捆起来,然后拉一下这根实际上不存在的头发。同时,拇指往上推,手帕便倒向左边。

8. 再反向拉头发,并用拇指将手帕往下拉,它便倒向另一边。

擤鼻子

用这里讲的方法,你可以在擤鼻子时使手帕飞向空中。做这种即时恶作剧的时候,你最好不要先刻意地去引起人们的注意,只要随意地做出,就能得到很好的效果。

揭秘

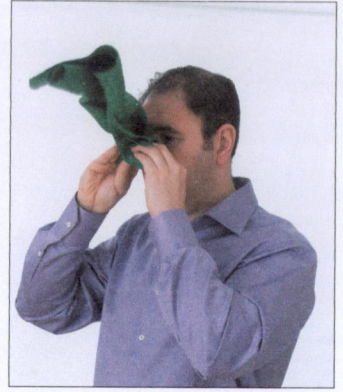

1. 将手帕拿到脸上时,在手帕下偷藏一根铅笔。

2. 放好手帕,准备擤鼻子并翘起铅笔。

3. 接着假装擤鼻子并翘起铅笔,手帕就会莫名其妙地飞起来。擤好鼻子后,就将铅笔放下。最后收起手帕,且不要让人看到铅笔。

断臂

当你跟人握手时,可以使手臂发出骨折的声音,定能使毫无防备的人们惊慌失措。做这个魔术时你只要用点演技,就很好了。但不要太过火,只要在杯子被压扁时假装有点痛的样子就可以。由于杯子的声音越大,效果就越好,故最好事先尝试用不同的杯子。

揭秘

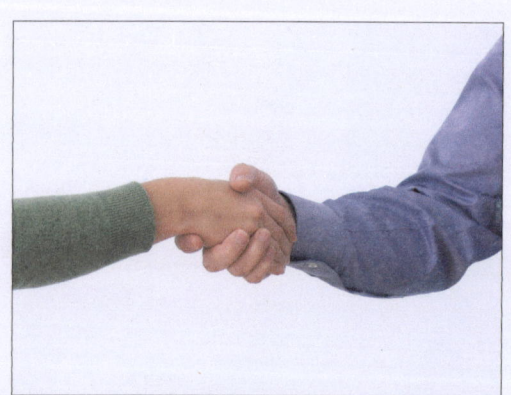
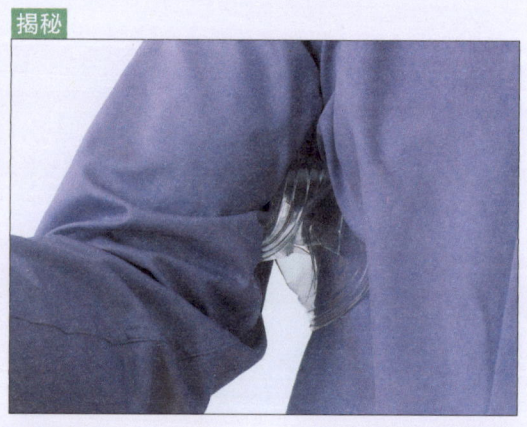

1. 在与人握手前先将一个一次性塑料杯偷偷放在你右手腋窝下。

2. 然后与人握手,并在握手的同时将杯子压扁,就会发出恐怖的骨折的声音。

第二章 魔术中的科学

断鼻

现在的主题是制造身体部位折断的幻象,而这个听觉幻术可以制造鼻子折断的假象。

使关节"劈啪"作响

现在的主题是制造身体部位折断的幻象,而这个听觉幻术可以制造鼻子折断的假象。

揭秘

 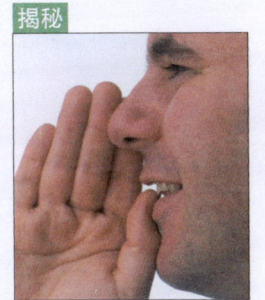 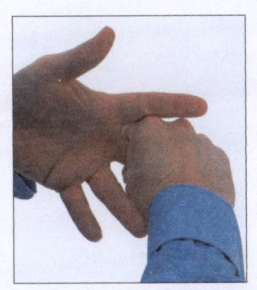 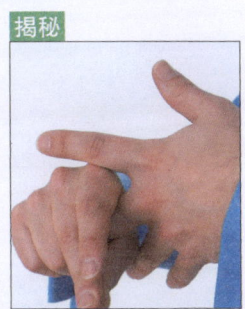

1. 正对观众,双手掌对掌,遮住鼻子,就可开始魔术。

2. 在双手的遮盖下,将拇指指甲伸到上排牙齿后面,双手向左弯曲,假装在推鼻子。同时,让指甲"喀嚓"一声弹离牙齿,听起来就像是鼻梁骨裂了。

1. 如图,右手握住左手上的一根手指,将它慢慢往后掰几次。

2. 接着再掰这根手指时,将右手的拇指和中指在下面对弹一下,就能发出很响的声音,似乎关节脱臼了。

你也可以用别人的手来做这个魔术,有点难以置信吧。试试吧:叫他们伸出手,在他们的手指下,弹你的拇指和中指,只要不打到他们就可以。

麻木的手指

用这个特技可以让人的手指变得麻木,真是又奇怪又可怕。这是因为你们的手指只有正面贴在一起,而手指的背面并不敏感,几乎没有感觉。亲自试试吧,就可知有多奇怪。

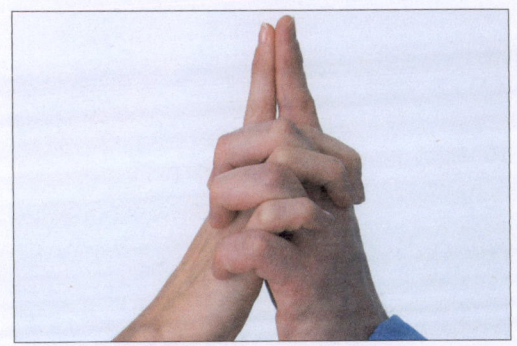 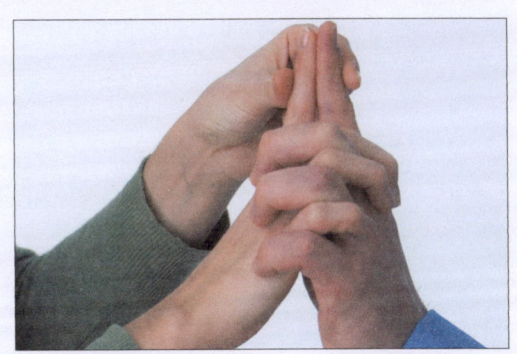

1. 如图,两人一起举起手,食指都伸直。

2. 食指相对贴在一起,并捏住这两个食指,就会感觉到麻木了。

领带"穿"脖子而过

先故意让别人来注意你的领带,再将领带快速一拉,它就穿过脖子,而你的脑袋却安然无恙。这个魔术可以跟朋友一起做,并接着表演"从背上脱下的衬衫"。

1. 不要将领带套住脖子,将本应套住脖子的领带环折起弄平成两片。

2. 接着将这两片卡在衣领上,再折下衣领固定住领带。

3. 整好衣领后,就能使领带看似无异。要演示时指指领带,并将它往下快速一拉。

4. 领带就似乎"穿"脖子而过了。

啤酒钱

用倒置的酒瓶压住纸币后,你能在既不碰到瓶子又不使它倒下的情况下拿出纸币。要做到这点并不容易,且只能在光滑的表面上做才会奏效。

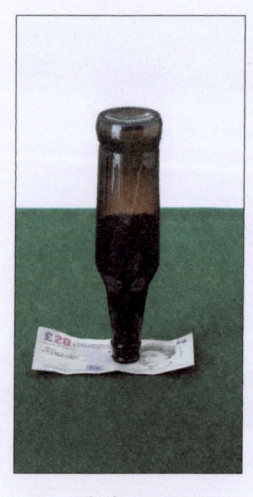  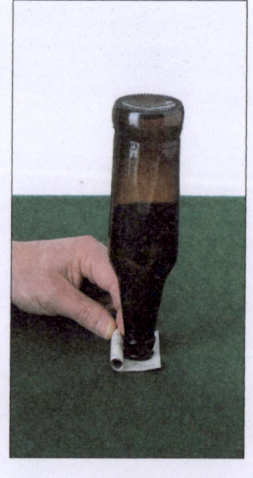 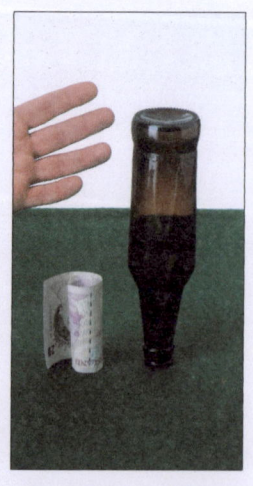

1. 将空瓶子倒立在纸币上。

2. 从一边小心卷起纸币。

3. 一直卷,瓶子就会慢慢地从另外一边滑出。

4. 瓶子一滑出,就捡起纸币,放入口袋。

视错觉

这部分主要介绍视错觉，包括扰乱思维的二维图片，还有需要人的参与才能发生的幻术。视错觉可以作为理想的聚会魔术，也可串入站立表演中，效果都很好。这部分的内容定能使你惊讶不已。

普遍视错觉

视错觉有好几种，有些是自然存在的，其他的则是人们创造出来的。某些视错觉会欺骗大脑，使人觉得本来是一样的两个物体大小不一。另外的图画可用不同方式来看，都使人没法理性思考。

哪一根更长

虽然上面的线看起来比下面的短，事实上他们却是一样长的。这就叫作缪勒—莱尔错觉，首创于1889年。

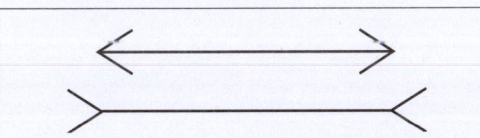

小，中，大

看这三个图像，哪一个最高呢：1，2还是3？其实他们一样大。相交线会扰乱我们看到的图像，线越密，图像仿佛越大。

多少层架子

架子有3层还是4层？看到的层数取决于从左边看还是从右边看。

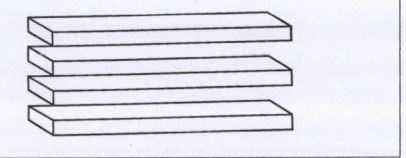

收缩的薄雾

若盯着灰色薄雾中间的点看，便会觉得薄雾开始收缩。

连接线

　　这幅视错觉图相当奇妙，要推断出下面的两条线中哪一条才是连着上面的那条线是很难的。用尺子检查一下，就可以知道答案了。

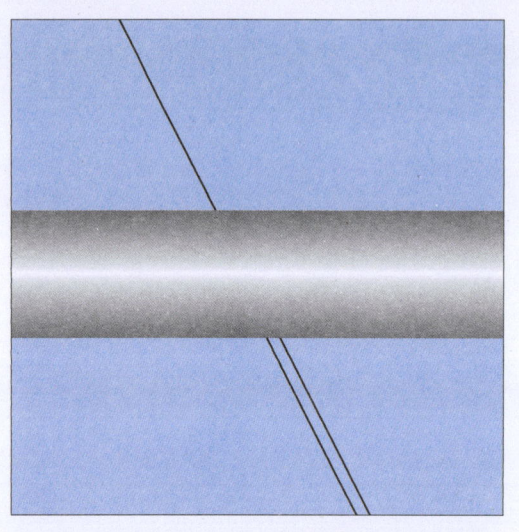

标准正方形

　　下图中正方形的两对边平行吗？四边皆直的还是向内弯曲呢？不管你信不信，四条边都是直的。图中的同心圆似乎将正方形的四边向里拉，让人觉得四边向内凹。

与帽檐同长

　　下图中帽子是高度长于宽度，还是宽度长于高度呢？事实上，高与宽等长。也许你不会相信，拿尺子检验一下就会心服口服了。

奇怪的圆形

　　这个视错觉类似于"标准正方形"。图中的小圆圈虽是标准的圆形，却看似不圆。中心点散发出来的射线歪曲了小圆的外形，使人觉得它不是规则的圆形。

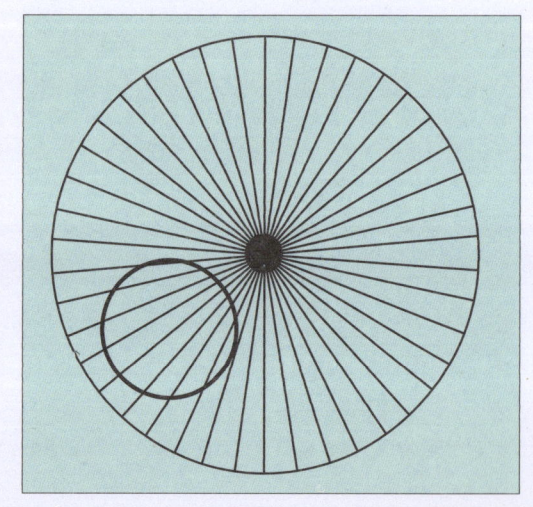

伸缩的钢笔

这是神奇的视错觉，能使钢笔或铅笔伸缩变化。对镜自赏，你就知这有多棒，且正面效果最佳。这个幻术又快又简单，易组合到魔术表演里，也可只在聚会上表演。注意：钢笔的颜色最好与你上衣的颜色不相同。

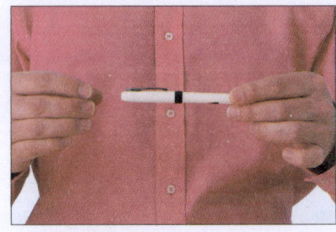 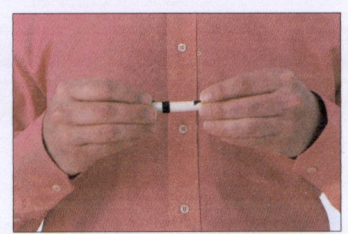 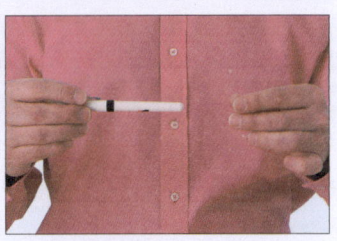

1. 左手捏住钢笔，遮住钢笔的 1/3。

2. 现在，将钢笔换到右手，用右手将它捏住。

3. 右手跟左手一样的拿法。每秒换 4 次，反复地换，前面的人就会觉得钢笔在伸缩。

飘浮的香肠

这个有名的幻术，属于立体错觉。当两个景物（各用左右眼看）在大脑中错误地结合，便会有这种效果。就像此例中，手指中间便产生飘浮的第三个手指。

两食指相距约 1 厘米，放在眼睛前方 20 厘米处。盯着手指，并慢慢将它们移向鼻尖。你就会看到手指间飘浮着香肠状的东西，而这东西实际上并不存在，它是手指反向影像（因视线交叉）重叠而产生的。

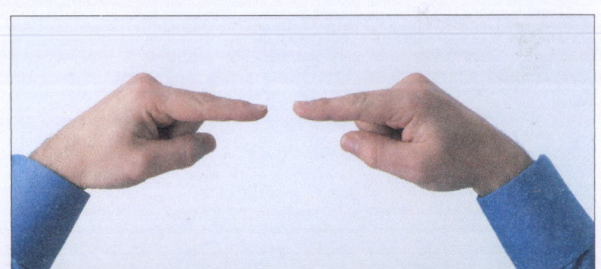

手中的洞

用纸或硬纸，就可马上产生 X 射线照射效果：通过纸管往前直看，手中就好像有洞。

将一张纸或硬纸（备用）卷成管子后，用右手将它拿到右眼，并盯着双眼。现在，左手举到管子旁边，掌心朝向你的脸，你就会看到左手掌心有洞！这也是三维错觉。大脑将两个景象（各用左右眼看）混合，便会产生结合的单个影像。

游戏中的科学和知识

手臂变长

用这种方法可以使手臂奇怪地变长。实际上手臂并没有变长,但效果却相当惊人,也可反向移动使手看似缩短了。

1. 你要穿长袖衬衫,身体左侧面面对观众站立,然后将左手前举,肘部稍微弯曲。注意:袖口要刚好盖到手腕。

2. 接着用右手将左手臂稍往前拉。注意:袖子位置不变,手臂往前移。

3. 快速重复第二步,做动作时将左肩膀稍往前移。

小手指短了

这个幻术可以让左手小手指缩短到极致,做得越慢就越令人惊讶。美国魔术师梅厄·叶蒂德就曾经在表演时使手指一个个地缩小并消失。

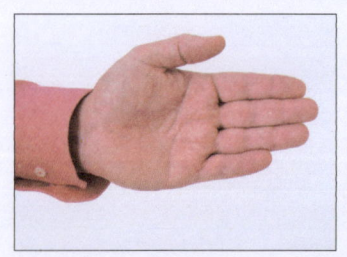
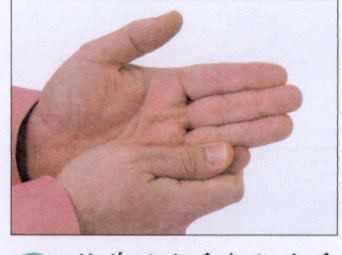
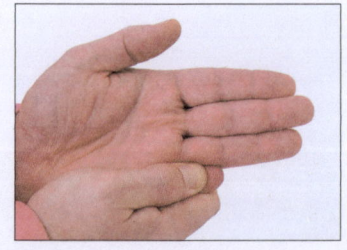

1. 表演时伸平左手,使掌心对着观众。

揭秘

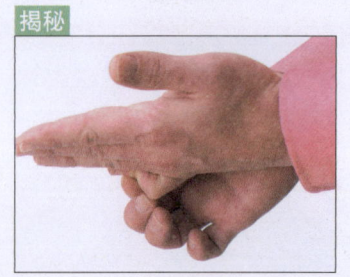

2. 接着用右手包住左手手背,用右手拇指捏住左手小手指,并使左手小手指只露出约6毫米。

3. 将右手往回滑到底,同时弯曲左手小手指关节,但小手指始终与其他手指平行,这样小手指就看似缩短了。再反向移动右手,使左手小手指伸长回去。

4. 此为仰视图。

拇指变长

用牙齿咬住拇指尖，可以使拇指拉长为原来的3倍。这个魔术很快，只半秒钟就可看到效果，只是只能正对观众表演。

1. 将左手拇指放入嘴里，轻轻咬住拇指尖。

2. 抬起右手，将右手拇指指尖插入嘴中，与左手拇指易位，并将左手拇指插入右拳头。

3. 拉出右手拇指，并痛苦地呻吟一下，再拉出左手拇指，拇指就伸长了。

4. 从侧面就可看到真相。接着就反向移动手指，使之回到初始位置并结束表演。

拧断拇指

用这种方法可以拧断拇指上部，而后又将它拧回。这是现存的最古老也最受欢迎的魔术之一，可能你以前就看过。这个视错觉魔术相当精彩，但能做得很好的人不多。

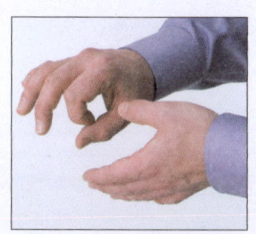 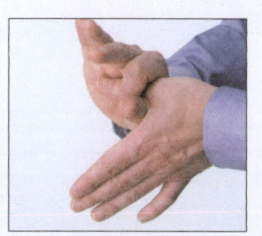 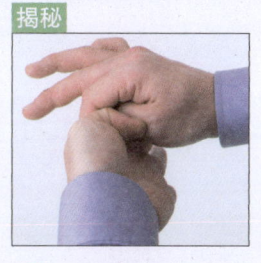 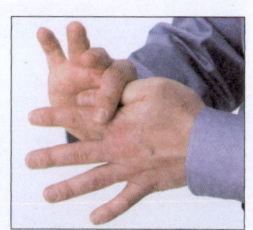

1. 将右手拇指和食指围成圈，左手拇指插入此圈内。

2. 前后扭动左手，并跟观众说你要拧断拇指。

3. 接着快速摇动双手，并使两个拇指往内弯曲，然后用右手食指遮住拇指相靠的区域。这幅画揭示了真相。

4. 记得正对观众表演，效果极佳。然后摆动右手拇指尖，人们会以为它是左手拇指。

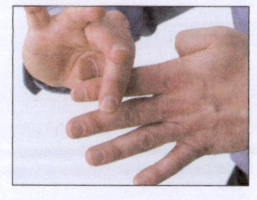 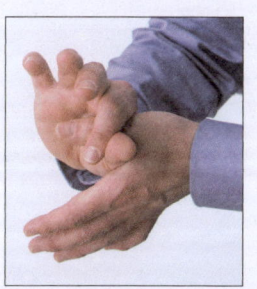

5. 再将右手沿左手食指滑回。

6. 最后再快速摇动双手，使双手回到第二步的位置，就似再拧回拇指，并结束表演。

.71

消灭它

用这个视错觉魔术能使玻璃杯下的邮票消失,使用的是折射原理(或说是光线的弯曲)。自己试一下吧,你就不得不惊叹这种视错觉的神奇。

1. 你需要一小壶水(大水罐)、一个玻璃杯(越高越好)和一张邮票。表演时先将邮票放在杯子底下。

2. 再慢慢地用水倒满杯子,并一边观察邮票,便会看到它消失了。

3. 但从正上方还是可以看到邮票,所以倒完水后再盖上盘子,就不可能看得到邮票了。

在表演前可以在邮票表面粘上双面胶,便能将邮票粘到杯子上。最后你就捏住底部举起杯子,邮票就真的从桌子上消失。

东西相遇

在纸上画上一个箭头,你可以在不接触纸的情况下改变箭头的方向,但怎么做到呢?这就要利用光线在水中的折射,可见有时大自然真的很神奇。

1. 对折硬纸后将它展开,在其一面上画上一个大箭头,并将硬纸立于桌上。

2. 再在硬纸前面放一杯水,并通过玻璃杯看箭头。

3. 只要往杯里倒水,就可看到反向的箭头了。

合二为一

拿出两杯液体，问观众它们是否可以倒为一杯。这看似不可能，实际上却是可以的。

1. 你需要两个相同的圆锥形玻璃杯。将一杯倒满液体，再将这杯里的液体倒一半到另外一杯。这样，它们显然可以倒为一杯，但看起来却是不可能的。

2. 慢慢将液体全倒到一个杯子里。

3. 恰好倒满一杯，令人惊讶。这里的视错觉是由杯子的形状造成的，杯子上面宽一点的部分比同深度的下部装的液体更多，就会有这样的欺骗性。

夹住王后纸牌

这个魔术看似很简单,但当你将纸牌面朝下放在观众面前时,他们怎么都不能用曲别针夹住王后纸牌。就算他们知道真相,也很难将纸夹放在正确的纸牌上。这个魔术的道具很简单,随包带着这些道具就可即时表演。

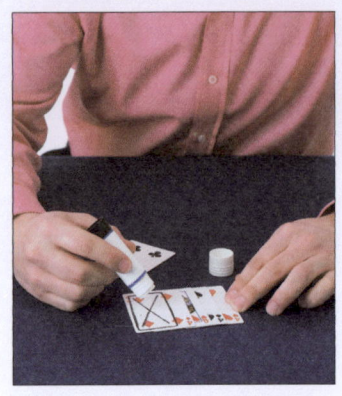

1. 先将5张纸牌粘成扇形。注意:中间为王后牌,其余的为数字牌。

2. 将纸牌举向观众,叫人记住王后的位置,并给他一只曲别针。

3. 将组成扇形的纸牌翻转朝下,叫观众将曲别针夹在王后纸牌上,他们很可能就夹在中间的纸牌上。

4. 转回扇形纸牌时,曲别针没有夹在王后牌上,反倒离得很远。

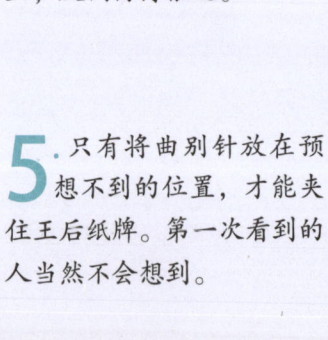

5. 只有将曲别针放在预想不到的位置,才能夹住王后纸牌。第一次看到的人当然不会想到。

特技和智力游戏

这部分测试的是横向思考和逻辑思考的能力。要解开智力游戏的答案，你既要有耐心，又要深入思考，等知道了答案以后，你就可以用它们来难倒别人了。有些惊人的绝技会使你显得更为聪明，有些则能帮助你赢得挑战或打赌。

浮起的手臂

这个特技很离奇，因为它的效果很好，要知这有多奇特就自己试一试吧。

1. 站在某个人后面，叫他（她）将双臂往外推45秒左右——你用手将其双臂压在他（她）的两侧。

2. 等你放手后，他（她）的双臂就会不自觉地往上升起，像是被无形的线往上拉起一样。

散去的胡椒粉

将少量胡椒粉撒到一杯水上，用牙签头一碰水，胡椒粉就以令人吃惊的方式远离牙签。之后叫别人尝试一下，但他们不会得到这样的效果。

揭秘

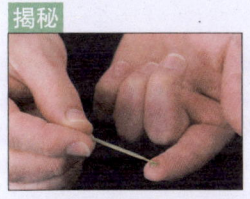

1. 表演前在牙签头上涂些肥皂水。

2. 表演时将少量胡椒粉撒到一杯水上。

3. 让胡椒粉铺满水面，用牙签头碰水面中心。

4. 可以看到胡椒粉远离牙签。接着拿出牙签，并擦干牙签头部的肥皂水。这样当别人尝试时，就没有这种效果。

硬币穿孔

这里的难点是让一枚大硬币穿过只有它一半大的孔。纸可以折,但不能撕。先让观众试试,你再表演。他们若没看过这个特技,是一定做不到的。

1. 先小心地在纸上剪出直径为1.5厘米的孔,再拿出一枚比这个孔明显要大的硬币。

2. 将纸对折,使孔向下朝向桌面。

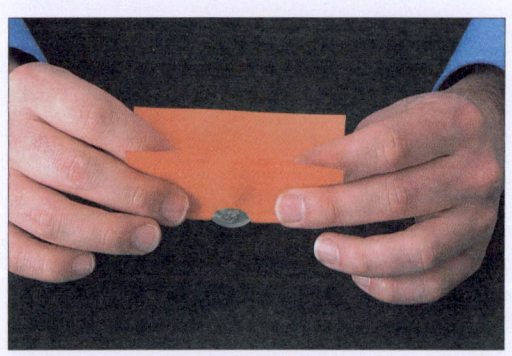

3. 将硬币放入折叠的纸内,使它位于孔中。

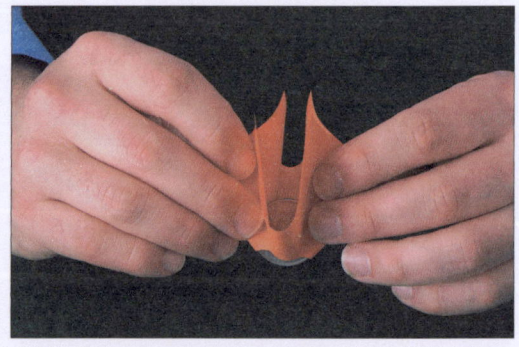

4. 现在,将纸往上弯折。这一动作会使孔伸展。

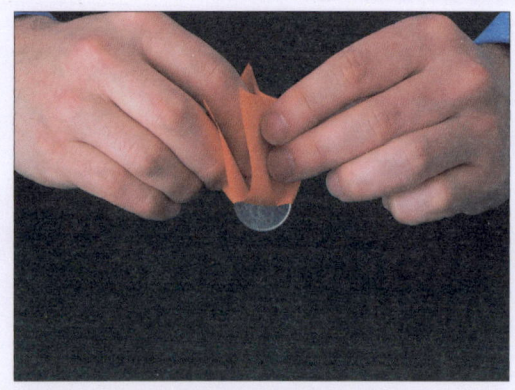

5. 这时,就可小心地挤出硬币,且不损坏纸。

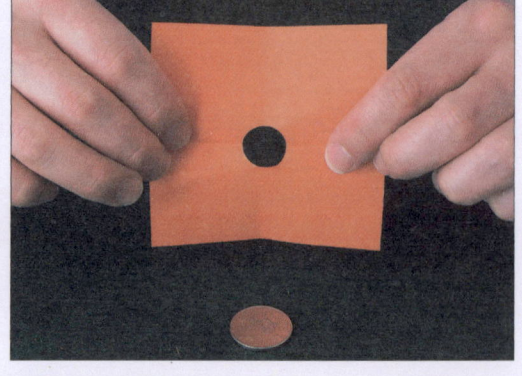

6. 你需要先用不同大小的孔和硬币试验,再选出具有最佳视觉效果的组合。

悬挂制作

将杯子从某一高度松手放下,你可以使杯子在快要撞到地板上时突然停下,悬挂在空中。跟许多特技一样,科学起着关键作用,这里便运用了物理原理。

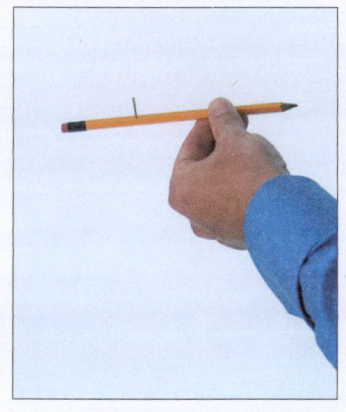

1. 开始准备时,在铅笔侧面钉一枚钉子。

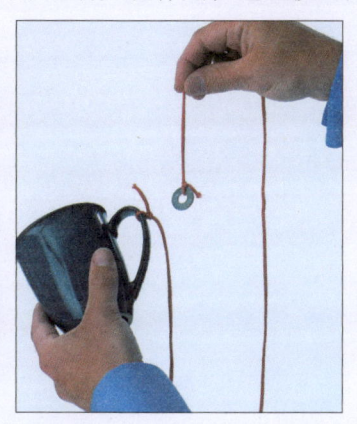

2. 将一段长绳的一端系在杯柄上,另一端系在一个垫圈上。

3. 一手拿垫圈,一手拿铅笔,并将绳子挂在铅笔上。

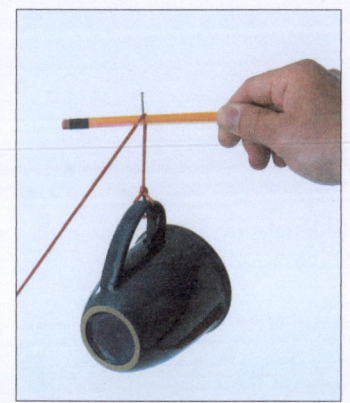

4. 这个近景图展示了位于钉子旁边的绳子。

5. 放开绳子,杯子就会砸向地板。

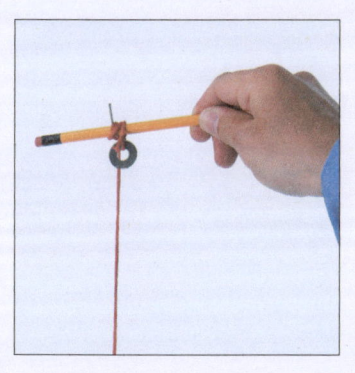

6. 在杯子下落过程中,绳子自己会缠绕铅笔,防止杯子砸到地上而摔碎。

7. 这个近景图说明了垫圈的重量阻止了绳子解开,也说明了是钉子使绳子不滑掉。

吸管瓶

这儿的难点是如何用一根吸管提起一个瓶子。有好几种方法,如将吸管绕着瓶颈绑起来,但下面的方法更有趣,别人完全想不到,就更令人印象深刻。

1. 拿出一个瓶子,让观众来挑战只用一根吸管将瓶子从桌上提起来。

2. 方法很简单。将吸管折起约1/3后,插入瓶内。折叠部分在瓶内弹开而卡住瓶子,就能将瓶子提起。

逃脱的硬币

将一枚小硬币放入锥形杯的底部,再放上一枚大硬币,将小硬币盖住。既不碰到杯子,也不碰到硬币,怎样拿出小硬币呢?也许要多试几次,但最后还是能够做到。

1. 你需要一个锥形杯、一枚大硬币和一枚小硬币。

2. 将小硬币丢入锥形杯中。

3. 用大硬币盖住小硬币。

4. 在杯子旁边用力一吹,方向如图箭头所示。

5. 不管信不信,大硬币会翘起来使小硬币飞出。

第二章
魔术中的科学

试着站起来

只用一只手指你就能使别人站不起来，好像你有巨人般的力气一样。要是小孩子将父母或别的成年人固定在椅子上，就特别有趣。

叫某个人坐在椅子上，用食指压住其额头。告诉他（她）不能移开你的手指，让他（她）试着站起。他做不到，因为他（她）的平衡点在大腿上，他（她）没法将头往前移，就没有力量站起来。

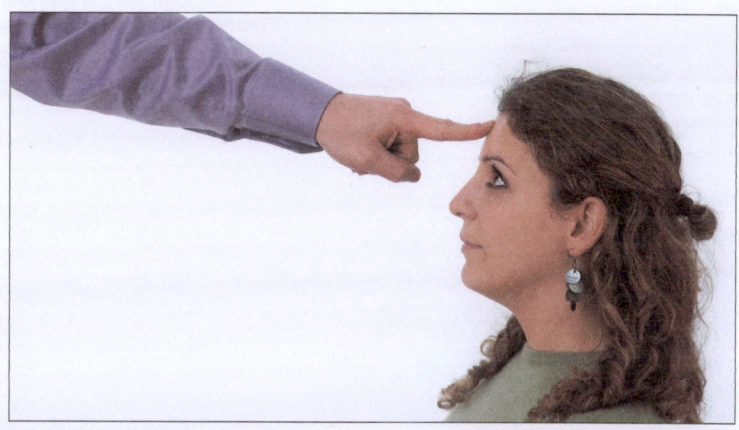

必赢的赌注

叫人背靠墙壁站着，再将一张大面额纸币放在他（她）脚前，告诉他（她）要是他（她）能始终碰到墙壁，并捡起纸币，那纸币就是他（她）的。别担心，他（她）是做不到的，钱必归你。

1. 让你的朋友站好，确保他（她）的脚后跟碰到墙壁。告诉他（她）脚后跟必须一直碰到墙壁，并将纸币就放在他（她）脚前。

2. 他（她）没法捡起纸币，否则就会失去平衡。改变重心会使他（她）跌倒，所以他（她）什么也做不了。

.79

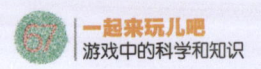

要是你可以，就将我举起

怎样才能一下子耗尽别人的力气呢？很简单，继续看下去就知道。若训练小孩做此特技，他们就能叫成年人吓一大跳。

1. 先站着，折起手臂，使肘部紧贴你身体的两侧。

2. 叫人握住你的肘部，将你举起，这点较容易做到。

3. 接着就制造错觉使人觉得举你的人一下子没有力气，只要将肘部抬到图中所示位置。虽只是细微差别，却至关重要。

4. 他就根本不能将你举起，因为随着肘部的移出，重心也转移了。

压不碎

这是个有趣的演示，展示如何使火柴盒的盒子不被压碎。不同大小和形状的火柴盒效果不一，故都尝试一下。

1. 若盒子放在盖子上面，用拳头直击下来，两部分都会被毁坏的。但若将盖子放在上面，同样击打下来，就不会压碎盒子。

2. 试试看！你会发现盒子会弹开，从而不受损坏。

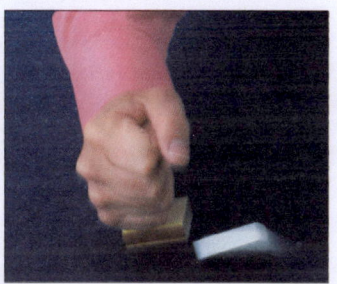

悬架桥

这个难点是如何只用一张纸币将中间的玻璃杯悬在靠外侧两个杯子的中间，且不移动外边两个杯子。这里要用到折纸技术，以增加纸币的承受力。

  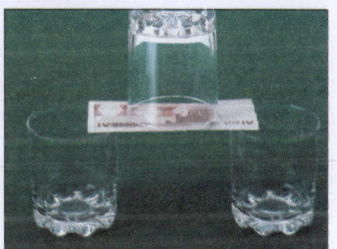

1. 找来一张崭新的纸币和3个玻璃杯，将玻璃杯紧挨着排成行。

2. 水平对折纸币，用力多对折几次，越多越好。

3. 将纸币放在两个杯子之间，便能支撑住第三个杯子，因为第三个杯子杯口朝下，将重量分散到了更大的面积上。

硬币诡计

这个特技是要移出硬币下的纸，且使硬币保持不动。其方法跟"弹出纸牌"一样，多试几次，表演时就会更有把握。

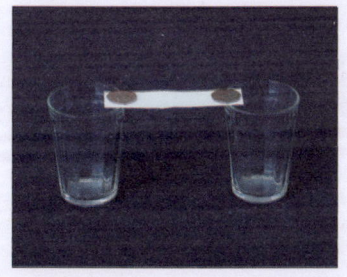 

1. 将一张小纸条放在两个玻璃杯上，将两枚硬币各放在杯沿上压住纸条。

2. 手指从纸条中间用力往下击到桌上。够快的话纸条就会被击下来，而硬币则纹丝不动。

金字塔游戏

只移动 3 枚硬币，能使这个金字塔颠倒吗？只要能找来足够的硬币，你就可以表演这个智力游戏。

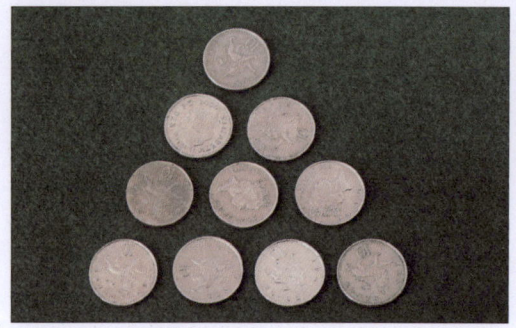

1. 将 10 枚硬币（最好是同样大小的）在桌上摆成金字塔状。

2. 拿掉右下角的硬币，放到图中所示的位置。

3. 拿掉最上面的那枚，放到第一排的左边。

4. 移动底排最左边的那枚，放到最底下，金字塔就颠倒了。

解谜

给朋友出这个谜，看他们能不能推断出哪张纸牌是在哪里。在聚会或其他人们可能互不认识的场合下，提出这个简单的谜题就可以让人们产生互动，拉近陌生人之间的距离。

1. 谜题是："梅花的左边是 K，K 的右边是 8。方块不是 4，也不在 4 旁边。家是红心的所在。"

2. 这就是答案，你做对了吗？现在，试着考考你的朋友和家人。

靶心

或者尝试一下这个智力游戏：你能画一个中间有一点的圆圈，而笔始终不离开纸吗？这是可能的，但有点投机取巧，会弄得别人哭笑不得。

1. 轻轻将纸张上面一角折到中间，在纸角与纸张接触处画上一点。

2. 将笔往折叠处画，再返回到纸张的前部。

3. 放开折叠部分，围着中心点画圆圈。

4. 这是画完的图画。现在，可以去挑战其他人，让他们也来试试。

一起来玩儿吧
游戏中的科学和知识

打乱的杯子

　　这是个典型的智力游戏,将3个杯子排成一排,其中一个口朝上,然后3次同时倒转两个杯子,就能使它们都开口朝上。可是别人却做不到,为什么呢?因为你作弊了。

1. 将3个杯子排成一排,两边的口朝下,中间的口朝上。这是起始位置。

2. 拿起左手边和中间的杯子,同时将它们翻转再放回。这是第一步。

3. 握住两端的杯子,也同时将它们翻转并放回。这是第二步。

4. 最后,将左边和中间的杯子翻转过来(即重复第一步)。这第三步即最后一步后,杯子都口朝上了。

5. 将中间的杯子翻转过去,让观众来做。这里有点小欺骗,因为所有的杯子杯口朝向与你做的时候完全相反。观众不会注意到这点小变化,还会对你只三步就把杯子都朝上翻而大惑不解。

第二章
魔术中的科学

X 射线视力

你先背对观众，让人将硬币放在杯子底下。等你转回身来，却能说出硬币的面额。这个魔术也需要助手，也就是要教一个朋友这个魔术，做你秘密的帮手。

1. 先将杯柄转向任一方向。拿出你所用的货币的硬币，每种面额的各一个，绕着杯子围成闹钟的形状。面额最小的放在1点钟的位置，其他的等距摆开。图中用8个不同的英国硬币。

2. 表演时你转过身去，让人在桌子上放一枚硬币。然后，叫人用杯子遮住硬币。这时，你朋友就拿起杯子，放到硬币上，使它的杯柄朝着代表该硬币的方向。要是把你朋友站的位置当作12点的位置，你就能正确推断出杯子的指向。此例中，是哪一种硬币呢？

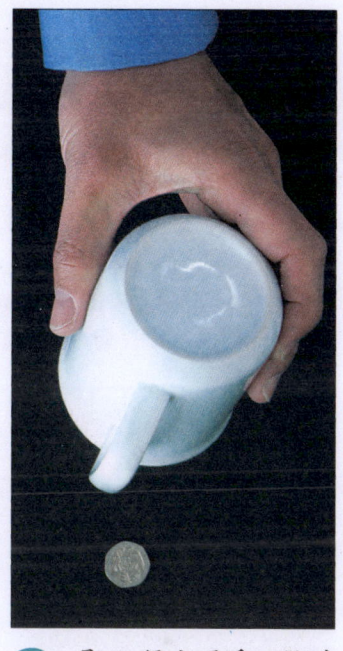

3. 是20便士硬币。做对了吗？

夹起硬币

这里的难点是只用一只手如何同时拿掉杯口上的两枚硬币，且手不能直接碰到杯子。这也许需要些练习，但你很快就能利索地表演。

1. 在杯沿上（图示中的位置）放上两枚硬币。

2. 拇指指尖放在一枚硬币上，食指指尖放在另一枚上。

3. 将硬币拖到杯子外表面上。注意：手指不要碰到杯子。

4. 手快速提起，将拇指和食指捏在一起。硬币立即卡在指间，就这样解决了这个难题。

.85

穿过一张明信片

给别人一张明信片和一把剪刀,叫他们用明信片剪出个大洞,大到可以使整个人穿过。这是完全可以做到的,然而别人未必想得出方法,除非他知道了这个秘密。

1. 竖着对折硬纸。硬纸可为空白,也可有图案。

2. 在折边上每隔约1厘米剪一下——剪到离边1厘米处。

3. 将硬纸翻转过来,在切口中间再从开口边剪到离折边1厘米处。

4. 最后沿着折边剪掉约3毫米,但不剪掉头尾。

5. 展开明信片,就成一个大洞,可以让人穿过。

6. 要是没带明信片,也可用名片或纸牌。对别人提出的问题是:"如何剪出一个洞,可以让人的头穿过"。

第二章
魔术中的科学

喝酒难题

不打开瓶子，怎样喝到饮料呢？下次坐在桌旁时，桌上若有未开的酒或矿泉水，你就可以向朋友提出这个难题，但要事先在杯子里倒些酒或水。

1. 拿起一瓶未开的酒或水，提出这个难题。

2. 将瓶子翻转过来，将杯子里的酒或水倒些在瓶底浅凹处。

3. 现在，从浅凹处小喝一口，就解决了此难题。

剪切难题

解答这个简单的智力游戏需要横向思考，其答案也叫观众出乎意料。可用同样的道具再表演"悬挂制作"。

1. 在杯柄上系一段绳子，在绳子较高处提起杯子。如何剪断杯柄和手之间的绳子，又不能使杯子掉下来呢？

2. 办法如下：在绳子上打个中型的结圈。

3. 剪断结圈，杯子不会掉下去。

分开盐和胡椒

怎样分开混在一起的盐和胡椒？这个技巧用静电从盐堆里分离出胡椒微粒，再次展现了利用科学原理的技巧。

1. 倒些盐在一表面（最好为黑色，便于观察）上。

2. 在盐堆上撒些胡椒粉。

3. 拿个气球在头发上擦一擦以产生静电，然后放在盐和胡椒堆上方。胡椒微粒就会粘到气球上，盐则不动。

也可以用塑料梳子代替气球，只要拿梳子梳几次头发，再将梳齿放到盐和胡椒堆旁边。尽量用白色的梳子，就可清楚地看到胡椒微粒。

第三章

去宇宙中旅行

出　发

美轮美奂的落日本身就是一幅精美的图画，同时它也向我们暗示，接下来将会是一个晴朗、清澈、群星闪耀的夜晚。这正是你所需要的，它可以激发你，使你的大脑进入天文观测的氛围之中。

简史

在遥远的过去，天文学和占星术是合二为一的。古代的统治者们想要知道自己的命运如何，因为他们认为他们的神灵生活在天空，所以天空也就成了他们的命运所在。在星座的"固定"星星周围，有7种天体在运动：太阳、月球和5个行星——水星、金星、火星、木星和土星（当然，这是在以前，那时候人们都相信地球是宇宙的中心，其他星体都围绕着地球转动）。

那些统治者们都深信不疑，如果他们能够知晓这些天体是如何运行的，那么他们就可以支配权力、打败敌人。有一件事情是毫无疑问的：对这些古代观察星空的人来说，这7种天体在空中遵循着一定的"轨道"——就像赛道上的赛车，一圈又一圈地沿着同样的路线运行。正是位于这条"轨道"两侧的星座，现在在演变成了著名的黄道十二宫图图案。

当然，为了知道在特定的时间内，任一天体所处的黄道带的位置，需要进行一定数量的计算。于是，天文学就这样诞生了。很奇怪，预测命运的需要催发了科学的形成。顺便说一下，黄道带意味着"排成一行的动物"（12个星座中有11个的名称来源于动物）。现在，黄道带这个词仍然与动物园有关系。

那么，为什么太阳和月球这两颗星球从天空经过？它们看起来是由于不同的原因而运动。当然，你看到的主要运动是因为地球在旋转，这就给我们带来了这些现象，如日落，从结霜的树上升起的满月，你吃早餐时太阳的升起，等等。月球如果出现在天空的话，在群星面前，它看起来在做匀速运动，动作显得非常缓慢，这是因为它还在围绕着地球转动。相对于群星而言，太阳一天天地改变它的位置，但事实是因为地球在围绕着太阳公转。行星运动是因为它们也在围绕着太阳公转，并且是以不同的速度运动。要计算它们的运动非常困难，这也就不奇怪了。因此，一些早期的天文学家计算出了错误的结果，性情暴虐的统治者看了他们的计算，一怒之下将他们杀死，也就屡见不鲜了。

星座

在我们探索太空之前，有个词需要定义一下，这就是星座（Constellation）。星座是来源于拉丁语的词语，意为"星星的组合"。你要知道，整个天空共布满88个星座。但如果只是为了欣赏暗夜的美丽，你便没必要把它们全部都记住。书中出现的有关星星的术语在后附的天文学术语表中给出了解释。

早在几千年前古代文明产生之日，人们就开始编织暗夜中存在的故事，这些古代文明包括苏美尔、巴比伦、埃及、希腊与罗马（以及世界各地众多其他的人类文明）。古人们认为，繁星满天的夜空要是有一点儿秩序、有一点儿整齐，这样可能会更好一些。因此，他们就把许多星星连在了一起，就像把一个个小点儿连成一幅画那样。这样做的同时，他们还把神话和传说糅入到其中。

不要以为命名某个星座就一定有规律或者有什么特殊的理由。例如，埃塞俄比亚国王克普斯和他的妻子卡西俄帕亚都有以他们的名字命名的星座（分别为仙王座和仙后座），但是这两个星座看起来分别像一座房子和一段楼梯。我认为，想象力是这里的关键。就这些早期文明而言，神仙和女神需要在布满星星的苍穹里有个落脚的地方，因此，关于哪些星星被指派到哪一个星座的情形就很可能会是这样：先到者先得到安排。

人们最早获得的有关星座的知识来自阿拉托斯（Aratos）。他是希腊的第 1 位诗人天文学家，写有作品《观测天文学》［Phaenomena，这一作品可能是基于另一部更早但已失传的作品，作者为另一位希腊人欧多克索斯（Eudoxus）］。其后于公元 150 年，在埃及亚历山大图书馆工作的希腊人托勒密（Ptolemy）在一本书里记录了上面两部作品，书名为阿拉伯语的《天文学大成》（Almagest），意思是"最伟大的"。几百年前，其他想出名的天文学家又增加了一些星座（其中有些比较成功），由此，便形成了目前固定的总计 88 个星座。

星座名称传统上是用拉丁语写成的。这是因为托勒密的书从中东传到意大利，在意大利被翻译成了拉丁语。再者，在好几个世纪的时间里，拉丁语是学者们的语言。举例来说，我们所熟悉的大熊座的拉丁语名字是"Ursa Major"。

下一页表中列出了星空的全部 88 个星座，那些包含趣味故事的星座的详细内容参见第 2 和第 3 部分。

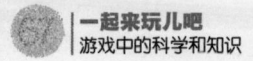

拉丁名称	英语名称	缩写	汉语名称	大小排序 (1表示最大)
Andromeda	Andromeda	And	仙女座	19
Antlia	The Pump	Ant	唧筒座	62
Apus	The Bee	Aps	天燕座	67
Aquarius	The Water Bearer	Aqr	宝瓶座	10
Aquila	The Eagle	Aql	天鹰座	22
Ara	The Altar	Ara	天坛座	63
Aries	The Ram	Ari	白羊座	39
Auriga	The Charioteer	Aur	御夫座	21
Bootes	The Herdsman	Boo	牧夫座	13
Caelum	The Sculptor's Tool	Cae	雕具座	81
Camelopardalis	The Giraffe	Cam	鹿豹座	18
Cancer	The Crab	Cnc	巨蟹座	31
Canes Venatici	The Hunting Dogs	CVn	猎犬座	38
Canis Major	The Great Dog	CMa	大犬座	43
Canis Minor	The Little Dog	CMi	小犬座	71
Capricornus	The Sea-Goat	Cap	摩羯座	40
Carina	The Keel	Car	船底座	34
Cassiopeia	The Ethiopian Queen	Cas	仙后座	25
Centaurus	The Centaur	Cen	半人马座	9
Cepheus	The Ethiopian King	Cep	仙王座	27
Cetus	The Whale	Cet	鲸鱼座	4
Chamaeleon	The Chamaeleon	Cha	蝘蜓座	79
Circinus	The Drawing Compass	Cir	圆规座	85
Columba	The Dove	Col	天鸽座	54
Coma Berenices	Berenice's Hair	Com	后发座	42
Corona Australis	The Southern Crown	CrA	南冕座	80
Corona Borealis	The Northern Crown	CrB	北冕座	73
Corvus	The Crow	Crv	乌鸦座	70
Crater	The Cup	Crt	巨爵座	53
Crux	The Southern Cross	Cru	南十字座	88
Cygnus	The Swan	Cyg	天鹅座	16
Delphinus	The Dolphin	Del	海豚座	69
Dorado	The Goldfish	Dor	剑鱼座	72
Draco	The Dragon	Dra	天龙座	8
Equuleus	The Little Horse	Equ	小马座	87
Eridanus	The River	Eri	波江座	6
Fornax	The Furnace	For	天炉座	41
Gemini	The Twins	Gem	双子座	30
Grus	The Crane	Gru	天鹤座	45
Hercules	Hercules	Her	武仙座	5
Horologium	The Clock	Hor	时钟座	58
Hydra	The Water Snake	Hya	长蛇座	1
Hydrus	The Little Snake	Hyi	水蛇座	61

Indus	The Indian	Ind	印第安座	49
Lacerta	The Lizard	Lac	蝎虎座	68
Leo	The Lion	Leo	狮子座	12
Leo Minor	The Little Lion	LMi	小狮座	64
Lepus	The Hare	Lep	天兔座	51
Libra	The Scales	Lib	天秤座	29
Lupus	The Wolf	Lup	豺狼座	46
Lynx	The Lynx	Lyn	天猫座	28
Lyra	The Harp	Lyr	天琴座	52
Mensa	The Table	Men	山案座	75
Microscopium	The Microscope	Mic	显微镜座	66
Monoceros	The Unicorn	Mon	麒麟座	35
Musca	The Fly	Mus	苍蝇座	77
Norma	The Level	Nor	矩尺座	74
Octans	The Octant	Oct	南极座	50
Ophiuchus	The Serpent Bearer	Oph	蛇夫座	11
Orion	The Hunter	Ori	猎户座	26
Pavo	The Peacock	Pav	孔雀座	44
Pegasus	The Winged Horse	Peg	飞马座	7
Perseus	Perseus	Per	英仙座	24
Phoenix	The Phoenix	Phe	凤凰座	37
Pictor	The Painter	Pic	绘架座	59
Pisces	The Fishes	Psc	双鱼座	14
Piscis Austrinus	The Southern Fish	PsA	南鱼座	60
Puppis	The Stern	Pup	船尾座	20
Pyxis	The Compass	Pyx	罗盘座	65
Reticulum	The Net	Ret	网罟座	82
Sagitta	The Arrow	Sge	天箭座	86
Sagittarius	The Archer	Sgr	人马座	15
Scorpius	The Scorpion	Sco	天蝎座	33
Sculptor	The Sculptor	Scl	玉夫座	36
Scutum	The Shield	Sct	盾牌座	84
Serpens	The Serpent	Ser	巨蛇座	23
Sextans	The Sextant	Sex	六分仪座	47
Taurus	The Bull	Tau	金牛座	17
Telescopium	The Telescope	Tel	望远镜座	57
Triangulum	The Triangle	Tri	三角座	78
Triangulum Australe	The Southern Triangle	TrA	南三角座	83
Tucana	The Toucan	Tuc	杜鹃座	48
Ursa Major	The Great Bear	UMa	大熊座	3
Ursa Minor	The Little Bear	UMi	小熊座	56
Vela	The Sails	Vel	船帆座	32
Virgo	The Maiden	Vir	室女座	2
Volans	The Flying Fish	Vol	飞鱼座	76
Vulpecula	The Fox	Vul	狐狸座	55

明亮还是昏暗

就星星而言，它离你越远，就显得越暗。这就像一支蜡烛，放在你旁边的桌子上比放在附近的山丘上看起来要亮得多。两处的蜡烛亮度是一样的，但是你需要考虑距离所起的作用。

那么，你跟前的一支蜡烛和附近山丘上的一堆大火又怎么样呢？它们可能看起来亮度是一样的，换句话说，它们拥有同样的视觉亮度。当然，如果你走近山丘，那堆火会显得越来越亮。因此，当我们谈到视觉亮度时，也就意味着从我们的视角来观测物体有多亮，而不管它们离我们有多远。

太空也是如此。当然，太空中不仅距离更远，而且星星和星系的真正亮度更是令人难以置信。关于某一天体的真正亮度我们有一个术语，称为绝对星等。你可以说，山丘上的蜡烛和桌子上的蜡烛都有同样的1烛光的绝对亮度，但是跟前的蜡烛比山丘上的蜡烛拥有更强的视觉亮度。

说得更科学一些，我们在测量太空天体的亮度时，使用非常准确的目视星等或视星等。一些离我们较近的太空天体的目视星等列表如上。

天体	目视星等
	明亮的
太阳	−26.7
月球	−12.6
金星	−4.7
火星	−2.9
木星	−2.9
水星	−1.9
天狼星（夜空中最明亮的恒星）	−1.4
土星	−0.3
木卫三（木星的卫星）	4.6
小行星灶神星	5.3
天王星	5.5
肉眼看得见最暗的天体	6.0
海王星	7.7
冥王星	13.8
	暗弱的

这些是你在本篇中将会遇见的一些星星，它们呈现出各种各样的大小和颜色。请看微小的巴纳德星，然后把它跟超级巨大的参宿四相比较。事实上，如果我们能把参宿四拿来放在太阳的位置上，它的"表面"将会延伸到木星的轨道！一颗星星呈现什么样子，首先取决于它由多少气体组成，以及它处于生命周期的什么阶段。天空拥有五颜六色的色彩，但是只有那些最明亮的星星才能看起来不显示出白色。因为它们非常明亮，足以触发我们眼睛感知颜色的那部分视网膜。

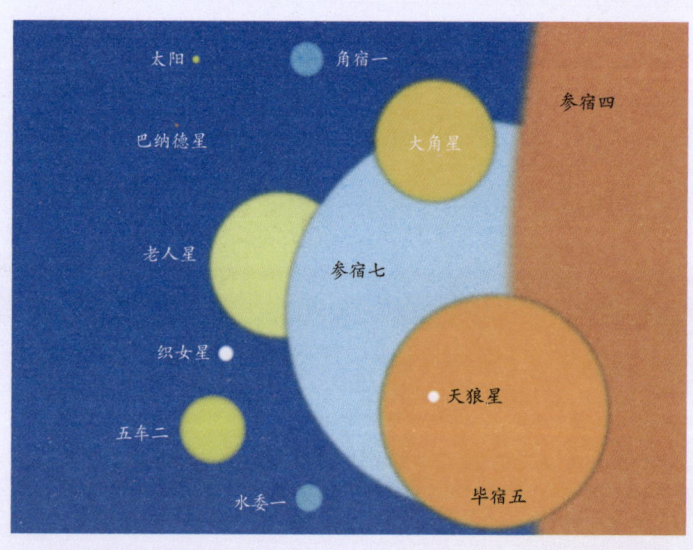

正如图表中所显示的，在一个远离灯光污染并超级清澈的夜空下，你能看到最暗的天体是6等及6等以上。我们往回倒数到零，天体就变得越来越亮。然后，我们进入负数，可以看到最亮的天体。

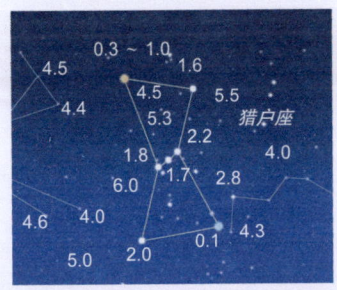

这是猎户座周围一些星星的亮度指南。试试看最暗你能看到几等星，这也可以表明你所在地天空的清澈程度。你可能会很吃惊，你那里竟然那么清澈，情况也可能相反。

关于星等的有趣的事实：据说人类能够区分出星等相差0.1的星体。试试看吧。

星星距离地球远近各不相同，亮度也各有差异。这里列出的是 11 颗距离地球最近的星星（我把太阳也包括进来）以及 10 颗最亮的星座主星。表中目视星等可以让你知道这些天体在天空中看上去有多么明亮，前面也多有谈及。

最近的恒星	距离（光年）	目视星等	所在星座
太阳	很近	−26.72	
比邻星	4.27	11.05	半人马座
南门二 A	4.35	0.00	半人马座
南门二 B	4.35	1.36	半人马座
巴纳德星	6.0	9.54	蛇夫座
伍尔夫 359	7.8	13.45	狮子座
拉兰德 21185	8.3	7.49	大熊座
天狼星 A	8.6	−1.46	大犬座
天狼星 B	8.6	8.44	大犬座
鲸鱼座 UV A	8.7	12.56	鲸鱼座
鲸鱼座 UV B	8.7	12.52	鲸鱼座

最亮的恒星	距离（光年）	目视星等	所在星座
天狼星	8.6	−1.46	大犬座
老人星	313	−0.72	船底座
大角星	37	−0.04	牧夫座
南门二 A	4.35	0.00	半人马座
织女星	25	0.03	天琴座
五车二	42	0.08	御夫座
参宿七	773	0.12	猎户座
南河三	11	0.38	小犬座
水委一	144	0.46	波江座
参宿四	427	变化范围 0.30 ~ 1.00	猎户座

一起来玩儿吧
游戏中的科学和知识

恒星

恒星是夜空中闪耀的宝石。不管是大还是小，它们挂在太空，熠熠发光，直到有一天它们停止发光，开始做出糟糕的表现，就像黑洞。它们变得很糟糕，这是因为万有引力开始起支配作用，并且发挥到了极致：你可以把它想象成一个具有超级强力的真空吸尘器。你不能走得离它们太近，否则你的身体就会被压碎。另外，有的恒星由于内在的物理原因或外界的原因而使其亮度发生变化。这种恒星叫变星。这些现象可以反映出星体的年龄、大小。这些从远处看还算不错，但是离近看就糟了。你会被告诫说，不要靠近任何古老的星星。这和太阳形成明显的对照。

就我们所知，太阳是独立的，这是很罕见的现象，因为其他星星都多少有别的星体陪伴。那些星星被称为双星。你也许没有注意到这一现象，但是太空中有很多这样的星星家族。你怎样才能分辨出它们呢？稍微有点儿耐心，你就可以发现星星的一些奇闻逸事。

双星

什么是双星？简单地说，就是看起来好像一颗星，而实际上可能是两颗或者更多颗星星，它们在夜空中所处的位置非常靠近。这里有两种情况。

光学双星：不论从哪方面说，两颗星之间都没有任何

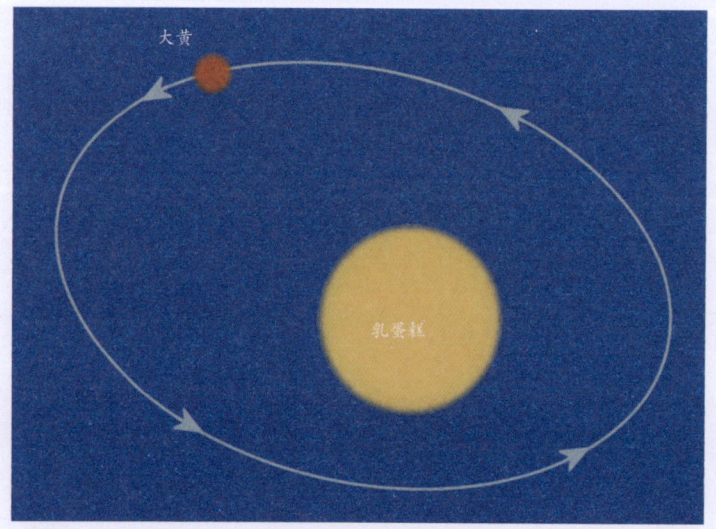

这里是一个双子星的例子，两颗星由于万有引力被困在了一起。双子星彼此环绕旋转一圈，有的可能需要数百年，有的可能只需几个小时。有时候，你可能会发现该系统中甚至有几颗恒星。比如，双子座 α 星（北河二）竟然有 6 颗恒星，因受制于万有引力，它们在轨道上环绕着彼此转动！

有些恒星看似靠得很近，但是事实上并非如此。它们看上去很近，是因为从地球看过去，它们碰巧接近同一个方向。比如这两颗星：多米尼克和贾尼特。图上方是你从你家后窗向外望见的情形，但是如果远离地球，你就会看到它们两个实际上相距很远。

联系。只是因为我们视角的缘故，它们看起来非常接近。

双子星：它们跟我们的距离实际上是同样远，在万有引力的作用下，彼此互相环绕运转。

本篇中所有的双星都是以同样的基准按比例表示的。因此，你可以很容易得知它们之间的大小关系。

> ### 观测双星的超级提示
>
> 在夜空中有好几对双星躲藏在那里，但如果你那里的天空受到了灯光污染，观察它们对你来说将具有挑战性。
>
> 你的眼睛能够分辨的双星间距大约为 3′ 25″。两颗星的亮度越接近，它们看上去就越靠近。

范例

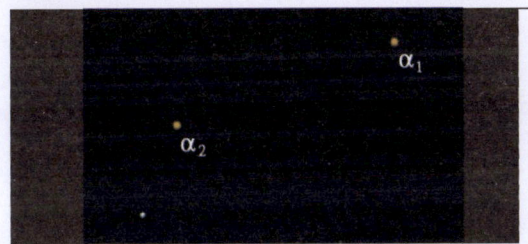

双星
牛宿二
摩羯座 α 星

星等 ——— 星等：每颗恒星看上去的亮度
4.2 和 3.6

两星间距 ——— 两星间距：双星之间相隔的距离
6′ 18″

变星

什么是变星？变星是指随着时间的推移，星星的亮度有所变化。这里有几个原因：不稳定的古老恒星颤颤巍巍，忽而变大，忽而变小；或者，比较靠近的双子星彼此沿轨道运转，一个在前，一个在后。一些恒星甚至交换气体，由此产生大爆炸，形成新星。

如果你想要观察星空中一直都处于变化的另一面，那么变星值得你多看两眼。

变星的类型是根据第一颗被确认为新的等级的恒星来确认的。下面这个表向你展示了几个例子，列举了一些变星的名称，以及它们做了些什么——有时候会产生爆炸性的后果。

记住：这些星星处于变化之中，因此它们的大气和内部结构会起伏不定。它们一旦失去了某些物质，就不能够再寻找回来。如果一颗恒星不能维持一定的热压使它在引力上处于稳定状态，那么它就有危险，星体演化是受物理法则所支配的。

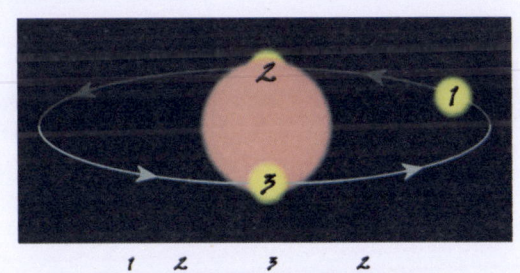

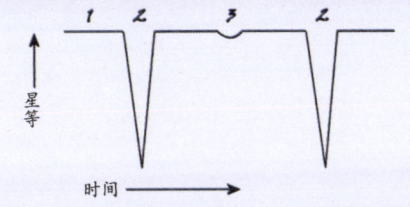

这里是一个如大陵五的恒星系统如何改变它的亮度的图形介绍。恒星彼此环绕的轨道已经简化，以便看上去简明清晰了。图中显示，随着恒星彼此环绕，整个系统的亮度随之改变。首先，设想这两颗星离我们非常遥远，它们在天空中看上去就像是一颗星。当小星处在位置1，我们看到从两颗星共同发出来的光，曲线图就处在极大值（系统最明亮的时刻）。但在位置2，小星有一半被食缺，曲线图向下陡降，该系统的星等也下降。随着小星再次出现，亮度恢复到正常水平。又过了一会儿（时间不定），小星运行到大星前面，如位置3所示。这一次我们看不到系统星等大幅下降，因为只是大星光线的一小部分被遮挡了。

变星类型	解释
（这里有些非常动听的名称）	
米拉	**长周期** 这是一颗古老的红巨星，它的亮度会发生不规则的周期性变化，有时候是几百天，有时候则长达数年。这是因为它的内部反应不稳定，从而引起自身发生脉冲式向内外放大或收缩。该名称来源于它是人们确认的第1颗变星。
造父变星	**规则周期** 这是另一类型的变星，由于自己的内部结构导致自身产生变化。但是，造父变星是一种极具规律的变星，它们向内脉动，其方式可以预测。如果你画一张图表，标出时间和亮度，就会得出它们在极其规律的周期时间内的起伏变化过程（像波浪那样）。要完成它们的变化周期，有些变星可能需要1天，其他的可能需要1个月或更长时间。
天琴座RR星	**短规则周期** 这是又一种因内部问题引起的变星。在这类变星里，星星的亮度可在几个小时内发生变化，而变化所持续的时间最长也不过1天左右。
仙后座γ星	**不规则周期** 这是一种喷射状的变星。由于它的大气层发生剧烈的变化，因此它变得忽明忽暗。
北冕座R星	**不可预测的反新星** 这是一种较为古老、像太阳一样的恒星，它的大气偶尔会因为烟尘而变成结块。当这种情况发生时，恒星慢慢变得暗淡，直到烟尘被"咳嗽"出去落向太空，它的亮度又重新恢复到正常的水平。
大陵五	**交食双星** 设想这样的情景：两颗恒星彼此环绕旋转。事实上，回想一下前面双星的内容，在那里，大黄和乳蛋糕看上去就是彼此从面前穿过。当我们观察这些"星食"的时候，它们的亮度有所改变。当两颗星分开的时候，我们看到光线从整个系统发出；但当它们运行到一起的时候，光线的亮度有所降低，这是因为较远的那颗星部分或全部被"食缺"了。大陵五型变星的周期是规则的，就是两颗星彼此环绕所需的时间。
北冕座T星	**再发新星** 同样是两颗环绕的恒星，但是这一次的情况是两颗星一大一小。小的那颗星从大的那颗那里撕扯过来一些"恒星物质"，到了一定程度就会发生爆炸。这时候，我们就能看见天空中异常明亮。在发生周期上，这类变星非常不规则。

范例

变星
仙王座δ星

类型
大陵五型交食双星 ── 类型：它是哪种类型的变星

星等范围
3.5 ~ 4.4 ── 星等范围：该星的明暗变化范围

周期
5.3663天 ── 周期：明暗变化的时间周期

观测变星的超级提示

观察变星时，记住一点：在最适宜的条件下（也就是说不是在城镇），你用肉眼所能看到的最暗的星星的星等为6。因此，当某颗星星看起来似乎消失不见了，那可能是因为它暂时还不够明亮，肉眼不能看到。

星空天体

夜空中布满了大量的星空天体，它们存在于离太阳系很远的地方，形状和颜色各异。在星图中，下列符号用来表示定位标记，标示一些用肉眼可以看到的宇宙中的奇迹。

让我详细叙述一下这些术语，使你知道它们到底是怎么回事……

银河星团

我们见到的第一类恒星组群是银河星团。这些星团家族包含有小到几十个、大到几千个恒星，诞生于银河系的旋臂处。它们基本上都是新产生的恒星，一起运行，但是彼此间的引力最终会使它们分开，各自独立于夜空中。金牛座的昴宿星团和南十字座的宝盒星团就是较好的例子。

符号	含义
	银河星团：许多年轻的恒星聚集成的恒星集团
	球状星团：许多古老恒星聚集成的球形恒星集团
	星云：由恒星照亮的尘埃和气体形成的一团云状天体
	星系：许多恒星和星空天体组成的天体系统

球状星团

第2类恒星组群是球状星团。这些星团要比银河星团大得多，由几百个到几千个甚至几百万个通常为红色的古老恒星组成。银河星团存在于银河系（并由此得名），而球状星团形成了一个光环围绕着自己。肉眼能看到的例子包括武仙座大星团和半人马座奥米伽球状星团。

猎户座星云（M42）是一个发射星云，我们将在后面提到。它已经闯入银河星团的竞技舞台。这是因为太空就是各种天体的大杂烩，天体之间都是紧密相关的。从根本上说，猎户座四边形星团（图中左侧）的某颗恒星为这个由尘埃与气体构成的神奇星云提供光源，照亮星云的绝大部分。

猎户座四边形银河星团位于猎户座星云的心脏地带。下一页图展示的是猎户座星云蔚为壮观的全貌。（哈勃望远镜图片由 AURA/STScI/NASA 提供）
AURA：美国大学天文联盟
STScI：太空望远镜科学院
NASA：美国国家航空航天局

天蝎座 M80 球状星团

北天星图

北天极附近的星空可谓群星璀璨，在北天星图的指引下，一年四季你都可以观察到不一样的星座。春季，可以看到大熊座、牧夫座、狮子座等；夏季可以看到双鱼座、狐狸座等；秋季，可以看到仙后座、飞马座等；冬季，你可以看到猎户座、金牛座、双子座、御夫座。

北天极星图

如果你从开头就一直仔细阅读，那么读到这里，你想必已经知道了关于北斗七星和围绕着北极星运动的所有知识。如果现在天空漆黑一片，而且又非常晴朗，你何不尝试一下对那些天体的位置做个大致了解，出门去探探险？在星图上，你可能会注意到，在北极星右下方是一块又大又空的区域，那里好像没什么东西。但实际上，这块区域的大部分是由鹿豹座占据的。它的名称非常好听，但令人失望的是，它实际上很暗淡。

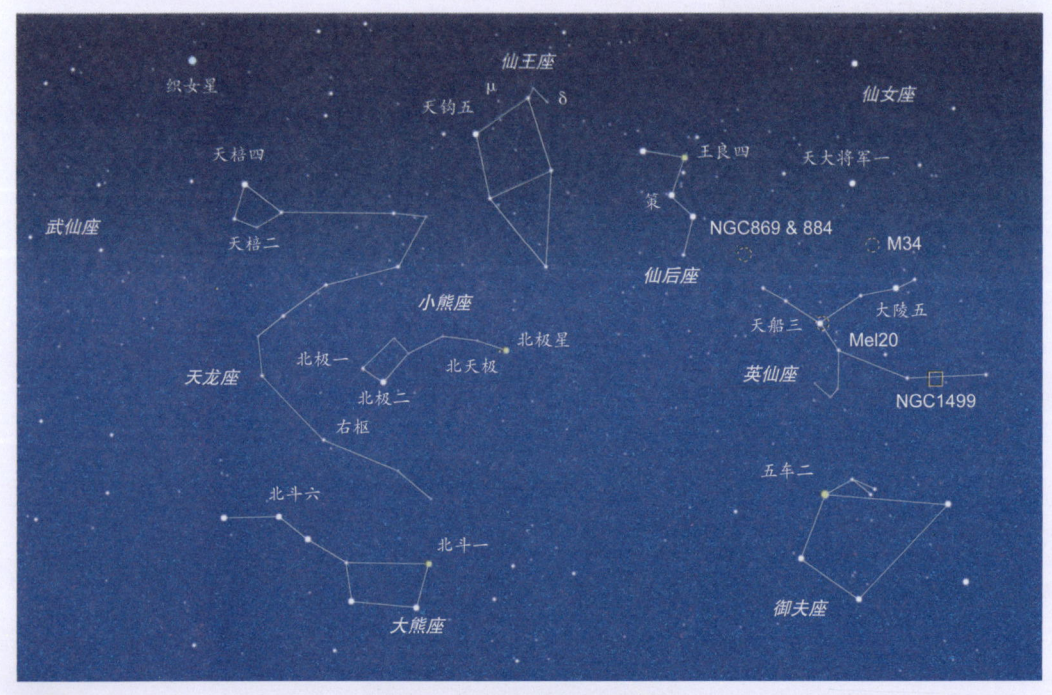

- 银河星团
- 球状星团
- 星云
- 星系

1~3月的星空

冬季可能是一年之中星空真正明亮、闪烁与发光的时节。猎户座非常突出，很容易辨认，它的周围环绕着很多神奇的星星。明亮的星星能够刺激你的视网膜，感知到色彩，因此这是一年中最佳的观星季节。你会发现很多不同色彩的星星：头顶上是黄色的五车二，高高挂在南边的是红色的毕宿五。猎户座本身就给你展现了两颗彩色的星星，一颗是红色的参宿四，另一颗是蓝色的参宿七。当你凝望星空时，你会疑惑不解，希腊人是怎么只用两颗星就创造出了小犬座的呢。也许当时正有一条小狗撞上了希腊战车，因此这一星座的名称就诞生了。

- 银河星团
- 球状星团
- 星云
- 星系

星星看点

猎户座星云 M42
金牛座昴宿星团 M45
金牛座毕宿星团
象限仪座流星雨（高峰期处于1月3日前后）

北半球冬季星空

猎户座

拉丁名称
Orion
英语名称
The Hunter
缩写
Ori
拉丁语所有格
Orionis
α 星
参宿四 Betelgeuse
星等范围
0.3~1.0
恒星颜色
红色

这是所有星座中最亮的一个,因为它比其他星座拥有更多较为明亮的星星。因此,在冬季的星空里它格外耀眼。它是一个古老的星座,有很多关于它的故事,其中包括天蝎座的故事。天蝎被派去刺杀猎户,这就是为什么它们最终被放在天空两侧的原因。

参宿七呈现为蓝白色,事实上,在大多数时间里,它比(广为误传的)主星参宿四更为明亮。参宿四实际上是一颗巨大的变星,大约每隔 6 年亮度会有所变化。

在参宿七和参宿四之间,你会看到,有 3 颗星星几乎排成一条直线,形成猎户的腰带。但是它们实际上根本没有任何联系,这样比较容易辨认的图案被称为星群(asterism)。这 3 颗星星从左至右分别是:参宿一、参宿二和参宿三。

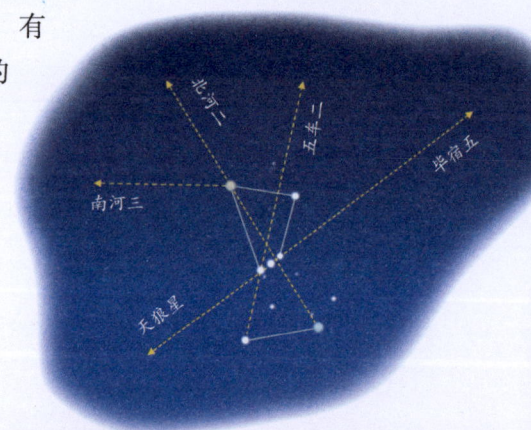

☆ 猎户座是北天冬季、南天夏季了不起的"指示牌",指向附近许多明亮的星星。

"猎户座星云国家公园"

1600 光年

☆ 在将来,这一神奇的星云无疑会成为太空旅游的首选。

☆ 这是经典的猎户座星图。在夜空中,你可以非常清晰地看到猎户的狮子形盾牌,它是由 6 颗星星组成的一条曲线。有意思的是,这些星星的类别都带有希腊符号 π,从上至下分别为 π1 至 π6。

位置：在北天星图中间的地方，我们可以发现猎户正在挥舞着他的大棒。

猎户座星云是一块著名的模糊云状物，位于连成"腰带"的3颗星星的正下方，你用肉眼就能看见。它又被称为猎户之剑，是一个发光的发射星云，由其内部的星星（最显眼的猎户座 θ 星）"激发"所有的气体而形成。目前，大约有 1 000 颗星星诞生在这里，是一个真正的星星诞生地。

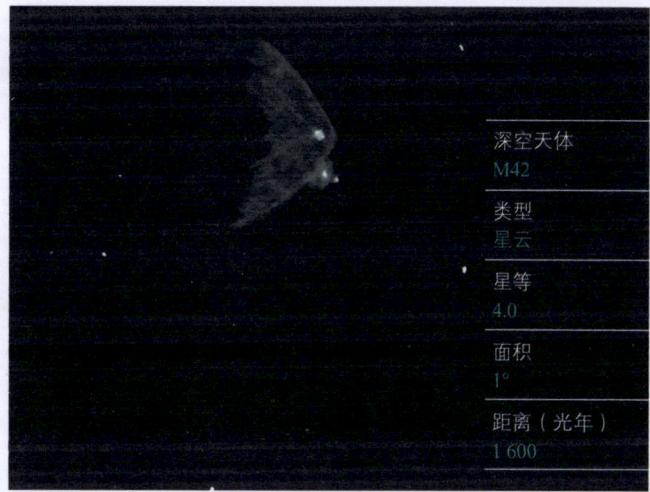

深空天体	M42
类型	星云
星等	4.0
面积	1°
距离（光年）	1 600

☆这是于 1981 年 1 月 10 日用一架小型 60 毫米折射望远镜观测到的奇妙的猎户座星云。更强大的望远镜将会观测到这个特大的发光星云内部的更多结构。

金牛座

拉丁名称	Taurus
英语名称	The Bull
缩写	Tau
拉丁语所有格	Tauri
α 星	毕宿五 (Aldebaran)
星等	0.99
恒星颜色	橙色

金牛座是一个极其古老的星座，可能是人们所设计出的最古老星座之一。对埃及人来说，金牛是指牛神奥西里斯。而希腊人关于这个星座的传说是这样的：在金牛把宙斯的情人、美丽的少女欧罗巴安全驮运至克里特岛之后，宙斯便把金牛放置在天空之中。如果你仔细观察实际的图案，会发现图案上只画出了牛的前半部分。这也很容易解释，因为金牛显然是一路游到克里特岛的，所以它的后半部分当然隐藏在水下，无法看到。凡事都有来由的。

双星	金牛座 θ 星
星等	3.4 和 3.9
两星间距	5′ 37″
颜色	白色和黄色

值得玩味的是，尽管不同的早期文明之间没有任何关系，但它们竟然在天空中创造出了同一种动物。例如，亚马孙部落（相传曾居住在黑海边的女性民族）把 V 字形的金牛座毕宿星团也描绘成牛的头部形状，正如希腊人所做的那样。

夜空中，这个季节的宝石之一是金牛座红色的主星毕宿五（意为"花朵"），它是天空排名第 14 位的亮星。

位置：在北天星图上，金牛在猎户的右侧。

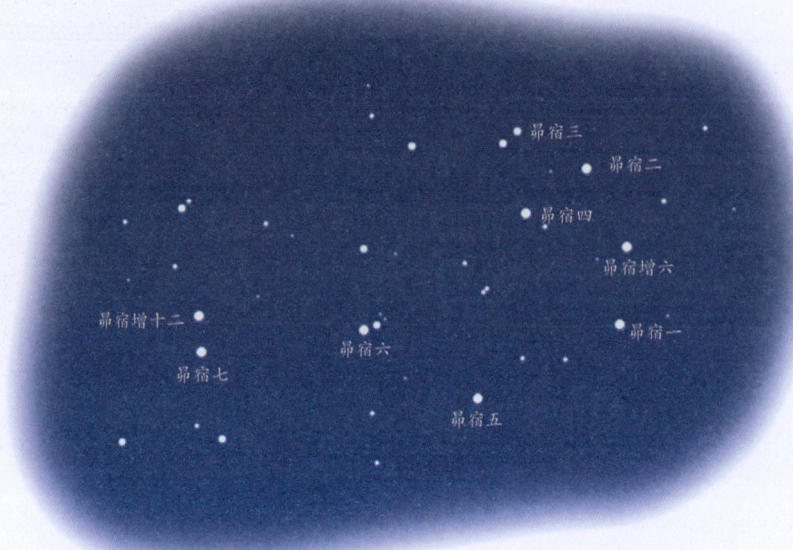

深空天体	M45
类型	银河星团
星等	1.5
面积	1° 50'
距离（光年）	380

金牛座昴宿星团是天空的珍宝之一。你用肉眼能看到这个星团里的几颗星？有人凭其超级眼力曾经看到过 10 颗，并且还不是从非常暗黑的地方看到的。如果你看到的能够超过 30 颗，那么，用"我是示巴女王"（《圣经》中朝觐所罗门王以测其智慧的示巴女王。此处指具有非凡的智慧）这句话来形容你绝不为过。这个星团实际上包含数百颗恒星，使用双目镜或较低倍数的望远镜就可以看到它的壮观景象。昴宿星团正在穿越一个星云，这个星云通过反射恒星的光线而发光，但是这只有在照片上才能显示出来。

御夫座

拉丁名称
Auriga
英语名称
The Charioteer
缩写
Aur
拉丁语所有格
Aurigae
α 星
五车二/Capella
星等
0.08
恒星颜色
黄

古时候，希腊人把五车二当成了木卫五，它看起来既像一位年轻美丽的公主，又像一只山羊。眼神不好吗？拿山羊来说，故事是这样的：山羊帮助哺育还处在婴儿期的宙斯，然而有一天，宙斯无意中折断了山羊的一只角。人们总是喜欢大团圆，就把故事编成了这样：宙斯运用他作为神的魔法，把这只角变成了"丰饶

⭐ 御夫看起来有些焦急，怕他的马车丢失。关于山羊的神话证实了这一点。在这张设计图里，五车二（山羊）舒舒服服地依偎在御夫的臂弯里。请注意御夫左手里的两只小山羊，这是附近的两颗恒星，被称为"小羊羔"。

之角"，里面装满其主人希望得到的任何东西，如脆饼、坚果、空心甜饼、水、茶、咖啡，等等。要是我能拥有这样一个羊角该多好啊！

在北纬50°以北的地方，例如英国、加拿大的温哥华和德国的法兰克福等地，五车二很容易变成为拱极星（circumpolar）。实际上，这里也有一对双星，有两颗大型的恒星彼此环绕。但是，你得用一个非常庞大的天文望远镜才能看到它们，非常之大。你可能会听到御夫说："望远镜的另一端正在轨道上转动呢！"

位置：在北天星图上，御夫位于正中间偏上；在北天极星图上，它位于右下方。

双子座

拉丁名称
Gemini
英语名称
The Twins
缩写
Gem
拉丁语所有格
Geminorium
α 星
北河二 Castor
星等
1.58
恒星颜色
白色

冬季夜空的另一个明亮星座是双子座，为首的两颗星是双胞胎北河二（意为"武士"）与北河三（意为"拳击手"），他们是跟随伊阿宋寻找金羊毛的阿尔戈英雄。奇怪的是，北河三（β 星）反而比北河二（α 星）更亮一些。据说是因为在经过了很多世纪以后，北河二已经褪色了。

如果你透过望远镜来观察，会发现北河二实际上是一颗双星。但是，即便如此，眼见的也并不一定就是事实，在北河二系统里还有好几颗双星。总计共有6颗星星（3对双星）彼此环绕着转动，周期从9天～1万年不等！

双子座 δ 星是一颗星等为3.5的白色星星，非常普通。我们给予它特别的关注，纯粹是历史的原因，正是在这个位置，人们于1930年发现了冥王星。

位置：在北天星图上，双子座位于左上方。

天体
ANTON4
类型
旧星座

✿望远镜座也被称为赫歇尔的望远镜，是艾比·赫尔于1781年命名的。

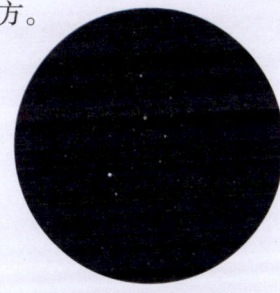

✿这个星团由大约200颗恒星组成，用肉眼只有在超清晰的夜晚才能看到。

深空天体
M35
类型
银河星团
星等
5.3
面积
28′
距离（光年）
2 800

4~6月的星空

在春季，因为时令的关系，一个备受挤压的星座现在转到上面来了，这就是大熊座和它的星群北斗七星。我对一年中的这个时期倍感亲切，因为在我还是个小孩子的时候，第1次接触的就是这些星座。你可以很容易找出牧夫座和狮子座，牧夫座的形状如巨大的"风筝"，狮子座就像一个"反写的问号"。你还可以很容易地认出天空中几颗明亮的星星：位于东南方向的大角星和角宿一，在它们右边有轩辕十四，在西方有北河二与北河三。

- 银河星团
- 球状星团
- 星云
- 星系

星星看点

使用北斗七星来找到大角星和五车二
大熊座开阳双星
后发座 Mel 111 星团
巨蟹座蜂巢星团或称鬼宿星团 M44
天琴座流星雨（高峰期处于4月22日前后）

北半球春季星空

第三章 去宇宙中旅行

大熊座

拉丁名称
Ursa Major
英语名称
The Great Bear
缩写
UMa
拉丁语所有格
Ursae Majoris
α 星
北斗一 Dubhe
星等
1.79
恒星颜色
橙色

为了帮助美丽的女仆卡利斯托摆脱她讨厌的女主人赫拉,宙斯把她变成了一只熊。在古希腊时代,赫拉是太空、宇宙和所有一切事物的头领,但是她有时爱发点儿小脾气。这个神话的寓意是:拥有一切并不能表示你就是一个善良的好人。这是人生一个重要的教训。

正如前面提到的,大熊座最著名的部分是一组 7 颗的星星,在英国被称为耕犁。但是,由于它那容易辨认的形状,它在世界各地有很多不同的称谓:在印度天文学里,我们发现它被称为七位圣贤;而在中国,它被称为北斗七星。

☆ 北斗七星是鼎鼎大名的观察星星的"标示牌",试试看你都能到达哪里。

大熊座有几颗星星的名称非常迷人,它们围绕着整个星座在转动。拉兰德 21185 的星等为 7.5,每一年自行 4.8″。它离我们只有 8.3 光年,可能拥有它自己的"太阳系"和行星。然后是格鲁姆布里奇 1830,它离我们 29 光年,星等亮度为 6.4,每一年围绕

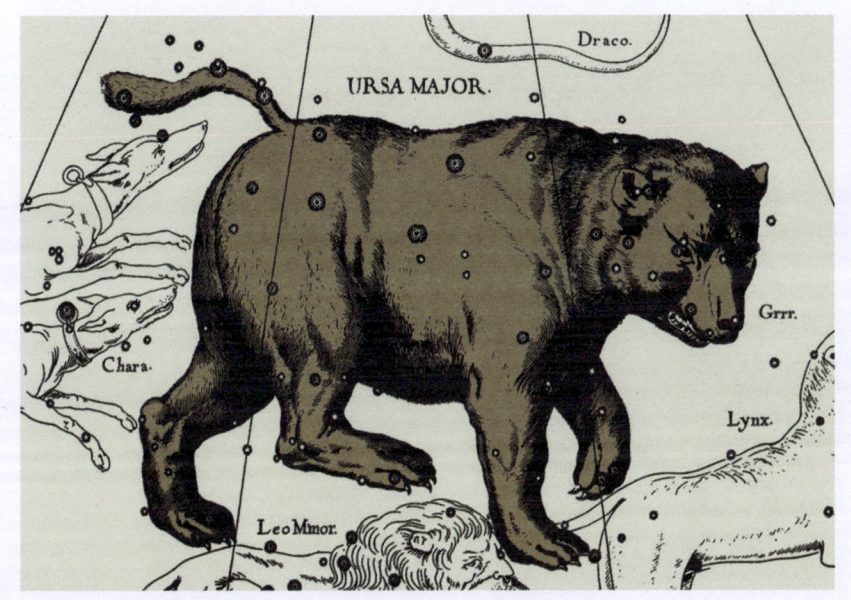

☆ 对于旧日的希腊设计者来说,大熊这个形象设计得还不错。这是说,如果你把那里的星星用笔连在一起,还真有些像一头熊,或多或少具有熊的相貌。仔细观察,你会看到著名的北斗七星就在熊的后腰和尾巴处。

.107

天空轻快地自行7″。如果我们把所有因素都考虑进去，格鲁姆布里奇1830每秒钟自行接近350千米！很遗憾，只用肉眼的话，这两颗星连一颗也看不见，但你还是可以凝望它们的大体方向，思索着，指点着。

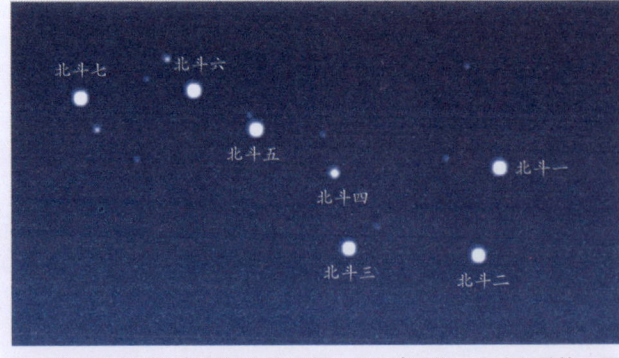

☆ 如果你真想进入凝望星空的氛围，那么请记住：北斗七星的7颗星个个都有名字。如果你真想把它们印入脑海，现在就试着记记看。

小熊座

小熊座是由希腊第一位天文学家泰勒斯（Thales）在公元前600年前后描绘出的，它代表著名的大熊座卡利斯托的儿子阿尔克斯。它的主要几颗星组合在一起，成了北斗七星的微缩版，只是在它这里，那个把手更加弯曲。由于这个原因，很多外行的人常把北斗七星和小熊座的这几颗星混淆。但是，读完本篇之后，你就没有理由再把它们弄混了。北极二（β星）和北极一（γ星）被称为守卫星，因为它们是北极的守护神。

拉丁名称
Ursa Minor
英语名称
The Little Bear
缩写
UMi
拉丁语所有格
Ursae Minoris
α 星
北极星 Polaris
星等
2
恒星颜色
黄白

北极星是一颗久负盛名的星星。当然，我们把它称为北方之星或者极星，但是早期的希腊人把它称为"可爱的北方之光"，益格鲁－撒

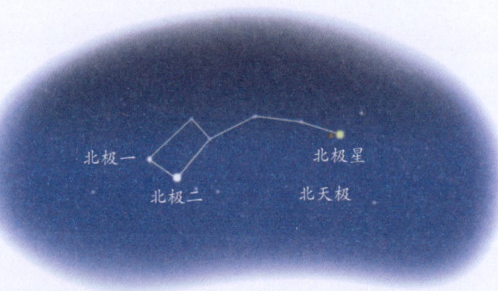

☆ 约翰·赫维留的《星图学》中描绘的小熊形象

克逊人称之为"船星",并且早期的英国水手把它当作航海之星。这样不同的叫法还有很多很多,表明了历史上这颗星的重要性。

位置:在北天极星图上,小熊正围绕着北天极中心来回运行。

小熊座流星雨

小熊座流星雨是一个非常缺乏观测的北半球流星雨,但是在过去的60多年里却至少有过两次大爆发,分别在1945年和1986年。其他的一些流量增长,在最近的1988、1994和2000年,也都有所报告。其他的类似现象可能由于天气原因或者观测者太少,已经被很轻易地错过了。对该流星雨可以采用所有的观测方法,因为它的群内流星中很多都是较亮的。

小熊座流星雨在20世纪80年代的前半部分没有给人们留下什么深刻印象。然而,1986年12月22日欧洲的几名观测者却报告了令人惊异的现象。比利时的果宾报告66.17MHz上信号非常高,根据他的监听,23日的信号比前后几天要高3倍。英国的斯潘丁则从目视方面证实了比利时人的结果,他在22日观测到ZHR达到87+-29的爆发。挪威的伽德在22日深夜也观测到了ZHR达到64+-11的剧烈活动,平均星等为1.9,4个小时内共出现94颗群内流星。他的同胞希恩则在2小时内看到了75颗流星,ZHR达到122+-17,平均星等2.61。175颗观测流星中,17.1%留下余迹,66颗亮于2等,51.5%白色,33.3%黄色,7.6%红色,2.3%绿色,5.3%蓝色。

天龙座

拉丁名称
Draco
英语名称
The Dragon
缩写
Dra
拉丁语所有格
Draconis
α星
右枢/Thuban
星等

恒星颜色
白色

这一组古老的星星可能是根据名叫拉冬的龙构想出来的,拉冬是金苹果园守卫金苹果的巨龙。天龙座位于大熊座和小熊座之间,相当暗弱,但是容易辨认。你可以以龙尾巴上的星星为起点,沿着龙的身体从北斗七星的上面经过,弯弯曲曲地来到它喷火的头部。

大约在4000年前,天龙座非常有名,那时候右枢是极星。现在,天龙座名气已经没有那么大了。

位置:天龙潜伏于北天极星图之中。

鹿豹座

在北天极星图上有一块很大的空白,那里住着我们友善的长颈鹿。在1614年,雅各布斯·巴特舍斯把它描绘成一头骆驼,后来经过形象的改变,它最终变成了一只长颈鹿。对你来说,那里并没有什么值得注意的地方,即使你把几个点逐个连到一起,

| 拉丁名称 |
| Camelopardalis |
| 英语名称 |
| The Giraffe |
| 缩写 |
| Cam |
| 拉丁语所有格 |
| Camelopardalis |
| α 星 |
| — |
| 星等 |
| 4 |
| 恒星颜色 |
| 蓝色 |

也根本难以创造出什么来。这样的星座拥有稀奇古怪的名字，可真是件丢脸的事——你可以把重音落在名字中间的字母"par"上试试看。

更糟糕的是，它为首的那颗星竟然没有名字：好像雅各布斯是一个蹩脚的建筑师，工作没有完成就溜之大吉了。也许，如果他知道这个超级事实的话，他可能会考虑得更周全一点儿：鹿豹座 α 星在离我们 6900 光年的地方转动（光线来回一次各 3000 光年）。这也使得它成为你用肉眼看到的最远的星星之一。

☆ 为了便于你的观察，图中把附近的一些星星标示出来了，否则还真不容易找到微弱的鹿豹座的位置。

牧夫座

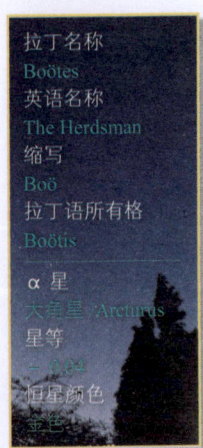

| 拉丁名称 |
| Boötes |
| 英语名称 |
| The Herdsman |
| 缩写 |
| Boo |
| 拉丁语所有格 |
| Boötis |
| α 星 |
| 大角星 Arcturus |
| 星等 |
| −0.04 |
| 恒星颜色 |
| 金色 |

这就是牧夫，或者称为耕夫，他紧紧抓住他的猎犬，驱赶着大熊绕着天空转动。但说实在的，要么是我们漏看了什么东西，要么就是这位牧夫有点儿问题，因为他的形象把我们完全弄糊涂了，即使是在最具创意的时候也想象不出来他的样子。如果你把这些星星连在一起能产生出一个带着猎犬的人来，那就神了。事实上在北天星图中，这个星座主要的星星构成一

天体
ANTON5

类型
旧星座

☆ 在天空这片暗淡的区域，从前是古老的象限仪座，这是 1795 年约瑟夫·拉兰德给起的名字。虽然它现在不存在了，但是人们还记得它，因为每年开始的时候，从这个区域都会出现流星雨——象限仪座流星雨。

滴倒过来的泪滴,或者像一只拉长了的风筝形状,明亮的大角星位于它的底端。

来自牧夫座的流星雨被称为"6月牧夫的孩子",又被称作"庞斯-温尼克家的孩子"这样超级好听的名字。

位置:在北天星图上,牧夫正在左边放牧。

✿ 沿着北斗七星的扶手往下,经过一个稍微弯曲的弧形,你可以很容易找到大角星。希腊人把大角星看成是养熊的人,它是一颗飘荡不定的星。在1000多年的时间里,它移动的距离跟一个圆月的宽度大致相等。这是因为它离我们相对来说比较近,只有37光年。大角星也是天空中排名第四的亮星。总而言之,关于大角星的话题很多。

双星
牧夫座 ν 星

星等
5.0

两星间距
10′ 28″

颜色
深橙色和白色

猎犬座

1690年,波兰天文学家赫维留把这个暗弱的星座添加到了天空,当时并没有人在意。它就位于北斗七星的下面,代表查拉和阿斯特利翁,也就是牧夫的两条猎犬。牧夫有些担心,害怕猎犬和熊打起来。

埃德蒙·哈雷把 α 星命名为常陈一,意思是"查理的心脏",源自于查理二世。在他于1660年5月29日返回伦敦之前的那天晚上,这颗星格外耀眼。

位置:在北斗七星的扶手下方,你会找到这些猎犬。

在古代希腊文献中,猎犬座的星被描绘为牧夫扛的棒子。后来被阿拉伯人翻译为钩子,或牧人的带钩牧杖。再翻译到西欧文字误成了狗,最终被赫维留定成一个独立的星座。

拉丁名称
Canes Venatici
英语名称
The Hunting Dogs
缩写
CVn
拉丁语所有格
Canum Venaticorum
α 星
常陈一/Cor Caroli
星等
2.9
恒星颜色
白色

猎犬座包含中国古代的星座"常陈"。《晋书·天文志》记载:"常陈七星如毕状,在帝座北,天子宿卫武贲之士,以设疆御。"

晴朗无月的夜晚,在猎犬座 α 星和大角连线的中点可以找到一颗非常黯淡的星,有时甚至得借助小望远镜才能看到。而在大型望远镜下观察,原来它并不是一颗星,竟是20多万颗星聚在一起的星团。猎犬座的这个大星团呈球形,直径达40光年,在天文

变星
La Superba
猎犬座 Y 星

星等范围
5.2 ~ 10

周期
251 天

✿ 这颗星被19世纪意大利之父塞奇命名为"傲慢",因为它发出超强的红光。它的星等变化很大,观察它在刚好看不到的时候星等为几,重新出现的时候星等又为几,这将会很有趣。这也可说明你那里的天空有多清澈。

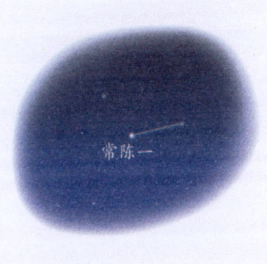

.111

赫维留《星图学》中设计的猎犬图案

学上叫作"球状星团"。在猎犬座北面有一旋涡星系，距离我们约1400万光年，即猎犬座星系。

猎犬座星系包含5个梅西耶天体。之一是螺旋星系即M51，包含NGC5194和不规则星系NGC5195；后者正对地球，于1845年被William Parsons观测到，是第一个被认为有螺旋结构的星系。猎犬座还包括向日葵星系（M63或NGC5055），螺旋星系M94和螺旋星系M106。M3(NGC5272)是一个球状星团，直径18′，6.3等，可以用双筒望远镜看见。

猎犬座的常陈双星应该都是白色，但有些观测者宣称看见淡雅的色彩。经由光谱的研究，可能是因为较亮的一颗恒星有着不寻常的成分。M3球状星团约为半个满月大。若想观测星团内的各个恒星，必须使用口径10cm以上的望远镜。M51螺旋星系几乎正面对着地球，是天空中最有名的星系之一，也是最容易观测螺旋构造的星系。

后发座

贝伦妮斯王后是埃及国王托勒密三世的妻子。在打了一场漂亮的胜仗之后，女神阿佛洛狄忒认为天空是放置这位王后头发的好地方。很显然，王后的头发是乌黑的，这也就是为什么后发座整个都很暗弱。尽管这个传说很古老，但是后发座的名称并不固定，直到1601年才由第谷·布拉赫确定下来。

位置：在北天星图上，后发座位于明亮的大角星的右侧。

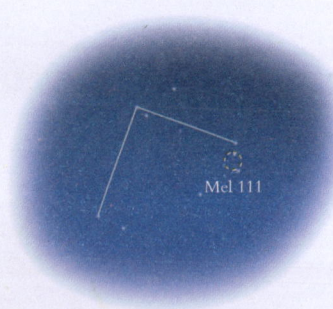

深空天体
Mel 111
类型
银河星团
星等
2.7
面积
4′ 30″
距离（光年）
265

后发星团大约有45颗星星，过去它们位于狮子的尾巴处，被看作是狮子尾巴模糊不清的毛发，现在则构成贝伦妮斯王后飘逸的秀发。

拉丁名称
Coma Berenices
英语名称
Berenice's Hair
缩写
Com
拉丁语所有格
Comae Berenices
α 星
王冠/Diadem
星等
恒星颜色
黄白

狮子座

拉丁名称
Leo
英语名称
The Lion
缩写
Leo
拉丁语所有格
Leonis
α 星
轩辕十四/Regulus
星等
1.35
恒星颜色
白色

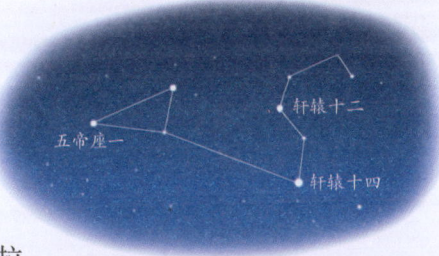

在希腊和罗马的传说中，狮子座是较早被定名的星座，代表在尼米亚森林里悠闲漫步的狮子。后来，身负 12 项艰巨任务的赫拉克勒斯杀死了它，经典的故事大体如此。与其他星座不同，狮子座可以说是与人们传说的十分相似：狮子头部就像一个巨大的反写的问号，左边是它的身体。

轩辕十四处在狮子头的底部，非常接近黄道（ecliptic），因此，它是月球和行星能够遮盖到的仅有的 4 颗亮星之一。天文学上的术语称这种现象为星掩（occultation）。

位置：在北天星图上，狮子座位于大熊座脚部的下方，构成一个独特的形状。

巨蟹座

拉丁名称
Cancer
英语名称
The Crab
缩写
Cnc
拉丁语所有格
Cancri
α 星
柳宿增三/Acubens
星等
4.3
恒星颜色
白色

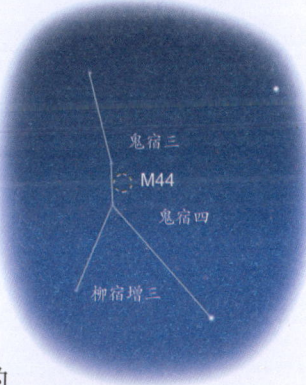

这是一个古老的星座，像个三明治一样夹在双子座和狮子座中间。这只螃蟹被九头怪蛇派去要干掉赫拉克勒斯，倒霉的是赫拉克勒斯踩在它身上，踩死了它。尽管它不是一个很亮的星座，也很不起眼，在视觉上也缺乏震撼效果，但是了不起的蜂巢星团弥补了它的这些不足。

位置：在北天星图上，位于狮子座的右边，暗弱的巨蟹趴在亮星组成的太空池塘里。

☆这是透过一副较好的双目镜观测到的蜂巢星团的细部。

深空天体
M44
类型
银河星团
星等
3.7
面积
1° 35′
距离（光年）
577

☆蜂巢星团也称鬼宿星团，有几百颗恒星，其中很多是双星，因此我们看到的是"模糊"的一团。由于它比较亮，自古以来就被人们熟知。

室女座

这是一个古老的星座,与正义女神有关。很显然,她对人类那样对待地球感到有些不满,于是便离开她的肉体,到星星中间寻找幸福,成为了处女,或称室女(因此得名室女座)。谁会怪罪她呢?你也许会认为,室女座这个天空中第二大星座能在视觉上给我们提供很多东西。但除了那颗为首的亮星角宿一,它并没有带给我们什么。

东次将(ε 星,意为"采收葡萄的人")是一颗与喝的东西有关的星星:当它第一次升起时,标志着新的葡萄收获季节开始了。干杯!

位置:在北天星图上,室女正在左下方小憩呢。

拉丁名称	Cancer
英语名称	The Crab
缩写	Cnc
拉丁语所有格	Canceri
α 星	柳宿增三 Acubens
星等	
恒星颜色	白色

☆ 想要找到角宿一,可以沿着从北斗七星到大角星的那条弧线继续下去。行星或月球偶尔会盖住或者说是掩住角宿一,因为它离黄道比较近。发生这种现象的其他亮星还有毕宿五(金牛座)、轩辕十四(狮子座)和心宿二(天蝎座)。

7～9月的星空

在夏季期间，我们开始能看到银河从东方的地平线出现了。当然，在北半球我们会遇到一个问题：地球向太阳倾斜，这样太阳带给我们的白天较长，气候温暖宜人，但留给我们满天星斗的夜空的时间却很有限。在西边的天际是上一个季节残留下来的东西：明亮的大角星领导着牧夫座，它的左边是辉煌的曲线形星座北冕座，而南边的广大地带则由蛇夫座支配着。在东边的天际，夏季三角出现了（很奇怪，这一组在秋天更亮，更像是秋季的星座。）。

星星看点

武仙座大星团 M13
已经废弃不用的波兰公牛座
英仙座流星雨（高峰期处于 8 月 12 日前后）
双鱼座流星雨（两次高峰期，处于 9 月 8 日和 21 日前后）

- 银河星团
- 球状星团
- 星云
- 星系

北半球夏季星空

天鹅座

拉丁名称
Cygnus
英语名称
The Swan
缩写
Cyg
拉丁语所有格
Cygni
α星
天津四 Deneb
星等
恒星颜色
白色

天鹅座是古老的星座之一。根据其中一个故事，它代表宙斯。为了幽会他的情人——廷达瑞俄斯的妻子勒达，宙斯很聪明（至少他是这样认为的）地把自己化作一只天鹅，为的是不让别人认出来。我们知道，这个故事想向我们表明宙斯的躲避技巧，但是故事经不起时间的考验。

天鹅高傲地随着银河飞翔。银河是暗弱的奶白色带状物，是由几百万颗遥远的星星组成的，是整个银河系的一部分。在远离灯光污染的天空，你可以看见这条雾霭状的天河把自己最美的姿容展现给你。使用双目镜，你可以看到它里面含有星团、星云和各种各样神奇的东西。

天津四表示天鹅的尾巴，辇道增七是天鹅的头部，从天津九经过天津一到达天津二（δ星），它们构成了天鹅展开的翅膀。这样你也就可以看出为什么天鹅座也称北十字座了。

位置：在北天星图上，这只幸福的天鹅位于左上角。

深空天体 M39
类型
银河星团
星等
4.6
面积
32′
距离（光年）
825

☆虽然迟至1764年才被收入梅西耶星云星团表，但是它非常明亮，早在古希腊时期亚里士多德就注意到了它。尽管我们这里看到的是夏季星空，但在北半球10～12月的星图中，它位于右上方。

深空天体 NGC 7000
类型
星云
面积
2°
距离（光年）
1 600

☆在远离灯光污染的真正漆黑的夜晚，北美星云据说可以被辨认出来。这块云状物位于银河的中心，因它明显的形状而得名。你能看见它吗？

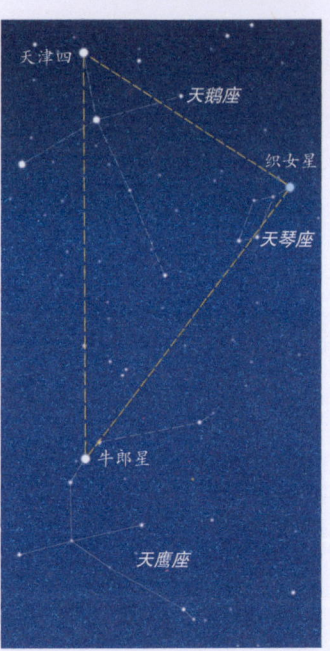

☆构成著名的夏季三角的3颗亮星：天津四（～2100光年）、织女星（25光年）和牛郎星（16光年）。

天琴座

这是一个古老的星座，形状像一种乐器。这种乐器是众神的使者赫耳墨斯发明的，后来献给了他同父异母的兄弟音乐之神阿波罗。

织女星（α星）是一颗相对来说离我们较近的恒星（距离为25光年），在1.1万年前一直占据极星的位置；它下一次还会担任同样的角色，时间大约在公元14500年。这主要是因为地球不停地旋转，慢慢地移动轴心，倾角将会达到23.5°，周期为2.58万年。北极

拉丁名称
Lyra
英语名称
The Harp
缩写
Lyr
拉丁语所有格
Lyrae
α星
织女星 Vega
星等
恒星颜色
浅蓝 白色

点和南极点也在以同样的周期改变，因此北极星和南极星也就改变了。在北天星图上，织女星在我们能看到的亮星里排名第三，排在天狼星和大角星之后。1850年，织女星成为第一颗被照相机拍到的星星。

位置：在我们北半球的星图上，天琴座是虽然很小但却很优秀的星座，位于天鹅座的右边，它为首的织女星是夏季三角里最明亮的一颗星。

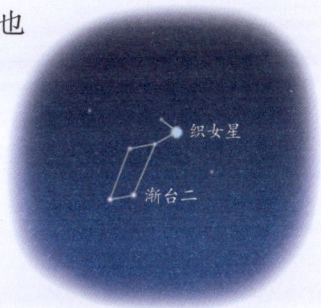

双星
天琴座 ε 星

星等
5.0 和 5.0

两星间距
3.5′

颜色
黄色和橙色

☆这一对双星值得我们看一看。ε1 和 ε2 是一对光学双星，两者间距很宽，可以用来考验一下你的视力好不好。现在拿起你的望远镜，你可以看见天琴座 ε1 和 ε2 星又分别是货真价实的双星，各有两颗星星。这真是一座星星的富矿：1 颗双星的价值却包含 4 颗星！

☆织女星在古埃及被称作"秃鹫星"。在 1801 年约翰·波德设计的这张星图上，我们可以十分清楚地看到这只秃鹫。

变星
渐台二
天琴座 β 星

星等范围
3.34 ~ 4.3

周期
12.9 天

☆这是一颗交食双星型变星，是天琴座 β 星中第 1 组这样的变星。两颗恒星互相环绕，彼此非常靠近，以至于引力把它们拉变了形，把它们弄成更像鸡蛋的形状，而不是圆形！

天鹰座

这是个古老的星座，代表宙斯的长羽毛的朋友，经常被描绘成拿着宙斯的闪电，这就是它的工作。漂亮的银河从天鹰的背后流过，使得漆黑的夜空中的这一区域很值得一看，尽管这里有些弯弯曲曲。至于说带头闪烁的牛郎星，它离我们只有大约 16 光年，是离我们最近的恒星之一。

天鹰座上方偏左的地方是一个较小的星座海豚座。除了它有着漂亮的外表，提及它还因为它的亮星的名称：它的 α 星叫 Sualocin（瓠瓜一），而 β 星叫 Rotanev（瓠瓜四）。你把这两个词的拼写反过来就得到 Nicolaus Venator（尼古拉斯·范纳特），他是 17 世纪到 18 世纪意大利天文学家朱塞普·皮亚齐的助手。

拉丁名称
Aquila
英语名称
The Eagle
缩写
Aql
拉丁语所有格
Aquilae

α 星
牛郎星 /Altair
星等
0.77
恒星颜色
白色

变星
天鹰座 η 星
星等范围
3.5 ~ 4.3
周期
7.176 天

☆ 这是一颗造父变星。你可以看到附近的天鹰座 β 星以星等 3.7 的亮度发着光，可以拿它来做个很好的参照。

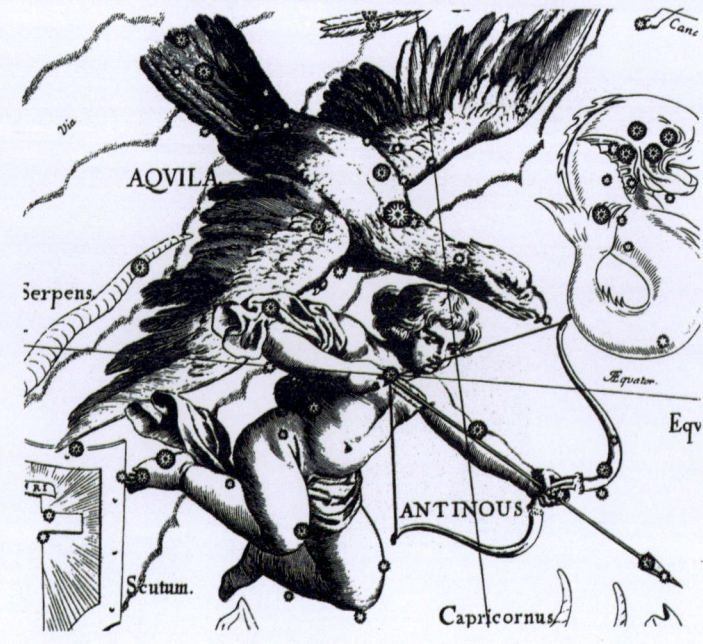

☆ 这就是天鹰。在美好的过去，它通常带着安提诺乌斯绕着天空旅行。正如你所看到的，安提诺乌斯不是一个小孩子了，最终，天鹰实在受够了，便把他丢下不管了。安提诺乌斯从星图中消失了，再也没有在星座俱乐部出现过。

位置：在北天星图上，天鹰正在左下角向下飞翔。

狐狸座

赫维留把这个小星座命名为狐狸和鹅座。现在鹅消失了，也许是被狐狸吃掉了。不管故事是怎样的，总之它并不是一个突出的星座，但是却有一个了不起的天体有待发现。

位置：在我们的星图上，狐狸潜伏在天鹅的下方。也许，在吃了那只鹅以后，狐狸肯定又在觊觎天鹅的美味吧。

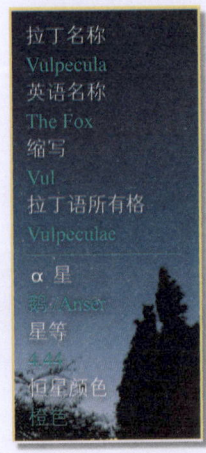

拉丁名称
Vulpecula
英语名称
The Fox
缩写
Vul
拉丁语所有格
Vulpeculae
α 星
鹅（Anser）
星等
4.4
恒星颜色
橙色

☆ 出现在赫维留的《星图学》上的整个星座原来是要表明，无论是狐狸还是鹅都愉快地在天空游荡。

第三章
去宇宙中旅行

☆衣钩座又称CR399或布罗基星团。它由10颗主要的星星组成,从天文角度看形状奇妙,由此得名。它还真像个衣钩呢!在暗夜的天空,你用肉眼只能看到那里是模糊的一团,你真该使用双目镜来好好观察一下。

武仙座

拉丁名称
Hercules
英语名称
Hercules
缩写
Her
拉丁语所有格
Herculis
α 星
帝座 Rasalgethi
星等范围
3.0 ~ 4.0
恒星颜色
红色

这是一个古老的星座,代表世界上力气最大的人。在他完成了12项据说是不可能做到的"苦役"之后,在天空中他被安排了一个位置。他是一个厚脸皮的家伙,就在美丽的天鹅右边,由4颗星组成一个不规则四边形,非常容易记住。

位置:把它的几个点连在一起,形状就像一个人单腿着地在跳莫里斯舞(英国传统民间舞蹈)。在北天星图上,我们可以发现武仙座位于中间偏上一点。

深空天体
M13
类型
球状星团
星等
5.7
面积
23′
距离(光年)
2.53万

☆武仙座大星团是北半球最大的球状星团。观察它的最佳位置是从一个黑暗的地方,而它的面积为10′的时候,用肉眼相当容易就能看到。

变星
帝座
武仙座 α 星
星等范围
3.0 ~ 4.0
周期
~ 3 个月

☆帝座不仅是颗变星,还是颗双星。帝座的伴星星等为5.4,两星间距为5″,这就意味着你得用望远镜才能看到它们。

蛇夫座

拉丁名称
Ophiuchus
英语名称
The Serpent Bearer
缩写
Oph
拉丁语所有格
Ophiuchi

α 星
侯·Rasalhague
星等
2.08
恒星颜色
白色

蛇夫座来源于希腊，有关它的身份和故事已经随着时光的流逝而遗失了。蛇夫可能是指阿斯克勒庇俄斯，他是希腊神话里的医神。他无论走到哪里，总是带着一根手杖，上面盘着一条蛇。在他手里的这条蛇，向右伸展成为巨蛇座的蛇头，向左伸展形成蛇尾。

在一些旧星图上，蛇夫座被写成持蛇者座，这对一个蛇夫来说真是恰如其分。

位置：在北天星图中间的下方，蛇夫正紧紧抓住巨蛇。

天体
ANTON 1

类型
旧星座

☆ 围绕 Mel186 银河星团转动的是波兰公牛座，现在这一名称已经废弃不用了。1777 年，艾比·波泽布特为了纪念波兰国王斯坦尼斯洛斯·庞尼阿托维而创立。之所以如此命名，是因为由几颗恒星组成的 V 字形看起来就像金牛座毕宿星团的翻版，只是要小一些、暗一些。还有呢，在这里我们还能发现巴纳德星。

☆ 巴纳德星是根据它的发现者爱德华·巴纳德命名的，它是离我们第三近的恒星，只有 6 光年。巴纳德星实际上偏离了它的位置，在所有恒星中，它的自行幅度是最大的，每年自行 10.25″，真是令人难以置信。遗憾的是，它实在太暗弱了，即便距离我们这么近，它的星等也才达到 9.5。

盾牌座

这个星座是赫维留于 1690 年创立的，定名为索别斯基的盾牌，是为了纪念波兰国王扬·索别斯基的战功。噢，赫维留的天文台被火烧掉之后，这位国王还帮助过他呢。

盾牌座 α 星实际上并没有名字，所以这里就给它指派个名称，叫作"索别斯基"，为的是纪念这个星座原先的全称。这种做法也有过先例，你可以看一

看狐狸座以及它的 α 星鹅。

位置：在北天星图上，位于天鹰右下方的盾牌正在保护星图的底部。

盾牌座亮于 5.5 等的恒星有 9 颗，其中两颗最亮的星为 4 等星。每年 7 月 1 日子夜，盾牌座的中心经过上中天。在北纬 74 度以南的广大地区可看到完整的盾牌座；在北纬 84 度以北的地区则看不到该星座。

深空天体
M11
类型
银河星团
星等
5.8
面积
14′
距离（光年）
6 000

☆ 野鸭星团需要在真正漆黑的天空才能看到，因此，我希望你所处的位置不至于太过"肮脏"。它是由高特弗里德·科奇于 1681 年发现的。

拉丁名称
Scutum
英语名称
The Shield
缩写
Sct
拉丁语所有格
Scuti
α 星
索别斯基/Sobieski
星等
4.0
恒星颜色
黄白

盾牌座星图

盾牌座中最有名的星是盾牌座 δ 星，中文名"天弁二"。它是一类短周期脉动变星的典型，即常说的盾牌 δ 型变星，盾牌座 δ 星的亮度极大时为 4.6 等，极小时为 4.79 等，光变周期为 0.193769 天，即 4 时 39 分 1.7 秒。其光谱型为 A～F 型，在赫罗图上位于造父变星不稳定带。光变曲线形状变化很大，同船帆座 AI 型变星相近，但变幅小于 0.3 个星等。最初，人们把一切周期短于 0.21 天的 A、F 型脉动变星都称作盾牌 δ 型变星（又称矮造父变星），后来只把光变幅小于 0.3 个星等的短周期脉动变星称作盾牌 δ 型变星。

☆ 这里我们可以看到盾牌壮观的全貌，此图出自约翰·赫维留的《星图学》。

盾牌座中有一些星云、星团，最著名的是 M11（NGC6705）疏散星团，是德国天文学家基希于 1681 年首先发现的。英国一位天文学家认为它好像一只飞翔的野鸭，因此又称野鸭星团。它是已知最致密的疏散星团，其中大约有 500 颗恒星，距离地球 5500 光年，视亮度为 6.3 等，视直径为 12.5 角分，线直径约 18 光年。由于星团的恒星比较密集，用小口径的望远镜看有点像星云，只有 30 厘米口径以上的望远镜才可以将 M11 里的恒星分解开来。它位于天鹅座 λ 星与盾牌座 α 星之间，用双筒望远镜很容易找到。

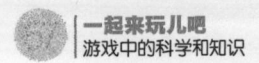

10~12月的星空

有些从事天文研究的人一到秋季就度假去了，他们宣称秋季是星座沉寂的时节。的确，从北半球向南望去，天空这么大块区域里的星星都很微弱。但是，在我们头顶上，有仙后座、英仙座和银河。还有，在西南方有名称怪异的由3颗恒星构成的夏季三角，秋季是它的最佳观测时间！当然，亮星倒是没有多少，但是我们却可以在空中发现很多废弃不用的星座，以及一颗有趣的变星和一些很好看的深空天体。再者说，经过了短促的夏天夜晚，总算又可以重新回来好好地眺望星空，大家一定都会感到松了一口气。

星星看点

仙女座星系 M31
英仙座剑柄星团
夏季三角
飞马座四方形
猎户座流星雨
双子座流星雨

- 银河星团
- 球状星团
- 星云
- 星系

北半球秋季星空

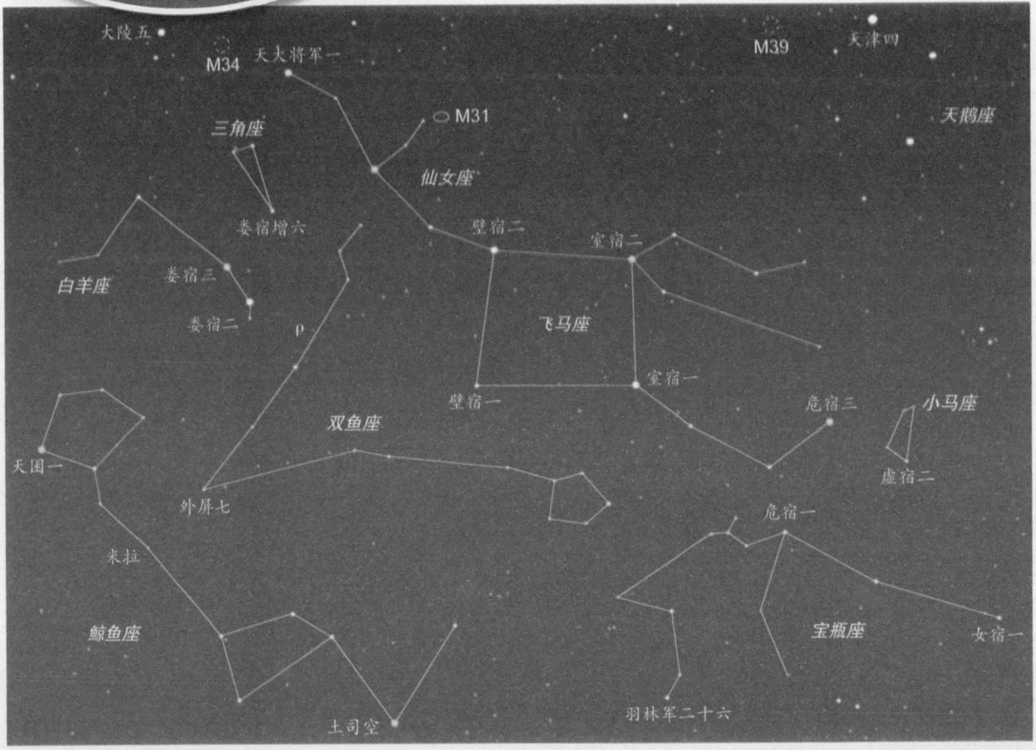

仙后座

拉丁名称
Ophiuchus
英语名称
The Serpent Bearer
缩写
Oph
拉丁语所有格
Ophiuchi
α星
侯 Rasalhague
星等
2.08
恒星颜色
白色

在希腊神话里，卡西俄帕亚是一位口无遮拦的埃塞俄比亚王后，这给她的女儿安德罗米达招来很多麻烦。以她的名字命名的星座很容易被找到，因为它的那几颗亮星在空中组成一个"W"形状。因为仙后座坐落于北极的附近，所以北半球的大部分地区常年都可以看到它。

仙后座的两颗恒星策（γ星）和王良四（α星）可以被用来当作指示棒，就像北斗七星的指极星，顺着它们可以找到飞马座四方形。

变星
策
仙后座γ星
星等范围
1.6 ~ 3.0
周期
~ 0.7天

☆这颗不稳定的星星能够快速改变亮度，因此，每次观察时都值得你留意它。这是一颗不规则周期变星的例子。

位置：在北天极星图上，王后正坐在她的丈夫克普斯身旁。

英仙座

珀尔修斯是宙斯和达那厄的儿子，就是他砍掉了女怪美杜莎的头，也就是恒星大陵五。然后，他穿着长有翅膀的飞鞋前去把安德罗米达从海怪手中解救了出来。那天，可真够他忙的。银河正好从英仙座中间穿过，对那些位于天空比较暗黑的地方的人来说，能看得比较清楚。

位置：在北天极星图上，你可以找到我们的这位英雄。

深空天体	深空天体	深空天体	深空天体
NGC 869 & 884	NGC 1499	M34	Mel 20
类型	类型	类型	类型
银河星团	星云	银河星团	银河星团
星等	星等	星等	星等
4.3 和 4.4	5.0	5.2	2.9
面积	面积	面积	面积
分别为 30′	2° 40′ ×40′	35′	3°
距离（光年）	距离（光年）	距离（光年）	距离（光年）
7100 和 7400	1000	1400	600

☆这个所谓的剑柄由非常奇妙的两个银河星团组成，星等分别为4.3和4.4。它们的直径都是30′，又在一起，当然是个了不起的大发现。你用肉眼就可以看到它们。

☆加利福尼亚星云用肉眼刚好能看见。如果你使用高倍望远镜，可以看到它的形状就像美国西海岸的加利福尼亚州。这个星云位于冬季的北天星图上，在北天极星图上也能找到。

☆这个银河星团确实难以看到。也许在漆黑的夜晚能看到。

☆英仙座α星移动星团，听起来激动人心，不是吗？它的名字有没有泄漏出它的位置？这是一个散乱的星家族，以英仙座α星为中心，因此很容易被找到。

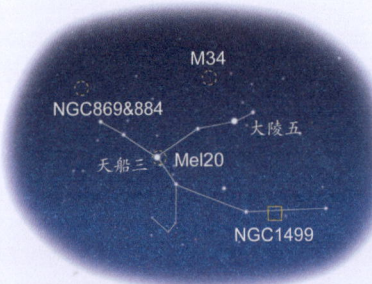

变星	☆ 这是一颗交食双星型
大陵五	变星，在整个晚上都可以
英仙座 β 星	观察到它的亮度变化，这
星等范围	也是为什么它被叫作"眨
2.1 ~ 3.4	眼的魔鬼"。它的星等最
周期	低值持续为 10 个小时。
2.87 天	它是被发现的第 2 颗双
	子星，在 1667 年由赫米
	尼亚诺·蒙坦雷发现。

拉丁名称
Perseus
英语名称
Perseus
缩写
Per
拉丁语所有格
Persei
α 星
天船三 Mirfak
星等
恒星颜色
黄色

仙王座

克普斯是埃塞俄比亚的国王、卡西俄帕亚的丈夫、安德罗米达的父亲。令人难以置信的是，它竟然并不怎么明亮（指的是星星，不是说他作为一个国王不聪明）。因为它接近银河系，它里面有好几个银河星团和缥缈的星云值得我们一看。

位置：在北天极星图上，仙王高高在上，位于靠近顶部的地方，正等着有谁能奉上一杯茶呢。

拉丁名称
Cepheus
英语名称
The Ethiopian King
缩写
Cep
拉丁语所有格
Cephei

α 星
天钩五 Alderamin
星等
恒星颜色
白色

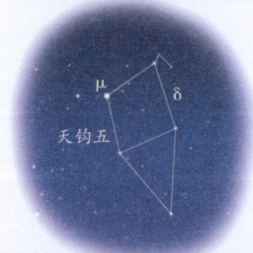

变星		变星
仙王座 δ 星		仙王座 μ 星
星等范围		星等范围
3.5 ~ 4.4		3.43 ~ 5.1
周期		周期
5.3663 天		~ 730 天

☆ 这是一颗黄色星星，它的有趣之处就在于它的变化有严格的周期。它是造父变星家族第 1 颗这样的星星。造父变星是一类全新的变星家族，其星星的星等非常有规律地按照一定的周期而产生变化。

☆ 威廉·赫歇耳给它命名为石榴石星，因为它具有密集的深红色。

飞马座

这是一匹长着翅膀的马。在珀尔修斯把美杜莎的头颅砍掉以后，从她的血泊中诞生出的飞马。飞马座的四方形是秋季星空的一个界标。现在，这里有一件怪事：当这个四方形不再是

拉丁名称
Pegasus
英语名称
The Winged Horse
缩写
Peg
拉丁语所有格
Pegasi
α 星
室宿一 Markab
星等
恒星颜色
白色

一个四方形时，你还能这样称呼这个星座吗？让我们看一家专门负责天空的机构，关于天空的所有东西都在里面，这家机构就是国际天文学联合会（IAU）。他们给小行星命名，计算轨道，以及处理关于星星的常见问题。在 1923 年，不知出于什么显而易见的原因，他们运用智慧，把四方形左上角的那颗星壁宿二拿了去，给安到仙女座了。这颗星自那时到今天还称为仙女座 α 星，也就是说，它是属于仙女座的。没办法，我们只好接受这既成的事实。

☆ 从北半球看，飞马座是为数不多的几个以上下颠倒形象出现的图案。它右下方的小马是小马座，小马正卧在邻近的马厩呢。

你可以看出这实际上是个四方形，在这里面你能看到多少星星，也就表明你那里的天空清澈度如何。如果一个也看不到，那么就表明你那里的天空太不干净了！

位置：四方形的飞马正在北天星图的正中间飞奔呢。

小马座

这是一个很小的古老星座，最早来源于希腊。关于它的故事是这样的：这匹小马是卡斯特送给赫尔墨斯的礼物，可能是为了庆贺他的生日。赫尔墨斯想给它取名为垂格，但是别人建议他不要用那个名字。

虚宿三

拉丁名称
Equuleus
英语名称
The Little Horse
缩写
Equ
拉丁语所有格
Equulei
α 星
虚宿一 Kitalpha
星等

恒星颜色
黄色

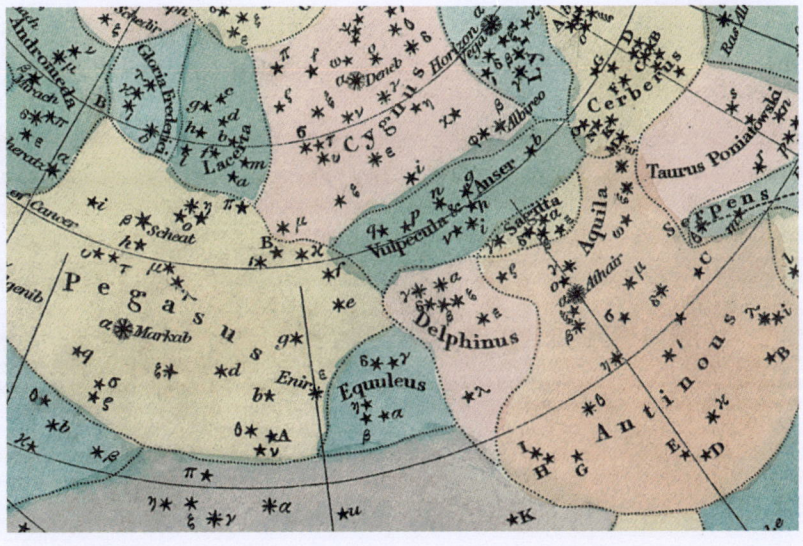

☆ 这里展示的是 19 世纪早期的星图。那时在小马座的周围有 4 个星座，现在它们都不存在了。你能找到它们吗？

.125

这个星座虽排名第二小，但是在历史上非常出名，因为在 7 世纪早期，那里发生过著名的"大白天"流星雨。当时的僧侣们为此写的诗歌表明，流星雨是多么壮观。

伊奎拉斯是匹小马，
它的流星雨令人羡慕惊诧。
它们在那里飞奔，有的飞快，有的缓慢，
老天爷，巨大火球一样的阵雨纷纷落下！

很遗憾，小马座流星雨现在已经差不多绝迹了。但是，如果你很走运，在 2 月 6 日小马座流星雨处于高峰的时候，你也许能瞟见这个奇怪的绿色流星雨。

位置：在北天星图上，小马正在右手边的天空幸福地嚼着块糖呢。

仙女座

拉丁名称	Andromeda
英语名称	Andromeda
缩写	And
拉丁语所有格	Andromedae
α 星	壁宿二 'Apheratz
星等	
恒星颜色	白色

安德罗米达是克普斯的女儿，因为她那爱吹牛的母亲卡西俄帕亚夸耀她长得漂亮，她被锁在岩石上，准备奉献给海怪。令人欣慰的是，在这紧急关头，珀尔修斯提着美杜莎的人头飞奔过来，把海怪变成了石头。他们结了婚，从此幸福地生活在一起。现在，请回到现实……

位置：在北天星图上，位于飞马座的左上角，安德罗米达公主张开了双臂。

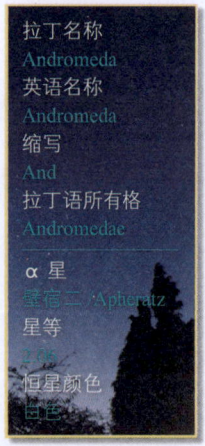

深空天体	M31
类型	星系
星等	4.8
面积	3°
距离（光年）	~ 280 万

☆ 仙女座大星云是你用眼睛能够清楚看到的最远天体。它看起来好像是并不起眼的模糊一团，但实际上它比银河系要大得多，距离我们超过 280 万光年（以目前的估算）。

☆ 这是像科幻小说一样的情景，当然只是为了更生动。仙女座实际上并没有这样明亮，月球也不可能离它那么近（除非月球的轨道发生了大灾难；"火星人"入侵，附近有个黑洞，或者其他貌似合理的解释）。这里的示意图只是为了向你表明，与月球相比，整个仙女座星系的真正面积有多么庞大。

第三章
去宇宙中旅行

三角座

| 拉丁名称 |
| Triangulum |
| 英语名称 |
| The Triangle |
| 缩写 |
| Tri |
| 拉丁语所有格 |
| Trianguli |
| α 星 |
| 娄宿增六/Rasalmothallah |
| 星等 |
| 3.0 |
| 恒星颜色 |
| 白色 |

这是由 3 颗星星组成的古老星座。你用 3 颗星还能组成别的形状吗？希腊人把它称为"费迪南德的三角洲"，因为它看起来就像大写字母德尔塔。最初这个星座被称为大三角星座，后来，T.米诺先生把它改成现在这个名字。

朱塞普·皮亚齐于 1801 年 1 月 1 日在这个星座发现了第 1 颗小行星。它最初被称作 Ceres Ferdinandea，是以谷物女神和西西里岛（皮亚齐的天文台位于该岛上）国王的名字合起来命名的，不久它的名字缩短为 Ceres（谷神星），并一直沿用到今天。

位置：在北天星图上，三角座位于左上方。

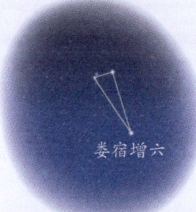
娄宿增六

| 深空天体 |
| M33 |
| 类型 |
| 星系 |
| 星等 |
| 5.7 |
| 面积 |
| 1° |
| 距离（光年） |
| 300 万 |

☆目击者声称，在极其清澈的夜空，他们看见过这个风车星系。如果 M33 真能看到，它可是肉眼能看到的最远的天体。总之，这个天体真是一大奇观。

天体
ANTON 2

类型
旧星座

☆这个废弃不用的小三角座由主星座三角座下面的 3 颗较暗的星星组成。赫维留使这组暗弱的星星名声大振，它出现在好几个不同版本的星图上，后来就退回到暗处去了。你可以看出一个问题：300 年前，很多著名的天文学家都热衷于制作星图，所以那时充满了包含各式各样星座的星图。天空本来就很有限，所以一些不那么令人感兴趣的星座就被人们抛弃了。让我们看看它吧，虽然它并不那么动人心弦。

白羊座

当设计者决定把这个星座描绘成一只羊的时候，他们真可谓富有非凡的"想象力"。在希腊神话里，这个星座与金羊毛的故事有关，就是伊阿宋和他的阿尔戈英雄们到处寻找的金羊毛。

| 拉丁名称 |
| Aries |
| 英语名称 |
| The Ram |
| 缩写 |
| Ari |
| 拉丁语所有格 |
| Arietis |
| α 星 |
| 娄宿三/Hamal |
| 星等 |
| 2.0 |
| 恒星颜色 |
| 黄色-橙色 |

天体
ANTON 3

类型
旧星座

☆这是个已经废弃的星座北蝇座，你可以在三角座那里发现它跟 Anton 2 相距不远。因为有人拍打这只苍蝇，它就永远地飞离了我们的星空。星空的历史很久远，在那里星座你来我往。真正的原因还在于，后世编制星图的人对一些早期的星座并不怎么在意。

娄宿三这个名称源自阿拉伯语，意思是绵羊的头。

位置：在北天星图上，白羊正在西方遥远的草地上啃食着青草。

双鱼座

拉丁名称
Pisces
英语名称
The Fishes
缩写
Psc
拉丁语所有格
Piscium
α 星
外屏七 Alrescha
星等
3.8
恒星颜色
白色

这是一个古罗马星座，可能是指维纳斯和她的儿子丘比特。他们把自己变成两条鱼，为的是从海怪堤丰身边游走（他们忍受不了他那难喝的茶水）。

位置：在北天星图中间偏左的地方，两条鱼正在那里游动。

双鱼座的最佳观测时间为 11 月的 21:00。双鱼座最容易辨认的是两个双鱼座小环，特别是紧贴飞马座南面由双鱼座 β、γ、θ、ι、χ、λ 等恒星组成的双鱼座小环。另一个双鱼座小环位于飞马座东面，由双鱼座 σ、τ、υ、φ、χ 等恒星组成。

这个星座有一个梅西耶天体：M74，位于双鱼座最亮星右更二附近。在天球上，黄道与天赤道存在两个交点，其中黄道由西向东从天赤道的南面穿到天赤道的北面所形成的那个交点，在天文学上称之为"春分点"，这个点在天文学上有着极为重要的意义。而目前，这个重要的"春分点"就在双鱼座内。双鱼座的相邻星座包括三角座、仙女座、飞马座、宝瓶座、鲸鱼座、白羊座。

在中国古代传统里，双鱼座天区包括壁宿的霹雳、云雨、土公，奎宿的奎、外屏和娄宿的右更等星官。

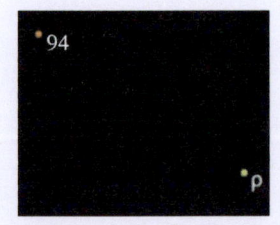

双星
双鱼座 ρ 星和 94 星

星等
5.3 和 5.6

两星间距
7′ 27″

颜色
浅黄色和金黄色

第三章 去宇宙中旅行

宝瓶座

拉丁名称
Aquarius
英语名称
The Water Bearer
缩写
Aqr
拉丁语所有格
Aquarii
α 星
虚宿一 Sadalmelik
星等
3.0
恒星颜色
黄色

这是一个非常古老的星座，可以追溯到古巴比伦时代，它的形状被看成是一个人正在从瓶子里往外倒水。

这一点可能与雨季有某种关系，这是因为当宝瓶座在天空中出现得最为壮观的时候，恰好是雨季。天空的这一部分都与水有关，处于宝瓶的控制之中。

位置：在北天星图上，宝瓶的水正在往外流，把星图右下角弄得到处都是。

鲸鱼座

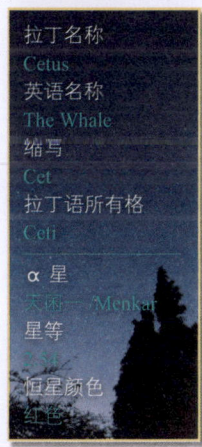

拉丁名称
Cetus
英语名称
The Whale
缩写
Cet
拉丁语所有格
Ceti
α 星
天囷一 Menkar
星等
2.5
恒星颜色
红色

这个古老的星座是珀尔修斯、安德罗米达传说的组成部分。鲸鱼塞特斯就是那个被波塞冬派去咬噬安德罗米达的妖怪。鲸鱼座也被称为"海怪"，是天空中的第 4 大星座，包含所发现的第 1 颗该种类型的变星米拉。

位置：在北天星图上，鲸鱼正在左下方休息呢。

变星
米拉
鲸鱼座 ο 星

星等范围
2.0 ~ 10.1

周期
331.96 天

☆ 除了是新星外，米拉还是我们确认的第 1 颗变星，由荷兰天文学家大卫·法布里克斯于 1596 年确认。因此，其他的长期变星也被称为米拉型变星。随着米拉亮度的不断变化，它的颜色也随之改变。

南天星图

一旦你忘掉南天极的黑暗与恐怖，南天星图不失为一幅美丽的画卷。那里的两三个黑点只不过是小小的点缀。最重要的是，你可以观测到很多星座，例如飞鱼座、剑鱼座、大犬座等。精彩的观星旅途就要开始了，快跟我来吧！

南天极星图

应该说，南天极并没有北天极那么激动人心。前文已经说过并没有南极星存在，但可以运用南十字座和附近的星座来确定极点的位置。那里不仅没有主要的恒星，而且周围也根本没有多少星星，有的只是极度的黑暗和神秘。虽然这样说，如果我们往外跳开几步，转向南十字座，就会发现不亚于任何地方的壮观的星空。有了耀眼的银河，南半球的夜空真可谓令人敬畏。但是，不要让一些胡言乱语把你骗了，如果可能的话，你自己去看一看。那里有漆黑的夜空，点缀着多彩的星星宝石，还有朦胧神秘的麦哲伦星云。噢，真的很壮观！

1~3月的星空

在我们的头顶上方（可能稍微偏北一些），几颗明亮的星星参宿七、天狼星、水委一和老人星构成了南天夏季大曲线（GSSC）。但愿它永远被人们记住。在它的左边是银河，这时候并不是观赏银河的最佳时节，看不清那著名的乳白状颜色。我们现在是从银河朝外看，看到的只是空无一物的太空；若从外边朝银河里面看，那样才会看到银河里面充满了构成银河的所有恒星、气体和尘埃。

大小麦哲伦星云就在所谓星群的下方。猎户座高高挂在上空，然后是参宿七，接下来还有波江座。那是一个很长的流淌着的星座，沿线下去你可以找到明亮的水委一。

- 银河星团
- 球状星团
- 星云
- 星系

星星看点

大麦哲伦星云
夜空中最明亮的星星天狼星
南天夏季大曲线
半人马座 α 星流星雨（高峰期处于 2 月 8 日前后）
猎户座星云 M42

☆ 南半球夏季星空

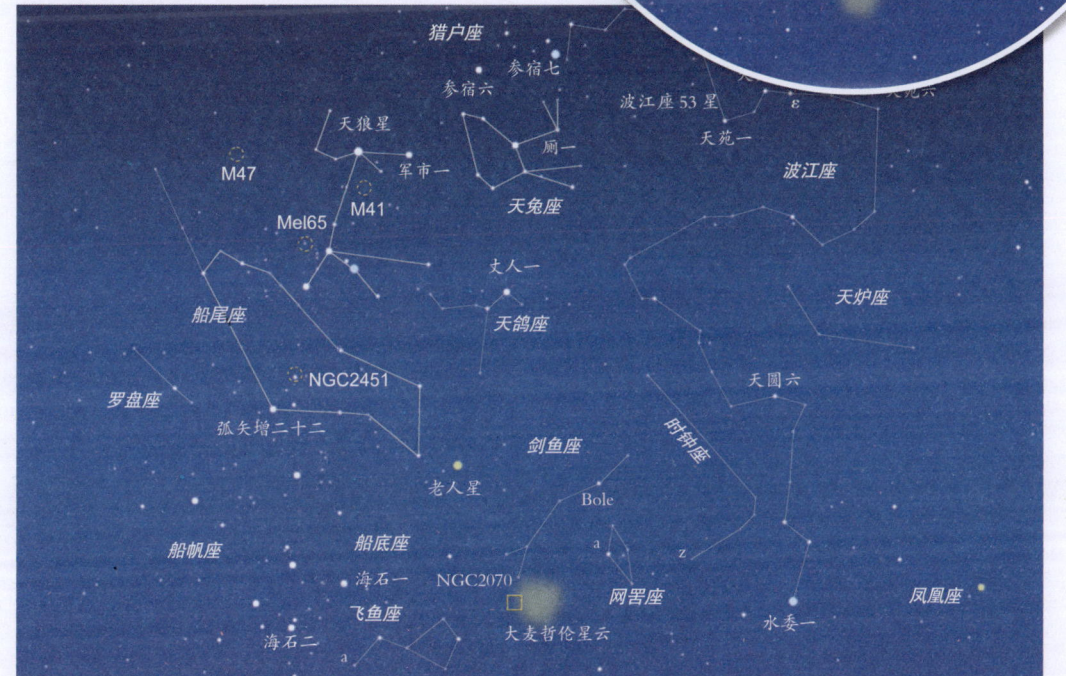

大犬座

拉丁名称
Canis Major
英语名称
The Great Dog
缩写
CMa
拉丁语所有格
Canis Majoris
α 星
天狼星 Sirius
星等
1.46
恒星颜色
白色

在这里我们可以看到天狼星，它是天空中除太阳之外最亮的恒星。它之所以有着晶莹闪亮的外表，是因为它离我们相对较近，只有8.6光年。

再靠近观看，我们可以发现，天狼星在它那个宇宙角落并不是孤单一人，它是个双子星系统。天狼星的伴星非常小，只相当于地球直径的3倍多一点儿。因为它的大小和位置，使得它被称为"幼犬"，但是不识趣的天文学家却把它叫作天狼星B，这哪里有小狗的影子？从严格意义上讲，它不是一颗普通的恒星，而是一个神秘的天体，被称为白矮星。白矮星是类似太阳一样的恒星经过喷发剩下的残余物。它们炽热、紧密，并且发光。假以时日，白矮星最终会冷却下来，变成黑矮星——一个结实、冰冷的球体，在宇宙的荒原上到处流浪，直到生命的终结。目前，天狼星和它的"幼犬"正在幸福地彼此环绕着，周期大约是50年。

埃及人把天狼星称为Sothis，意思为尼罗河之星。这是因为，如果天狼星在日出之前出现，那么尼罗河季节性的泛滥就该来临了。

希腊人很为他们设计的大犬形象自豪，这是因为狗的忠诚和友好。当你把所有的星星准确地组合到一起时，一条忠诚的狗就出现了。

天狼星是大犬座 α 星，是全天最亮的恒星。天狼星是由甲、乙两星组成的目视

深空天体
M41
类型
银河星团
星等
4.5
面积
38″
距离（光年）
2300

★ 事实上，这是一个由100颗不同颜色的恒星组成的快乐家庭。

深空天体
Mel 65
类型
银河星团
星等
4.1
面积
8′
距离（光年）
5000

★ 这个星团由大约60颗恒星组成，称为大犬座 τ 星团。

双星。甲星是全天第一亮星,属于主星序的蓝矮星。乙星一般称天狼伴星,是白矮星,质量比太阳稍大,而半径比地球还小,它的物质主要处于简并态,平均密度约 $3.8×10^6$ 克/立方厘米。甲乙两星轨道周期为 $50.090±0.056$ 年,轨道偏心率为 $0.5923±0.0019$。天狼星与我们的距离为 $8.65±0.09$ 光年。天狼星是否是密近双星,与天狼双星的演化有关。古代曾经记载天狼星是红色的,这为我们提供了研究线索。1975 年发现了来自天狼星的 X 射线,有人认为这可能是乙星的几乎纯氢的大气深层的热辐射,有人则认为这可能是由甲星或乙星高温星冕产生的,至今仍在继续研究。据 1980 年资料,高能天文台 2 号卫星分别测得甲星和乙星的 0.15 ~ 3.0 千电子伏波段 X 射线,得知乙星的 X 射线比甲星强得多。

☆ 好大的一条狗!

位置:在南天星图上,整个大犬座位于左上方。

船尾座

拉丁名称
Puppis
英语名称
The Stern
缩写
Pup
拉丁语所有格
Puppis
ξ 星
弧矢增二十二 Naos
星等
恒星颜色
浅蓝色

这是从以前的南船座上拆掉的几颗星星组成的一个星座。南船座也就是阿尔戈英雄乘坐的那条船。完整的南船座是一条做工精良的船,在无数个风雨交加的夜晚载着星星航行,因此它值得在星空中占有一席之地。后来,来了一个法国的天文学家尼古拉斯·拉卡伊,他做了一件非常"卑鄙"

的事,就是把这艘船分成了 3 个星座,也就是我们今天所熟知的船尾座、船底座和船帆座。在以前,没有人掌管天空,你可以为所欲为,想做什么就做什么,但你的设计最终会不会被人接受那是另外一回事。但是,这一次,这个"海盗尼克"(尼古拉斯的绰号)得逞了。

这幅图是原来那只"船"最靠北侧的部分,虽然它看起来并不怎么像船尾,但是

深空天体
M47
类型
银河星团
星等
4.4
面积
30′
距离（光年）
1600

✪ 这个大约由50颗恒星组成的星团看起来就像一团浓烟，你只有在非常漆黑的夜空才能看到它。

深空天体
NGC 2451
类型
银河星团
星等
2.8
面积
50′
距离（光年）
850

✪ 你轻易就能看到它。但是，伟大的天文学家查尔斯·梅西耶和威廉·赫歇尔竟然找不到它！它大约包括40颗恒星。

它那几颗十分明亮的星星还是很容易被辨认出来的。

虽然船尾座的恒星不亮，但它有5个较明亮的疏散星团。这个星座还有在4.4等到4.9等之间变化的食双星——船尾座V。在这个星座中的四个疏散星团中，距地球最远的是M46，是5700光年，大小与满月差不多。其次是NGC2274，有4200光年之遥，但恒星比星座中任何一个星团都要密集，以至于必须用小型望远镜才能区分它们。M46东边不到3度的地方还有个疏散星团，是M47，但这个星团距地球只有1600光年，且非常暗淡，M93比它还要暗淡。星座中最亮的星团非NGC2451莫属，它最亮的恒星是3.6等的黄色超巨星——船尾座c（弧矢三）。

位置：在南天星图上，船尾座处于中间偏左的位置。

剑鱼座

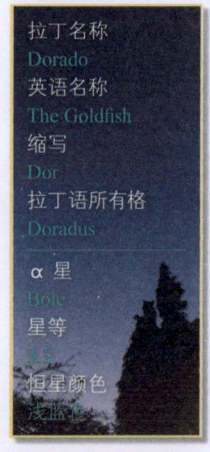

拉丁名称
Dorado
英语名称
The Goldfish
缩写
Dor
拉丁语所有格
Doradus
α星
Bole
星等
恒星颜色

这个星座是由友善的航海家弗雷德里克·霍特曼和彼得·凯泽设计的。剑鱼座之所以出名，是因为它包含了大麦哲伦星云的一部分，一个比银河系小的卫星星系。

历史已经模糊了"剑鱼"这个称号的由来。如果我们能够回到过去，亲自问一问弗雷德里克或彼得，到底是什么海洋动物给他们带来了那样的灵感，他们也许会说是剑鱼，或者最有可能说实际上是马希—马希鱼。

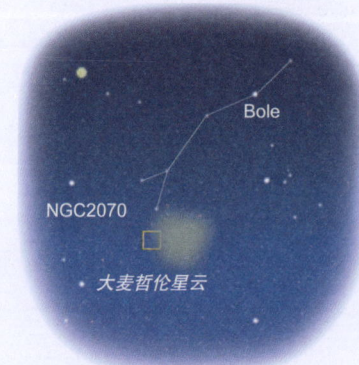

大小麦哲伦星云是以 16 世纪葡萄牙著名航海家麦哲伦的名字命名的。1519 年 9 月 20 日，麦哲伦在西班牙国王的支持下，率领一支 200 多人的船队，从西班牙的一个港口出发，开始了人类历史上第一次环绕地球的航行。1520 年 10 月份，麦哲伦带领船队沿巴西海岸南下时，每天晚上抬头就能看到天顶附近有两个视面积很大的、十分明亮的云雾状天体。麦哲伦注意到这两个非同一般的天体，并把它们详细地记录在自己的航海日记中。麦哲伦本人后来航行到菲律宾时被一个小岛上的土著居民杀害了，但是他的 18 名部下在历经了千难万险、经过几乎整整 3 年之后，终于在 1522 年 9 月 6 日回到了西班牙，完成了这次环绕地球航行的壮举。为了纪念麦哲伦的伟大功绩，后人就用他的名字命名了南天这两个最醒目的云雾状天体，称之为大麦哲伦星云和小麦哲伦星云，因为当时人们还不知道它们实际上是两个河外星系。

深空天体 NGC 2070	☆ 蜘蛛星云又被称为剑鱼 30 星，奇妙的它应当被评为最漂亮的 5 个星云之一。	深空天体 大麦哲伦星云	☆ 大麦哲伦星云的面积是银河系的四分之一，看起来就好像是从银河系撕下的一大块，被扔在那里漂浮着。
类型 星云		类型 不规则星系	
星等 5.0		星等 0.4	
面积 40′ ×20′		面积 9° 10′ ×2° 50′	
距离（光年） 17.9 万		距离（光年） 17.9 万	

蜘蛛星云是一个位于我们的邻居星系——大麦哲伦星云中的巨大发射星云，其大小超过 1000 光年。在这个宇宙级蜘蛛的中心，有一个由大质量恒星组成的、编号为 R136 的年轻星团，它发出的强烈辐射和吹出的猛烈星风使得星云发光，并形成了蜘蛛腿状的细丝。这幅让人印象深刻的镶嵌彩色图像，是由美洲天文台的施密特望远镜拍摄的，在图中可以看到星云中还有其他的年轻星团。蜘蛛星云地带的"居民"周围还有一些暗云、向外蔓延的一缕缕丝状气体、致密的发射星云、邻近的球形超新星遗迹，还有环绕着热星的著名的超级气泡区域，它们也同样引人注目。

位置：在南天星图上，那模糊的一团就是剑鱼。

网罟座

拉丁名称 Reticulum
英语名称 The Net
缩写 Ret
拉丁语所有格 Reticuli
α 星 网罟座 α 星 α Ret
星等 3.4
恒星颜色 黄色

17 世纪时，斯特拉斯堡的艾萨克·哈布赖特把这个星座的几颗星放在了一起。刚开始它是一个菱形，但是这一形象并不那么令人满意，于是就有人对它"修修补补"，发挥想象力，把它看成是一种仪器，叫作标线片。天文学家把这种仪器安装在望远镜里，帮助他们测量恒星的方位。

位置：在南天星图上，网罟座就在那一团模糊的星云的右上方。

4～6月的星空

能不能看到壮观的银河，这要看你在南方的什么地方（越靠南越好）。一年中的这个时候银河高高地飞跨在我们的头顶上空。这一雄伟壮观的彩带上点缀着一些非常精彩明亮的星星，它们位于半人马座、南十字座、船底座、船帆座和大犬座。与此同时，大麦哲伦星云和小麦哲伦星云像浓烟一样，远远地在南边的天空中飘荡。如果你非常富于想象力，何不再加上4个星座，它们组成了原来那艘巨大壮观的阿尔戈英雄船（南船座）：船底座、船帆座、船尾座和罗盘座。在北边有长蛇座，它并不特别明亮，但令人吃惊的是，它长长的鳞状身子占据了很大一片天空。

星星看点

煤袋暗星云
宝盒星团 NGC4755
船底座艾塔星云 NGC3372
半人马座奥米伽球状星团 NGC5139
宝瓶座 η 星流星雨

- 银河星团
- 球状星团
- 星云
- 星系

☆ 南半球秋季星空

长蛇座

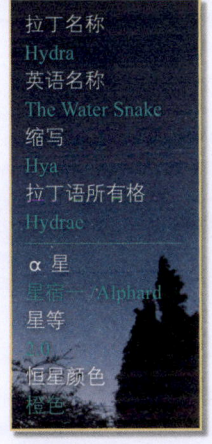

拉丁名称
Hydra
英语名称
The Water Snake
缩写
Hya
拉丁语所有格
Hydrae

α 星
星宿一/Alphard
星等
2.0
恒星颜色
橙色

变星
长蛇座 R 星

星等范围
4.5 ~ 9.5

周期
389 天

这是一颗米拉型变星。

这是一个恐怖的九头怪蛇，最终死在了赫拉克勒斯手里，结束了其肮脏的一生。长蛇座是最大的星座，它特别长，与 14 个星座接壤，还没有哪一个星座能与这么多星座为邻。它的主星是星宿一，意思是"蛇的心脏"。

位置：在北天星图上，长蛇的头部位于狮子座的下方，它其余的部分都位于南天星图上。

⭐ 可以肯定的是，长蛇不是个讨人喜欢的动物。请看它要对付哪些东西：1个大杯，1个六分仪，1只乌鸦，还有1只猫头鹰。这些东西都压在它的背上，而它想要的只不过是水塘里一块安静的水域，这个水塘当然是由星星组成的。

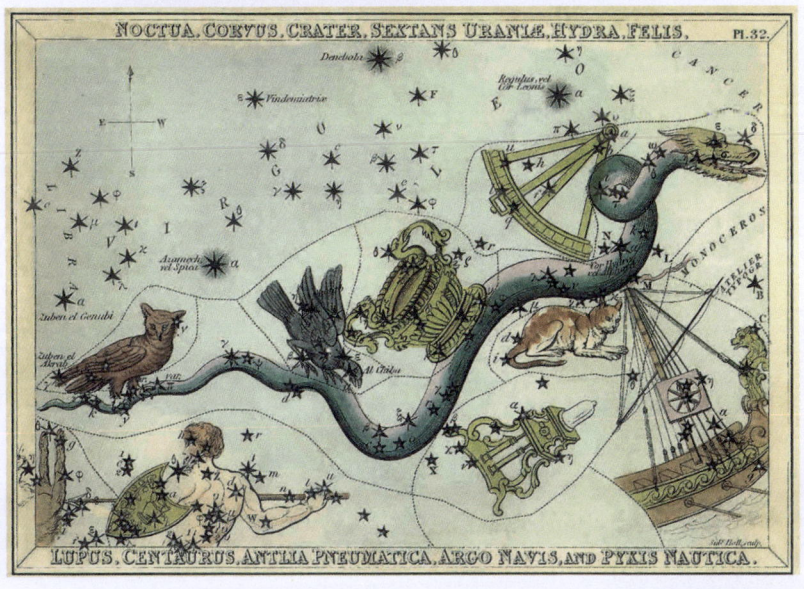

半人马座

凡是遇到赫拉克勒斯的人，没有几个有好日子过的，就连他的邻居也不例外。半人马就是这样的情况，他叫喀戎，被我们的英雄赫拉克勒斯的箭给误杀了。在神话里，半人马被认为身上会发出难闻的气味，不怎么讨人喜欢，不适合做人类的朋友。但喀戎还是值得我们美言几句：他幽默风趣，非常具有学者风度，教过很多希腊英雄。

拉丁名称
Centaurus
英语名称
The Centaur
缩写
Cen
拉丁语所有格
Centauri
α 星
南门二 / Rigel Kentaurus
星等
−0.01
恒星颜色
黄色

在非常靠近半人马座南门二（意为"半人马的脚"）的地方，有一颗很小、很微弱的星星比邻星，它是除太阳之外离我们最近的恒星，只有 4.25 光年。有些人认为，在由 3 颗星组成的半人马座南门二系统中，比邻星是我们一个最小的远亲。这里所谓的遥远是指，比邻星离我们的距离可能相当于冥王星到太阳距离的 250 倍。

位置：在南天星图中间偏左下的地方，这位非凡的半人马正准备给那些想上他课的人讲课呢。

深空天体		深空天体	
NGC 5139	☆这是半人马座奥米伽星团。"那是颗恒星啊！"你会这样说。一颗恒星怎么就变成了天空中最漂亮的球状星团呢？这是因为在望远镜还没有发明出来以前，人们搞不清楚这个神秘天体的真正属性，它看起来就像一颗恒星。	NGC 3766	☆18 世纪 50 年代早些时候，拉卡伊先生在南非转悠了一圈后发现了这个星团。当时，它被称为"万人迷"。现在，如果你用双目镜观看，它依然多彩、迷人。
类型		类型	
球状星团		银河星团	
星等		星等	
3.65		5.3	
面积		面积	
36′		12′	
距离		距离（光年）	
1.7 万		5500	

南十字座

"噢，那 4 颗星星就够了。"约翰·巴耶说。他从邻近的半人马座拿过来几颗星星，组建了南十字座。然后，他把这个最小的星座编进了他那本关于星星的书《测天图》（Uranometria，1603 年出版）。

自那时起，这个星座就像个十字架一样被"固定"下来。

拉丁名称
Crux
英语名称
The Southern Cross
缩写
Cru
拉丁语所有格
Crucis
α 星
南十字二 /Acrux
星等
0.9
恒星颜色
浅蓝色

就像北半球的北斗七星一样，南十字的形状很容易辨认，所以很多不同文化的人们都熟悉它。在一些土著传说中，人们把它描绘成两只美冠鹦鹉坐在橡胶树上。而在非洲南部，人们把它与隔壁的半人马座的两颗亮星连在一起，构成一头长颈鹿的形象。

如果来给星座打分，标准是它们美丽壮观的程度，能让你"哇噢、哇噢"地惊叹不已，那么南十字座会得分很高。那里有非常多的事情正在发生，像银河、煤袋（星云）、宝盒（星团）、尘埃、气体、恒星和恒星星团，等等。对有些人来说，最明亮而且超级壮观的 5 个

第三章
去宇宙中旅行

☆在南十字座周围繁华的区域,明亮的银河从我们的视线中穿过。

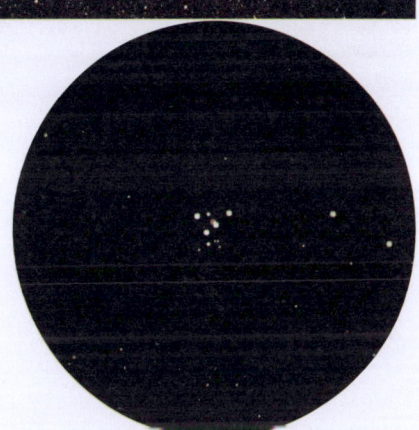

深空天体
NGC 4755

类型
银河星团

星等
4.2

面积
10′

距离(光年)
7 600

☆对过去的水手们来说,南十字座非常有用,以至于这个容易辨认的星座被画上了澳大利亚、新西兰、巴布亚新几内亚和萨摩亚等国的国旗。

☆宝盒星团作为一个组合真是一个"瑰宝",它里面的恒星闪闪发光,就像一盒五彩斑斓的宝石,有蓝色、红色、白色等各种各样的颜色。

深空天体
煤袋

类型
暗星云

星等
6

面积
30″ ×5°

距离(光年)
550

☆图片中心部分一些奇妙的深空天体都已被标示出来。半人马座的 α 和 β 两颗亮星位于图的左边。

☆这是由尘埃和气体组成的云团,挡住了它背后的恒星发出的光芒。煤袋可能是离我们最近的暗星云。

.139

星座应该是这样的（排序不分先后）：南十字座、半人马座、船底座、人马座和天蝎座。它们都非常值得在南半球星空中占有一席之地。

位置：在南天星图上，南十字座依偎在半人马的下方，靠近南天极那块黑暗的区域。

船帆座

拉丁名称
Vela

英语名称
The Sails

缩写
Vel

拉丁语所有格
Velorum

γ星
船帆座 γ 星/γ Vel

星等
1.8

恒星颜色
浅蓝色

如果你读过关于船尾座的故事，你就知道这是怎么回事了。南船座是一条做工精良的帆船，在神话里，伊阿宋带着他的阿尔戈英雄们乘坐它航行于世界各处。他们漂过了7个大海，吱吱嘎嘎作响的帆船仍然毫无损伤。

直到有一天，在那个"星球大战"的时代，绘制星图的"海盗"尼克·拉卡伊把它拆成了3块。这件事发生在18、19世纪之间，那时候星图设计者们希望他们命名的星座哪怕至少有一个能被承认，载入太空史册就好。这一次，尼克算是走运，而他周围的很多人被逼得"走跳板"（被海盗逼迫走上伸出船边缘的木板而被淹死），跳进"星座历史"黑暗污浊的海水中丧了命。

就南船座而言，据说在漆黑、寂静的夜晚，你能听到帆船的桁端吱吱嘎嘎，那是帆船最后破裂的声音。因为这次天上的"沉船"事件，船帆座没有 α 星或 β 星，而是由无名的船帆座 γ 星牵引——如果你把它大声说出来，听起来就像个魔咒一样。

关于银河有趣的事实是银河从船帆座穿流而过。这没什么呀，你也许会这么认为。

深空天体	深空天体
NGC 2547	IC 2391
类型	类型
银河星团	银河星团
星等	星等
4.7	2.5
面积	面积
20′	50′
距离（光年）	距离（光年）
1950	580

⭐ 这个漂亮的星团由大约50颗恒星组成，是由拉卡伊发现的。把帆船拆散的事就是他干的。

⭐ 这个由大约30颗恒星组成的家庭围绕着船帆座转动。

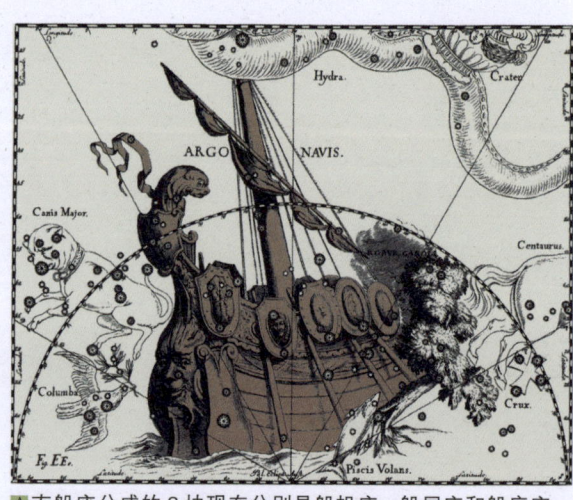

⭐ 南船座分成的3块现在分别是船帆座、船尾座和船底座。罗盘座通常也被包含进去，但它并不是原来那艘船的一部分。此图就是那艘鼓帆远航的船，载于赫维留的《星图学》。

但是，本来银河是环绕着整个天空的，却恰恰在这个位置断开了。在银河的这一河段有一条由黑暗的尘埃和气体组成的带状物，把银河彻底截成两段。

位置：在南天星图中间偏右下方的地方，船帆正在风中飘扬。

船底座

船底座是古老的大星座南船座的一部分。关于帆船完整的故事参见船帆座的内容：在一个风雨交加的乌黑夜晚，当这艘船驶入了"黑胡子海盗"尼克·拉卡伊的路线，被拆散开来，变成了3个新的星座。

老人星是夜空中第二亮的星星，仅次于大犬座的天狼星。关于老人星名称的来源，就像很多古老的星星一样，已经淹没在神秘莫测的夜空中了。它有可能来源于埃及人给它起的名字，叫作"金色的大地"，因为它有着浅黄的颜色。在这里不说它是黄色，是因为对黄色这个词持保留态度，因为好像有一些书里说它是浅白—蓝色！好好地观察一下，自己决定吧。

位置：在南天星图的右下方，船底正在那里漂浮着。

☆ 南十字座这个最小的星座，它有4颗亮星非常接近半人马座的α、β这两颗亮星。但是船底座和船帆座的4颗星只是按大致的相似模式排列，因此它们被亲切地称为"伪十字"。有些人开始不知道，现在明白了：这4颗星的组合既不如真实的南十字座明亮，又没有那两颗亮星做邻居。

深空天体	深空天体	深空天体	深空天体	深空天体
Mel 82	NGC 3114	IC 2602	Mel 103	IC 2581
类型	类型	类型	类型	类型
银河星团	银河星团	银河星团	银河星团	银河星团
星等	星等	星等	星等	星等
3.8	4.2	1.9	3.0	4.3
面积	面积	面积	面积	面积
30′	35′	50′	55′	8′
距离（光年）	距离（光年）	距离（光年）	距离（光年）	距离（光年）
1300	3000	479	1300	2868
☆ 这个明亮的星团又被称为NGC2516，由大约100颗恒星组成。	☆ 据说这个星团有171颗恒星。为什么这个数字如此精确，目前依然是个谜。	☆ 我在这里本该使用梅洛特命名法把它叫作Mel102，因为这个精美的星团被亲切地称为南昴宿星团。	☆ 这个由恒星组成的星团也被称为NGC3532，靠近船底座艾塔星云（NGC3372）。它坐落于银河系非常繁华的地段，因此你最好带上双目镜，那里的景色看上去真的很迷人。	☆ 这个星团大约有25颗恒星。

7~9月的星空

随着银河在我们头顶上空呈现从北向南流淌,它的全盛时期到来了。天空中有那么多的天体可以观看,你都不知道该从哪个地方开始!人马座的茶壶和天蝎座的尾巴引领了这块星团密布的地盘,银河系缥缈的奶白色恒星在或明或暗的尘埃与气体组成的星云中蜿蜒曲折,与它们交相辉映。我们需要一个真正漆黑的夜空,这样才能尽情欣赏星光灿烂的壮丽景象。不够完美的是星空比较空旷,只有北落师门和水委一照亮了南方的天空,角宿一垂落在西方的天空。

星星看点

银河
人马座恒星云 M24
天蝎座桌形星团 NGC6231
天秤座主星氐宿一
人马座双星天渊二和天渊一
宝瓶座 δ 星流星雨(两次高峰期,处于7月29日和8月8日前后)

◌	银河星团
⊕	球状星团
□	星云
⬯	星系

☆ 南半球冬季星空

第三章
去宇宙中旅行

摩羯座

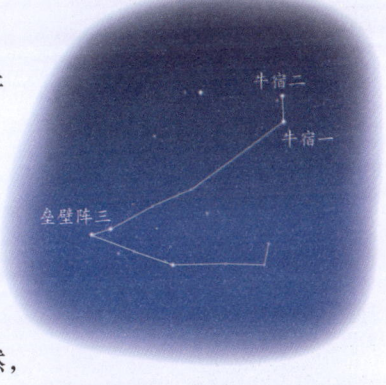

这是个非常古老的星座,也许来自于东方的半羊半鱼形象,现在我们总算有两种动物结合在一起的星座了。根据可靠的希腊来源,这个形象指的是潘。为了躲避海怪堤丰,他潜入尼罗河里,后来就变得有点儿鱼的形状,但是很显然,只有弄湿的那一小部分变成了鱼形。这样就清楚多了。

看看摩羯座周围的天空,你会发现那里就是水乡:有宝瓶座、双鱼座、鲸鱼座和南鱼座。古时候,一年中这些星座出现时跟下雨和洪水泛滥有联系,现在也是一样。

惊奇的事实:摩羯座是黄道十二宫图里最小的一个。

位置:在南天星图的左上方,这只会水的食草动物正在那里游动。

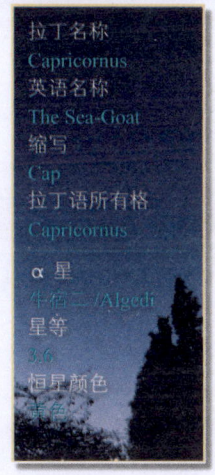

拉丁名称
Capricornus
英语名称
The Sea-Goat
缩写
Cap
拉丁语所有格
Capricorni

α 星
牛宿二/Algedi
星等
3.6
恒星颜色
金色

双星
牛宿二
摩羯座 α 星

星等
4？和 3.6

两星间距
6′ 18″

颜色
都是金黄色(而不是金鱼色)

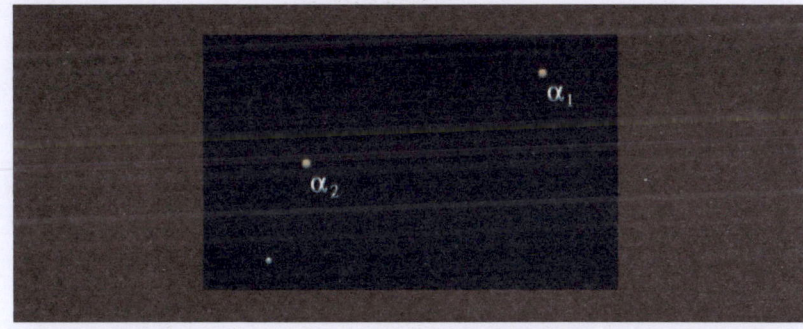

★ 这只半羊半鱼动物的双眼有些色眯眯(英语中山羊含有"色鬼"之意)的,一直盯着人看。

.143

天秤座

在古罗马时代以前，天空中并没有天秤座，它们本来是天蝎座的爪子。那么，这又是怎么回事呢？在那个没有同情心的世界，罗马人把天蝎的爪子砍了下来，做成了一副精美的秤盘，就这么简单。罗马人也没有得到什么报应，等到有人注意到这一点的时候，已经过去 1500 年了。

这个星座并没有什么惊人之处，但它还是值得一提，只是因为它那几颗星星的名字很神奇：氐宿一、氐宿四、氐宿三和氐宿增一。

很显然，氐宿四（β 星）是你能看到的颜色最绿的星星。

位置：在南天星图上，天秤座位于右上方。

拉丁名称
Libra
英语名称
The Scales
缩写
Lib
拉丁语所有格
Librae
α 星
氐宿一
Zubenelgenubi
星等
恒星颜色
白色

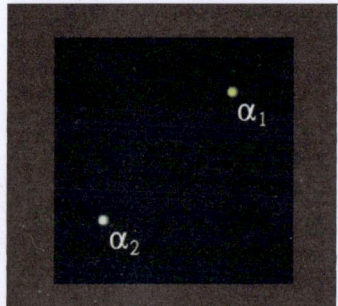

双星	变星
氐宿一	氐宿增一
天秤座 α 星	天秤座 δ 星
星等	星等范围
2.8 和 5.2	4.9 ~ 5.9
两星间距	周期
3′ 51″	2.327 天
颜色	
浅蓝色和白色	

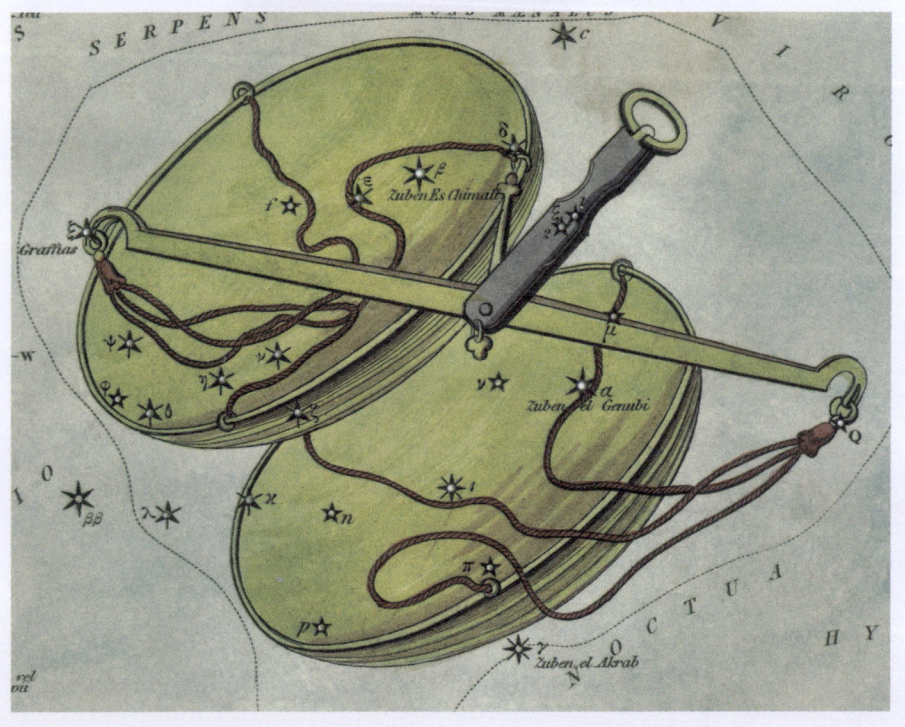

☆ 这就是天秤座。它主星的名字叫氐宿一，意思是"天蝎南边的那只爪子"。这也表明，在遥远的过去，天秤座是天蝎座的一部分。

天蝎座

拉丁名称
Scorpius
英语名称
The Scorpion
缩写
Sco
拉丁语所有格
Scorpii
α 星
心宿二 Antares
星等
8.96
恒星颜色

小心，猎户！阿波罗派了这个可恶的蜇人的家伙来对付你了！这就是为什么猎户座和天蝎座被放在天空正对着的两端，这样猎户就没有麻烦了。

尽管从中北纬度你也能看到那颗明亮的心宿二，但除非你尽量往南走，否则你就看不到天蝎座的壮丽景色。它的整个S型曲线只有在低于北纬40°的地方才能看到，即下列城市以南：西班牙马德里、意大利那不勒斯、美国纽约和盐湖城、土耳其安卡拉，以及中国北京。

从前，天蝎曾经有过漂亮的爪子，后来被罗马人砍掉了，做成一个"新"的天秤座。

位置：在南天星图上，天蝎座位于中间偏右上方。

深空天体	深空天体	双星
M7	M6	天蝎座 μ 星
类型	类型	星等
银河星团	银河星团	3.0 和 3.6
星等	星等	两星间距
3.3	4.2	5′ 30″
面积	面积	
1° 20′	20′	
距离（光年）	距离（光年）	
800	2000	

✦ 在公元130年，托勒密曾描述过这个星团，此后它也被称为托勒密星团。它可能是星座中最美的深空天体，看看它的面积，是月球的两倍还多！

✦ 这个精美的蝴蝶星团大约由80颗恒星组成。

双星
天蝎座 ζ 星

星等
3.6 和 4.9

两星间距
6′ 30″

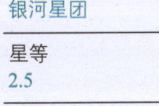

深空天体
NGC 6231

类型
银河星团

星等
2.5

面积
15′

距离（光年）
5900

✦ 这个银河星团也被称为桌形星团，是天空的精彩部分。

一起来玩儿吧
游戏中的科学和知识

☆ 在非常黑暗清晰的夜空，银河系的这个中心区域确实非常迷人，令人难忘。

☆ 没费多大劲儿，那些星体就把它们迷人的光彩展示了出来。

南三角座

拉丁名称
Triangulum Australe
英语名称
The Southern Triangle
缩写
TrA
拉丁语所有格
Trianguli Australis

α 星
三角形三 (Atria)
星等
1.9
恒星颜色
浅橙

给你 3 颗星星，你能组成什么图案？16 世纪荷兰航海家弗雷德里克·霍特曼和彼得·凯泽没费多大劲儿就做出来了一个……三角形！但是，这个星座可能要古老得多，因为它的星星很容易辨认，比与之相对应的北半球三角座要容易辨认得多。

位置：在南天星图中间偏右下方，这个三角形正在变几何魔术。

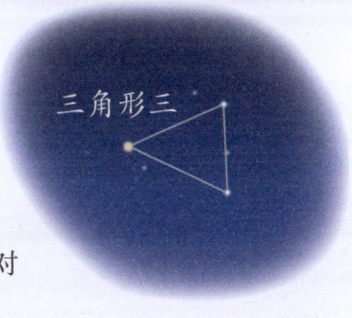

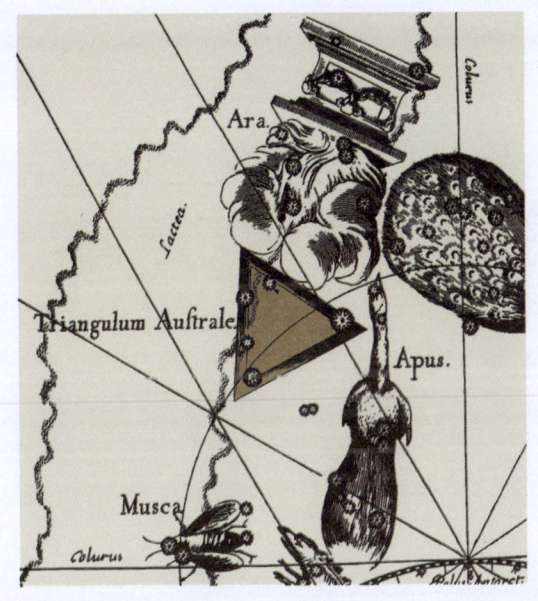

☆出现在赫维留的《星图学》上的南三角座，它临近天燕座和天坛座。

南冕座

拉丁名称
Corona Australis
英语名称
The Southern Crown
缩写
CrA
拉丁语所有格
Coronae Australis

α 星
南冕座 α 星 / CrA
星等
4.1
恒星颜色
浅蓝

这是希腊人设计的星座，描绘的是坐落在它隔壁的人马座的王冠。因此，在较早一些时候，罗马人把这个南半球曲线形的组合叫作人马座的王冠。银河流经这一区域，使它变得越发有趣。

位置：在人马座的"茶壶"下面找一找这个南冕座。

10～12月的星空

在这个时期,随着地球绕着太阳公转,把人马座和天蝎座带到了天空的西边,我们失去了银河最明亮的部分。暗夜的天空中,北落师门高高地挂在中间偏上的地方,放肆的水委一在下面靠左一点儿的地方停留(当然,这要根据何时何地而定)。

向东方看去,几个嬉皮笑脸的明亮家伙出现了:先是老人星,稍后是天狼星。除此之外,天空相当安宁。噢,还有壮丽的麦哲伦星云,随着我们进入12月份,它们达到了最辉煌的阶段。顺便问一声,你注意到没有,在一年的这个时节,有多少种鸟类星座在那里忽闪着翅膀到处飞翔呢?

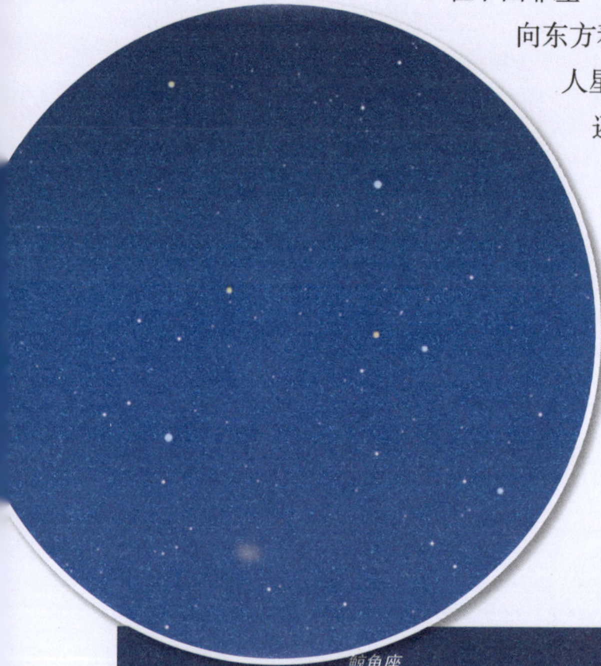

星星看点

小麦哲伦星云
追寻整个波江座的轨迹
鲸鱼座著名的变星米拉
猎户座流星雨(高峰期处于10月21日前后)
大麦哲伦星云

- ⊙ 银河星团
- ⊕ 球状星团
- ☐ 星云
- ◯ 星系

☆ 南半球春季星空

波江座

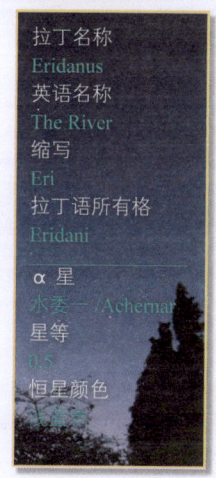

拉丁名称
Eridanus
英语名称
The River
缩写
Eri
拉丁语所有格
Eridani
α 星
水委一/Achernar
星等
0.5
恒星颜色
蓝色

这条波江流经天空的很大区域，是一个古老的星座。这条河可能是太阳神的儿子法厄同创建的，目的无非是要把幼发拉底河与尼罗河连接起来。顺着这条河蜿蜒曲折往下走，你可以找到水委一，阿拉伯语意思为"河流的尽头"。一旦你找到了它（如果你向南走得足够远），你就看到了夜空中排名第9位的亮星。

波江座 ε 星是离我们第三近的恒星（排在南门二和天狼星之后），只有10.7光年。它可能也有行星，说不定还有人在行星上居住呢。

位置：在1~3月的南天星图上，波江的源头就在猎户座的亮星参宿七的右边不远处。

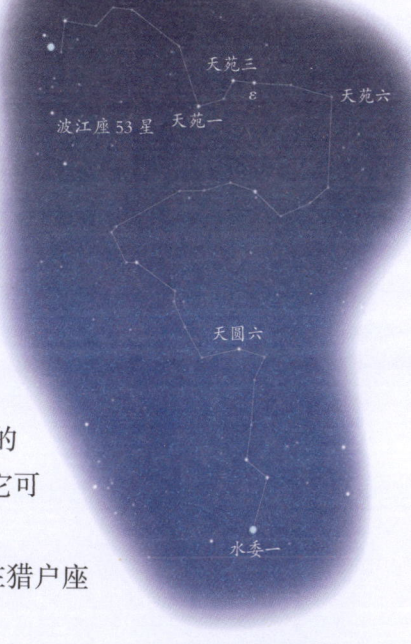

天体		大体
ANTON 6	☆在以勃兰登王笏座这样精彩的名称命名了这个星座之后，波江座53星也被称为权杖。	ANTON 7
类型		类型
旧星座		旧星座

🅰 天空右上角（如果你住在南半球，应该是左下角）有另一个被遗忘的星座，叫作乔治国王竖琴座。这个星座消失是因为发生了一次事故。由于粗心，那个竖琴被遗忘在了波江的河岸上，在一个暴风雨的夜晚，它被冲进了时光的河流之中。

南极座

在1751年前后,尼古拉斯·拉卡伊从南天极周围找了几颗暗得几乎看不到的星星,组建了这个星座。他设计出了这个航海仪器八分仪的星座,而它根本不可能被水手用来为他们指明航向。为什么他要这样设计,这将永远是个秘密,只有那个"疯子"尼克自己知道。目前我们发现的离南天极最近的恒星是南极座σ星,它的星等是5.45,还配不上称为南极星。

位置:南极座当然位于南天极星图的中心。

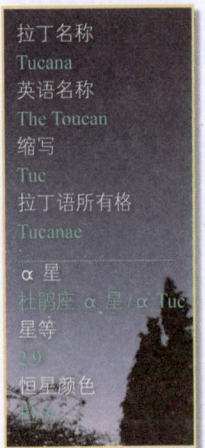

杜鹃座

弗雷德里克·霍特曼和彼得·凯泽设计了这只鸟,而圣艾尔摩之火(传说在浓雾弥漫的海面上会出现成对的被称为圣艾尔摩之火的火球为船员指引方向)就在南天海洋的某个地方奔突忽闪着,给我们带来晴朗清澈的夜空。噢,那时候设计星图真容易啊。他们的朋友约翰·巴耶把这个星座放在了自己的《测天图》里。

杜鹃座内在波江座的水委一和南天极的中点上有著名的小麦哲伦星云,它是和大麦哲伦星云(剑鱼座)一起由麦哲伦发现的。它也是我们银河系的伴星系,直径22000光年,距离太阳系19万光年。银河系和大小麦哲伦星云一起组成了一个三重星系。这里所说的"杜鹃",指的是生活在南美洲的一种嘴巴巨大、羽毛艳丽的鸟,1603年,德国天文学家巴耶尔为了纪念这种鸟的发现而命名了这个星座。

位置:在南天星图的底部,那模糊的一团就是杜鹃栖息在那里。

深空天体	☆小麦哲伦星云(SMC)又被称为NGC292,自古就被人们熟知,但在1519年麦哲伦环游世界之后,它才名声大振。	深空天体	☆古代天文学家们曾认为这是一颗恒星,后来发明了望远镜,才认定这是一个巨大的模糊星团。
小麦哲伦星云		NGC 104	
类型		类型	
不规则星系		球状星团	
星等		星等	
2.3		4.0	
面积		面积	
5°19′×3°25′		30′	
距离(光年)		距离(光年)	
19.6万		1.34万	

月球、太阳和行星

月球

观察月球，你会看到它上面有一些明暗不同的成片区域。古代的天文学家把那些黑暗的区域当成是海洋，把明亮的区域当成陆地。即使我们现在知道事实并非如此，但那些海洋的名称和水一样的特征仍然沿用至今，从表中可以看出来。

月球的历史可以追溯到大约46亿年前地球形成时期。关于月球形成最流行的理论是这样的：一个很大的天体撞击到地球上，击毁了地球的一些地方，碎片与这个天体夹杂在一起飘入太空，所有那些岩石状的物质在地球的周围形成一个圆环。在相当短的时间内，也许只有1年，这些岩石状的物质便凑到了一起，形成了月球。

你有没有感到很奇怪，为什么月球上有那么多陨石坑，而地球上却没有多少呢？这就需要我们从早期的太阳系里寻找答案。在那遥远的过去，很多天体在太空中到处乱飞，一会儿飞到这里，一会儿飞到那里。只要有东西挡住它们的去路，它们就朝那些东西撞上去。地球也不能幸免，被撞得不轻，但由于地球上大气、水和大陆漂移等作用，使地球上早期的陨石坑几乎被抹平不见了。月球则不然，它没有大气，因为它太小了，吸附不了多少大气。因此，所有月球上的东西都完好地保存着原来的状态，包括陨石坑以及其他东西。

拉丁语	英语	汉语
Sinus Aestuum	Bay of Heats	暑湾
Mare Anguis	Serpent Sea	蛇海
Mare Australe	Southern Sea	南海
Mare Cognitum	Sea of Thoughts	知海
Mare Crisium	Sea of Crisis	危海
Palus Epidemiarum	Marsh of Epidemics	流行病沼
Mare Foecunditatis	Sea of Fertility	丰富海
Mare Frigoris	Sea of Cold	冷海
Mare Humboldtianum	Humboldt's Sea	洪堡海
Mare Humorum	Sea of Humours	湿海
Mare Imbrium	Sea of Showers	雨海
Mare Insularum	Sea of Isles	岛海
Sinus Iridum	Bay of Rainbows	虹湾
Mare Marginis	Marginal Sea	边缘海
Sinus Medii	Central Bay	中央湾
Lacus Mortis	Lake of Death	死湖
Mare Moscoviense	Moscow Sea	莫斯科海
Palus Nebularum	Marsh of Mists	雾沼
Mare Nectaris	Sea of Nectar	酒海
Mare Nubium	Sea of Clouds	云海
Mare Orientale	Eastern Sea	东海
Oceanus Procellarum	Ocean of Storms	风暴洋
Palus Putredinis	Marsh of Decay	凋沼
Sinus Roris	Bay of Dews	露湾
Mare Serenitatis	Sea of Serenity	澄海
Mare Smythii	Smith's Sea	史密斯海
Palus Somnii	Marsh of Sleep	睡沼
Lacus Somniorum	Lake of the Dreamers	梦湖
Mare Spumans	Sea of Foam	泡沫海
Mare Tranquilitatis	Sea of Tranquillity	静海
Mare Undarum	Sea of Waves	浪海
Mare Vaporum	Sea of Vapours	汽海

月球地图的绘制

月球上的海洋是在月球与别的天体碰撞最厉害的时期形成的。那时候，月球表面被撞开了口子，使得它内部的熔岩物质流了出来，形成了这些广大的熔岩湖一样的黑暗景象。如果你要去月球，这些"海洋"是你着陆的好地点，因为它们都是些较为平坦的地方。你会发现，在20世纪60年代后期到70年代，"阿波罗号"宇宙飞船绝大多数时候都是在这些地方着陆的。

陨石坑主要是由彗星和小行星撞击月球形成的。就像你往池塘里扔一块石子会产生涟漪一样，月球的岩石也会向外飞溅，但是它们不同于水，它们很快就会凝固，于是给我们留下了陨石坑，实际上也就是一些凝固的涟漪。

☆ 月面地形图

1836年，英国天文学家弗朗西斯·贝利通过描绘并分析"贝利珠"现象得出结论：月球表面存在大型山脉。日食发生时，贝利注意到，尽管月球遮住了太阳，但是在月球边缘却存在一些明亮的小点，如同一串晶莹透亮的水珠，这就是"贝利珠"现象。贝利正确解释了这一现象的成因，即太阳光线穿过月球表面高山之间的峡谷时，产生了"贝利珠"。

1839年，法国绘画及摄影艺术先驱者路易斯·达盖尔使用银板照相法拍摄月球照片。随后，美籍英裔科学家约翰·德雷珀利用银板照相法正式拍摄了几组月球照片。随着科技的进步，更快更好的照相用感光乳液问世，使得拍摄月球更容易。不过在19世纪末之前，根据观测手工绘制月球地表细节图的工作一直没有停止过，这其中包括德国天文学家威廉·罗曼绘制的月球地图，以及于1878年出版的由德国天文学家约翰·施密特绘制的月球地图等。20世纪，科学家们才可以近距离拍摄月球。1945年，美国国家信号公司使用雷达反射绘制月球地图，而更细节化的照片则分别由20世纪50年代苏联发射的"月球探测器号"以及20世纪60年代美国太空总署发射的"月神号"探测仪发回地球。

月球的运行

月球围绕地球公转1周的时间与它自转1周的时间相等，这被称为同步自转。土卫六环绕土星，海卫一环绕海王星，木卫一、木卫二、木卫三和木卫四环绕木星旋转，

第三章
去宇宙中旅行

☆现在请看这张盈凸月的精彩图片。

☆你能看见明暗区域合起来构成的"月球人"吗？

☆月球围绕地球逆时针公转（从北极上空看过去），每隔29.5天月相完成1个周期。在这幅图中，太阳位于左方，持续照亮月球表面的一半，但是我们看到照亮的这一半有多大取决于月球在它轨道上的位置。里面一圈白色的月球是围绕地球公转所在的不同位置，外面一圈带标志的浅棕色月球表明了它此时的月相。

它们都是同步自转。同步自转意味着我们只能看到月球的一面,也就是"近月面"。

我们对"远月面"是什么样子一无所知,直到1959年,苏联的太空探测器"探月3号"拍到月球背面的照片。那些照片显示,月球的背面同样布满了陨石坑,也没有真正的海洋。

不过,前面所述也并非十分准确。因为月球运行时会有被称为"天平动"的抖动,这样就使我们能够看到的月球表面只比一半稍微大一点儿。

另一个关于月球的词汇是朔望月。它是指月相重复出现需要的时间,也就是从一个满月到下一个满月,或者从一个新月到下一个新月所经历的时间。这个时间是29.5天,称作太阴月。如果你看到一个满月,那么下次的满月将会在29.5天之后出现。太阴月和一个日历月是大约相同的时间,这绝非是个巧合。这也就是月份这个词的来历,它的本意应该是月的时间。

观测月球

学习有关月球的知识跟学习星座知识的过程相同。如果你慢慢来,你就能轻而易举地找到门路。

前面的月面图可以帮助你辨认月球上明亮和黑暗的区域,这些你只需抬头看一下

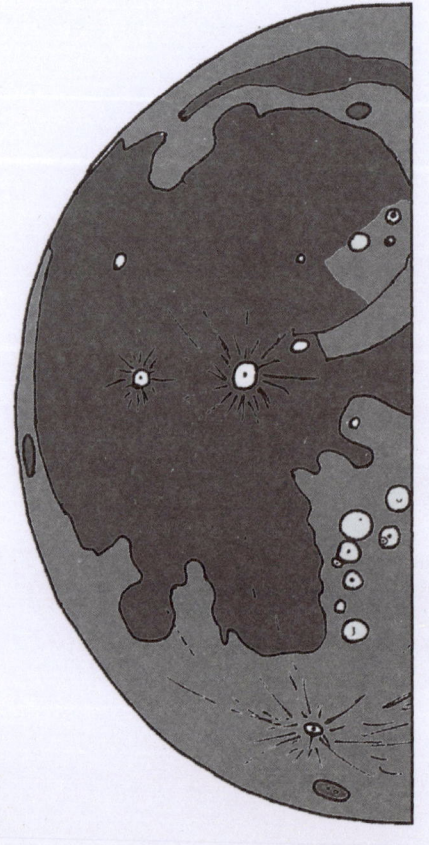
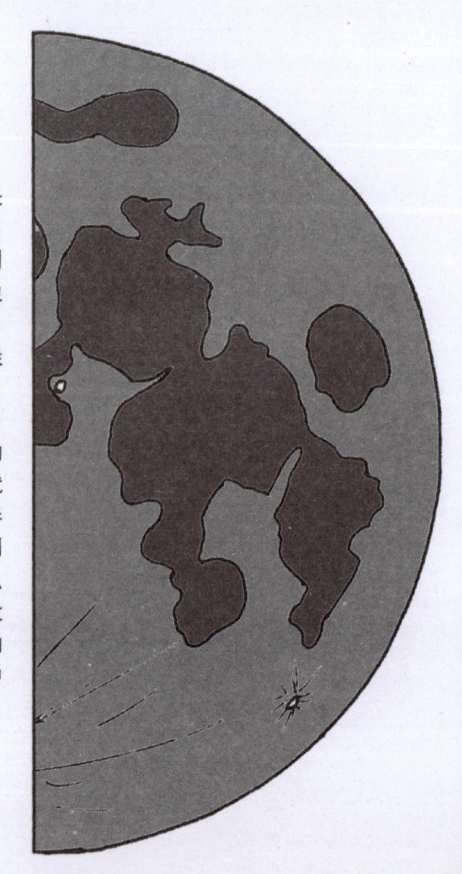

☆右边的半月是你在满月之前1周的下午所看到的月球,而左边的半月是在满月之后1周的早晨所看到的月球。因为早晨的半月有更多暗色的"海洋",这就意味着早晨的半月不如下午看到的明亮。为什么一些人在白天没有注意到月球的存在,这是其中的一个原因。

就能看到。但是，和所有的观测一样，如果你多观察两眼，月球就会向你展示更多的细节：由于古代撞击而产生的明亮光线遍布月球，使得月球表面呈现出斑驳的形状。还有就是陨石坑，其中有3个比较著名：哥白尼、阿里斯塔克和开普勒。它们非常突出，是因为它们都坐落在黑暗的风暴洋的明亮区域的中心。

观察刚刚提到的那些特征的时间是在满月前后，但娥眉月、半月和凸月的月相也呈现出有趣的景象（凸月是指半月和满月之间的月相）。请特别关注阳光照亮的部分和黑暗部分之间的界限，这条线被称为晨昏线。

☆月球上明暗相交的地方非常有趣，值得观看。它能揭示出月球表面的特征，看上去经常是"锯齿状"的。

正是这条晨昏线，我们有时候能够见证太阳照亮了其两侧的月球特征。这样就使得我们的眼睛能够看到若隐若现的山峦、陨石坑、山脊和山谷，这些都撩人心魄。有时候我们看到的整条晨昏线的样子是像锯齿那样参差不齐，这就表明月球表面是崎岖

☆这是早晨的亏凸月。

不平的。还有，因为月球不停地绕着地球公转，它的月相也就在不断发生变化。

同样地，晨昏线也就不断地展示出月球上不同的明亮和阴影部分。如果你不相信，可以自己去看一看。

月球在大白天也可以很容易看到，只是因为明亮的蓝天，它才显得不那么突出。

事实上，有一个因素造成出现在黎明的天空中的亏月没那么明亮，就是月球表面的那些黑暗"海洋"区域。

根据你在地球居住位置的不同，月球看上去很不一样，不仅是它在天空中的形状，而且它的运动都不一样。

拿晚上出现的盈月来说，这是由于地球反照形成的正对着的月相：明亮的部分是由太阳照亮的，其余部分是由地球反照的。这就是在同一时间从地球的不同地点看到不同的月相的原因。因此，如果你对此还不太习惯，那么月球看上去就好像很怪异。

有一种荒诞不经的说法是，月球在贴近地平线时要比高高挂在空中时大一些。这只是个光学错觉，当然，它看上去是那样的。

对于那些对月球感兴趣的人，这里有一些有关月球的基本数据。

☆这是北半球中纬度地区看到的娥眉月。

☆赤道地区看到的同一个月球是这个样子的。

☆南半球中纬度地区看到的同一个月球是这个样子的。

直径	3475.5 千米
与地球平均距离	38.44 万千米
恒星月（意思是它围绕自己的轴心转动一周所需时间）	27.32 天*
太阴月（意思是它的月相每重现一次的时间）	29.53 天
轨道速度（意思是它绕地球转动的速度）	3680 千米/小时
质量	7.35×10^{22} 千克

*注意，恒星月的长度与太阴月的长度并不相等，即月球自转一周的时间与从一个满月到下一个满月所需的时间并不相等。如果你对此不感兴趣，没关系，请跳过这里，接着阅读月食和日食。如果你感兴趣，你只需要记住一点，即月球在绕地球公转的同时，地球也在绕着太阳公转。想象一下，假如地球在自己的轨道上静止不动，恒星月和太阴月就会相等了。但是，地球在围绕着太阳公转时，相对于其他恒星来说，太阳也在运动。这就是为什么在黄道十二宫图上，太阳会慢慢地移动位置。在大约1个月时间内，太阳在黄道上移动几乎十二分之一路程。这样的话，月球还得追上太阳，要做到这一点，它需要两天多的时间，因此就造成了上述的不同。

月食和日食

月食

月全食只是月食的3种形式之一。另外两种是月偏食和半影月食，但是无论从哪一方面来说，它们都没有月全食那么激动人心。一个完整的月全食只有在满月的时候才会发生，此外还需要太阳、地球和月球在太空完全处于一条直线上。站在地球的北极向上望，我们可以看到月球有怎样的变化。

如下图，被太阳完全照亮的月球从位置1开始运行到地球的阴影里。然后经过几个小时的行程，月球运行到了太阳正对面的天空，在那里地球把太阳照在月球上的光线完全遮挡住了。通常这种情况发生在满月的时候，不过承蒙这3个天体的好意，它们现在已经站成了笔直的一排。

你也许会注意到，月球的左侧在这期间逐渐变暗，在到达位置2的时候，月食就到了全食阶段。但奇怪的是，此刻月球经常是呈现出浅红色、橙色和棕色混杂在一起的颜色，很少完全是黑色。这是因为太阳光还是能间接地照到它身上：地球的大气层过滤了太阳的其他颜色，只让其中红色的光线穿过，从而微弱地照到月球上。

在大多数的月份，月球在地球的阴影上方或是下方运动，因此不是每个满月之时都发生月食。但一般来说，每年至少总有一两次这3个天体排成一行的时候。

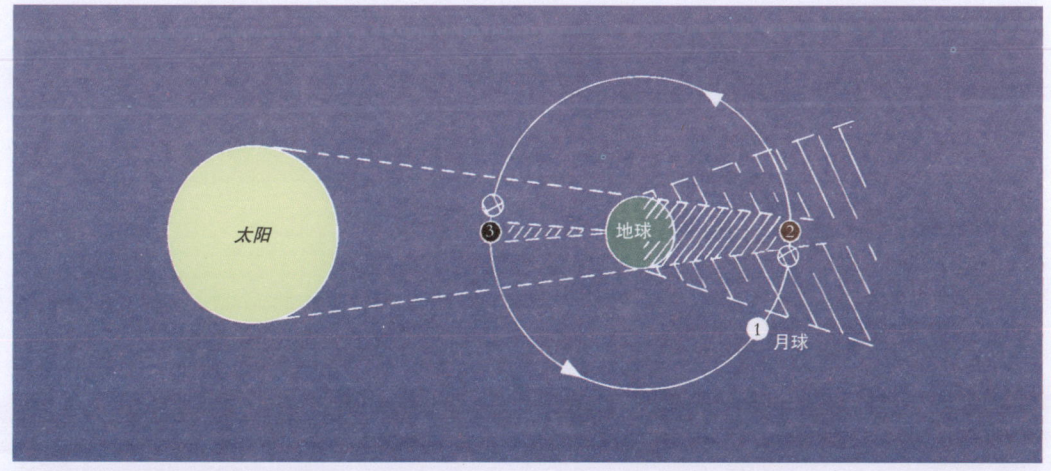

☆这张月食和日食图并非绝对精确，只是示其大意。要使月食或日食发生，需要具备太阳、地球和月球出现在特定位置。当在位置1时，没有月食或日食发生。只有三者运行到一条直线时，我们才会看到月食或日食。因为在这个时候，地球的影子可能会落到月球上（发生月食，月球处在位置2），或者月球的影子可能会落在地球上（发生日食，月球处在位置3）。

观测月食的超级提示

随着进入月食阶段，月球逐渐变得昏暗，天空自然也就变暗了。你可能还没有意识到，满月的亮光把蓝天冲刷成模糊的一片，只有那些比较明亮的星星才可以看到。

在月全食期间，月球变暗就意味着那些较暗的星星也能露出脸来，因此我们就会看到天空中有种怪异的景象：（通常是）一个暗红的月球被一些闪烁的小星星围绕着。你自己去看一看，就会明白这是什么意思。

月食全食阶段可能会持续1个小时到1个半小时，因此这是个缓慢的过程。你不需要什么特殊的设备，如果你的房子正对着月食发生的方向，你甚至都不用出门！你只需要出神地凝望着窗外，就像被施了魔法一样，这也是一种奢侈的享受。

日食

如果一只猫走在阳光灿烂的大街上，然后走进一座大厦的阴影处，你可以说，猫看到太阳正在被大厦"吞食"掉。比大厦大得多的天体也会发生同样的事情，比如说月球，当然月球的阴影要大得多。实际上，月球阴影的直径接近3500千米。这种情况发生在太阳、月球和地球排成笔直的一条线的时候，如上页那张超级月食和日食图中显示的，新月运行到位置3的时候。

☆ 2001年1月9日20时18分的月全食。月全食是一种奇异的景象：这颗红色的天体坐落在满天星斗的空中，看起来就像是一颗外星球飞来地球做客。在这张照片中，你可以看出来周围有轻度的灯光污染。如果你离开街灯和城市越远，天空将会变得更暗、更清晰。

因为月球比太阳要小得多，所以产生的阴影实际上是一个圆锥形状（注意图中也有所标示）。当月球在它的公转轨道上运行且离地球足够近的时候，我们发现它的阴影的圆锥顶点刚好到达地球。此时此地就会产生一个完全的日食，或称为日全食。因此，这种类型的日食只有在地球的某些区域才能看到。

☆ 1984年5月30日黄昏时分出现的日偏食

随着月球沿着轨道公转，它在地球上的阴影以大约3200千米/小时的速度运行（这是非常粗略的估计，因为阴影的速度在不断变化：地球表面凸凹不平，照到地球上的阴影运动的速度也就或快或慢）。图中的区域是被全食完全覆盖的路径，如果你站在这条路径里，就可以看到日全食。如果你站在这条线以北或以南的地方，那么你能看到日偏食，也就是太阳只有一部分被遮住。

当然，太阳、月球和地球三者排成一条直线可以形成日食，但是并不一定也能刚好让月球阴影的圆锥顶点落在地球上。这样的话，我们所能看到的最好情形也就只是日偏食了。

日环食是由月球公转轨道的椭圆形引起的。由于月球沿着椭圆轨道公转，在1个月的时间里，它有时候离我们较近，有时候较远。当它离我们足够远的时候，看起来要比太阳小得多。如果这时候太阳、月球和地球碰巧排成一条直线，那么月球就不能够完全遮住太阳，我们可以看到太阳光像一个圆环围绕着月球，这就是日环食。

和月食一样，日食也并非每个月都会发生，主要是基于这样的事实：月球围绕地球公转的轨道和地球围绕太阳公转的轨道之间有所倾斜，倾角为5°。这就意味着，在新月期间，月球的阴影通常从地球的上方或下方经过。

但是，每年至少会有两次，三者处于同一直线上。那时月球阴影的一部分可以垂落在地球表面，在地球的某些地方我们可以看到日偏食、日环食或日全食。

观测日食

第1次接触：这是月球开始在太阳前面运动的时刻。你将会看到，月球正慢慢地、一点点地把太阳"咬掉"。

☆第1次接触：月球慢慢地运行到太阳的前面。

变暗的天空：大约有半个小时的时间，你可能不去理会其他的东西，只注意日食正在发生。因为光线变暗是逐渐发生的，太阳这个大圆盘非常明亮，足以与不断吞食它的月球相抗衡。

树木：尽量找棵树，透过树叶观察斑驳的阳光。通常树叶的针孔效应会把阳光投射到地面上，形成无数的圆圈。在日食期间，这些斑驳的光影会变为成百上千的娥眉状。

☆全食：奇迹持续2分30秒。

恒星和行星：在全食之前天空可能非常暗，那些比较明亮的恒星和行星就会映入眼帘。

植物和动物：小鸟纷纷飞回它们的巢穴，夜行性的动物可能会跑出来。你可以听到有猫头鹰在叫，看到有些花儿开始把花瓣闭合上。气温也会下降，到全食的时刻，甚至可能会寒气逼人。

☆第3次接触："钻石环"效应宣告全食阶段结束。

第2次接触：就是它！全食的时刻到了。这时候你需要眼疾手快，因为此刻有很多事情同时发生。你也许会目睹月球从西边的天空飞速穿越大气层把阴影投向你，而与此同时，正在消失的太阳的最后一部分只有透过月球表面起伏的山峦和谷地才能勉强看得见——这一效应我们称之为"贝利珠"。就全食而言，你只有1秒~7分30秒的时间来欣赏这一壮美的景观。只有在全食的时候，我们才可以看到太阳的外层大气，也就是日冕。这是一种珍珠白的精巧构造，是由从太阳发出的日冕射线构成的。然后，经过非常短暂的时间，这一切都结束了……

第3次接触：这是人人鼓掌欢呼的时刻。太阳从月球背后偷偷地露出脸来窥探，刚才还乱哄哄的一片现在恢复了平静。因为在全食期间你的眼睛逐渐适应了黑暗，现在重新出现的太阳光就显得格外刺眼，再加上月球周围的发光，这些合在一起称为"钻石环"效应。在接下来的1小时20分钟时间里，日食过程就好像刚才的一切倒过来重新播放一样，然后一切都慢慢地复归正常。

第4次接触：月球"咬"了太阳最后一下后就松开了口，太阳又重新变成了"完整"的大圆盘。

只有在日全食的情形下，你才能看到所有这4次接触。在日偏食的时候，在从第1次到第4次接触的过程中，太阳被月球遮挡的程度会有不同的变化。

安全观测日食

只有在全食那短暂的几秒或几分钟时间里，你才可以用肉眼直接观看太阳而不会受到伤害。如果没有专门的预防措施，你千万不能直接用肉眼观看任何日偏食，那是很危险的。在日全食发生的偏食阶段，即使太阳有99%的部分都被月球遮挡，那剩下的1%娥眉状部分的太阳光线仍然相当刺眼。如果没有适当的措施保护眼睛，不能直接

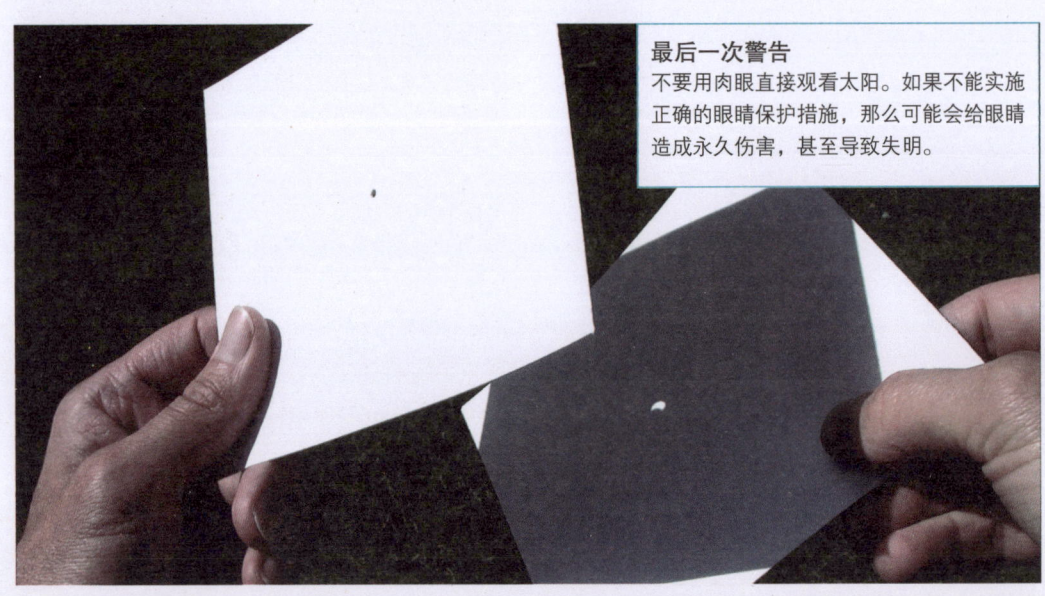

最后一次警告
不要用肉眼直接观看太阳。如果不能实施正确的眼睛保护措施，那么可能会给眼睛造成永久伤害，甚至导致失明。

对着太阳观看。

关于观看日食，还要破除一个很危险的迷信说法，不要通过观看水塘中的倒影来观看日食。在水中，太阳光只是稍微有些暗，但仍能给你的眼睛造成足够的伤害。

你可以买一副日食观测器，这样就能够清除所有危险的辐射和99.9%的光线。如果你决定要使用日食观测器，则要确认它上面有正规的认证标志，而且没有丝毫损坏。有些专家建议，不论什么情况你都不应当观看太阳，但就你而言，仍需要具备一些常识。有些人认为，哪怕是瞟一眼太阳都可能给眼睛带来无法弥补的伤害。

针孔观测日食步骤指南

最简单、最安全地观测日偏食或日环食（或日全食的偏食阶段）不需要什么复杂的设备，只要两张卡片就行了。在其中一张卡片上扎个小孔，让太阳光从小孔穿过照在另外那张卡片上。就这么简单！当日食发生的时候，小孔会把月球在太阳前面经过的图像投影在卡片上。记住：不要用眼睛透过小孔去看太阳。如果你发现成像效果不太理想，则尽量把小孔弄圆一些，或者尝试着把小孔稍微弄大一些或小一些。运用你的智慧，首先应把针孔扎小一点儿！

八大行星

我们知道，围绕太阳旋转的有8颗行星：水星、金星、地球和火星相对来说比较小，为岩石构造；而木星、土星、天王星和海王星要大得多，由气体构成。

我们知道在离太阳更远的地方肯定还有更多的天体，它们可能比冥王星要大得多。2003年11月14日，我们发现了一个新的冰冷世界，名字叫作赛德娜，当时有一段时间它是行星的可能候选者。很遗憾，经过仔细计算，结果证实这颗星只有冥王星的一半大小，因此它被划归为"较小的行星"或称"小行星"。但是，我们仍信心百倍，相信随着望远镜和探测方法的改进，将来肯定能在太阳系再找到一颗行星。

这一组神奇的行星是怎样形成的？在大约50亿年前的太空里，我们会看到犹如暴风骤雨的景象。在引力的作用下，一大块由尘埃和气体组成的云状物（太阳星云）的一部分凝结在一起，随着它们的运行，产生出非常大的热量和能量。这些结块的其中一块后来变成了太阳。这个"结块"的一个奇异现象是，你给它增加物质，它的引力就变得更强。因此，随着太阳逐渐形成，它的引力也在不断增强。这就意味着，一个由尘埃物质组成的大圆盘也正在形成，它后来演变成那些行星。

大约47亿年前，当这个结块的温度达到了1000万摄氏度（这是个神奇的温度点，到达这一点的话，可以引爆原子反应堆），太阳最终开始了它为期100亿年的生命周期，产生出辐射冲击波，在快乐成长的行星圆盘中爆炸个不停。附着在圆盘周围较轻的气体被新形成的太阳吹得更远,这就是为什么我们发现那些气体巨人都处于太阳系的外层。那些较重的坚硬物质能够经受住爆炸的冲击,它们待在原来的位置,由此形成太阳系岩石状的内层行星。

综合起来考虑,太阳现在正处于它生命的中间阶段。因此,我们还剩下只有50亿年的时间,在此期间,太阳会逐渐膨胀变成一个红色巨人,把地球烤得又焦、又脆、又干。在此之前,我们要赶紧制造出宇宙飞船,尽快找到一个新家。

要想看太阳系各个行星怎样搭配得浑然一体,其中一个最好的办法就是比较它们与太阳的距离以及它们与地球的距离的关系。地球距太阳的平均距离被称为1天文单位(AU)。现在来比较一下我们的邻居:水星为0.39AU,金星0.7AU,火星为1.5AU,木星为5.2AU,土星为9.5AU,天王星为19.2AU,海王星为30.1AU。请注意,内层行星的数字相对接近地球1AU的数值,而越往太阳系外层,数值差别就越大。随着我们向太阳系外层走去,会发生下述3件事情:①太阳看上去显得越小,意味着每颗行星得到

☆ 把八大行星放在一起,由此你能够真切地看到它们的大小差异。不难看出,木星是这些行星里面个头最大的,你可以把1300个地球塞进木星里面。在木星之后,土星非常突出,因为它有太阳系最精美的行星光环。与它的光环相比,木星、天王星和海王星的光环简直不值一提。

☆ 分成两部分的太阳系:内层行星主要由岩石构成,外层行星主要由气体构成。不仅如此,它们距离太阳远近差别也非常大,为了显示出差距上的悬殊,不得不把示意图劈开分为两部分。内层的世界非常靠近太阳,随着我们向外层旅行,这些距离就变成了"天文数字"!

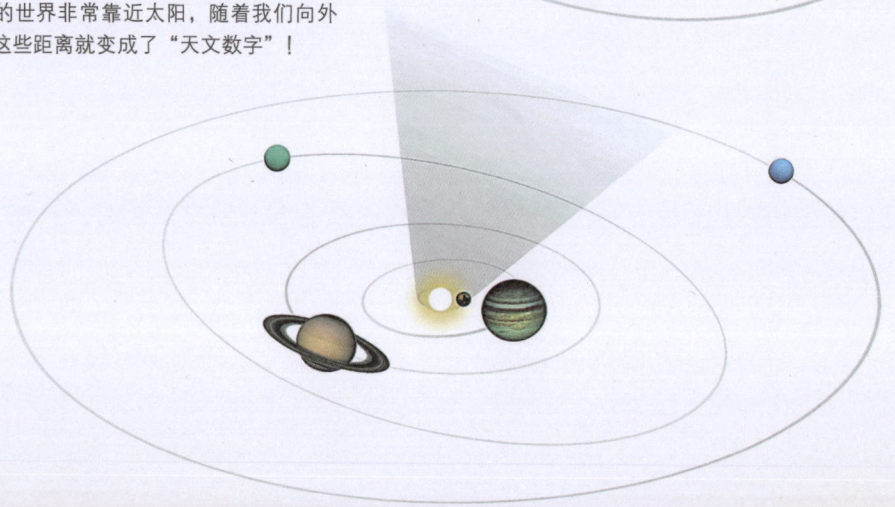

162.

太阳的热量也就越来越少。②同理，离太阳越远，太阳光线也就越少，等你到达海王星的时候，太阳看起来就像一颗较为明亮的星星。③离太阳越远，行星受到太阳的引力就越小，它们公转的速度也就越慢。当然，外层行星围绕太阳的公转轨道更大，它们要走的路程也更远，就像跑道的外圈和内圈那样。因此，我们发现，水星环绕太阳公转一周只需要 88 天，而海王星却要 165 年！

让我们暂时忘掉太阳系。天文单位也可以用来代替光年，这样可以更好地弄清楚离我们最近的恒星比邻星究竟有多远。我们发现，它的距离为 268 710AU。你能想象出那有多远吗？

水星

这个太阳系最靠内的行星公转速度最快，比地球公转的速度快 4 倍。来自太阳的高温不允许水星存在任何大气层，没有了这个调控体系的存在，水星白天温度可高达 400℃，而在晚上温度会一下子降到 –170℃。要是那样的话，你的身体受得了吗？要么被烤得焦脆，要么被冻成碎片？水星可不是个宜居的度假胜地。

直径	4878 千米
与太阳平均距离	5790 万千米
公转周期（1 水星年）	88 天
自转周期（1 水星天）	58.6 天
等级	最小
外观	非常近似月球——灰色，有大量陨石坑

水星是一个相当小的行星，我们常用"难以捉摸"来描绘它。我们很难找到它，

☆ 2001 年 5 月 24 日 21 时。在这张拍摄于马霍卡岛阿尔库迪亚（西班牙东部城市）的照片上，水星位于月球之上。

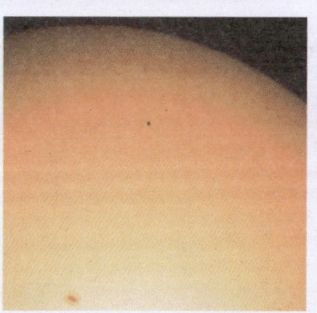

☆ 2003 年 5 月 7 日 8 时 30 分。水星偶尔会穿越太阳的大圆盘，即凌日。要观测这种现象，需要使用非常安全的观测方法（就像观测日食那样）。在这幅图片上，左下方的小污点是一颗太阳黑子（太阳表面温度较低的地方），而中间稍上那颗孤零零的黑点就是水星。它们看上去好像处于同样远的位置，但实际上水星离太阳有将近 5800 万千米的距离。由此，你可以想象太空有多么辽阔。

☆ 这是 1974 年 3 月 "水手 10 号" 探测器第一次飞越水星时拍摄的，是由 18 张图片拼成的水星图片。

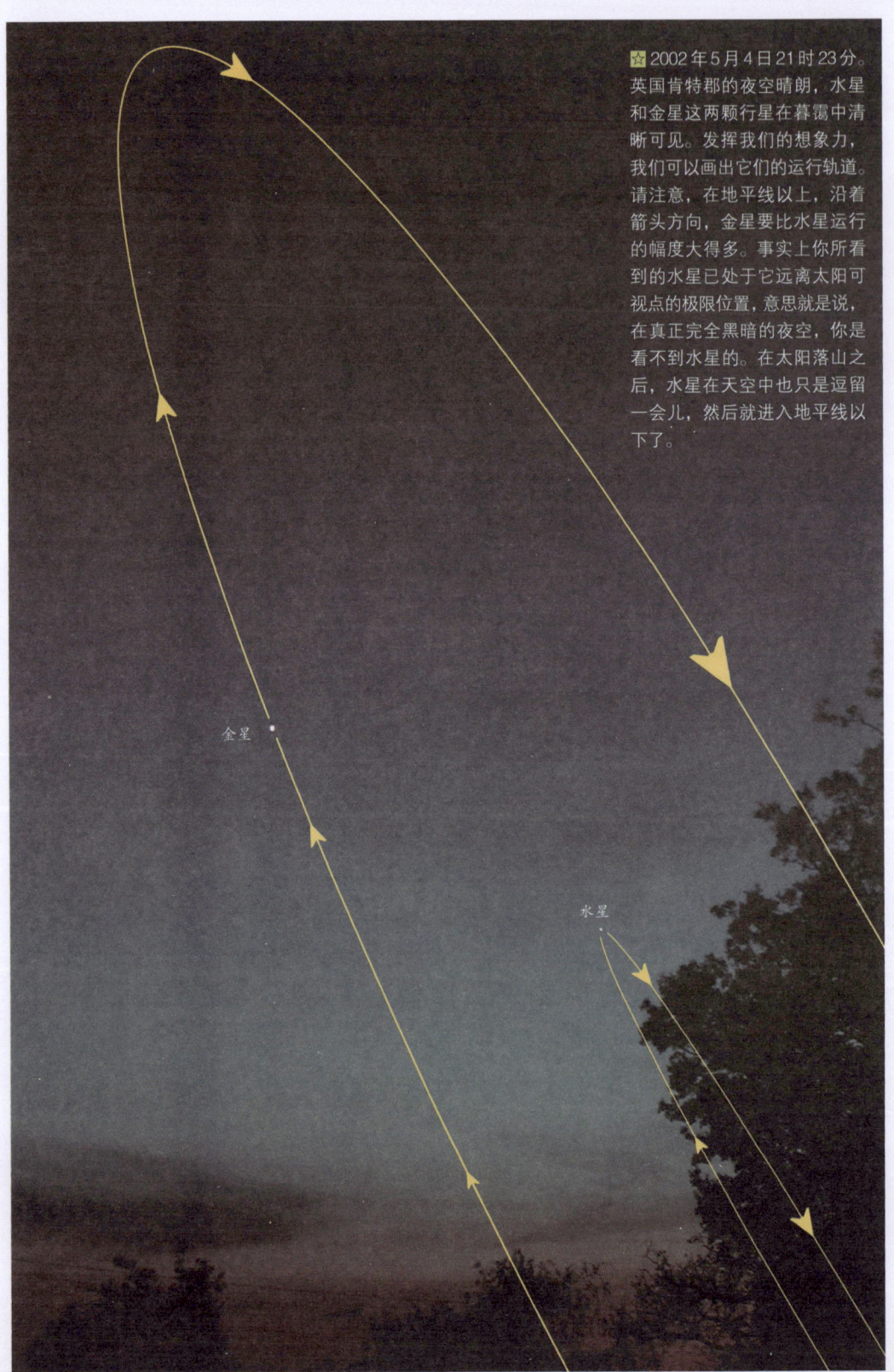

⭐ 2002年5月4日21时23分。英国肯特郡的夜空晴朗,水星和金星这两颗行星在暮霭中清晰可见。发挥我们的想象力,我们可以画出它们的运行轨道。请注意,在地平线以上,沿着箭头方向,金星要比水星运行的幅度大得多。事实上你所看到的水星已处于它远离太阳可视点的极限位置,意思就是说,在真正完全黑暗的夜空,你是看不到水星的。在太阳落山之后,水星在天空中也只是逗留一会儿,然后就进入地平线以下了。

因为它离太阳最近,从来也不会高出黎明或黄昏的地平线。信不信由你,甚至有些天文学家也没看到过水星!但是,如果你知道在哪里,确切地说知道在什么时候观看它,那么还是能够相当容易地看到它的。由于太空中存在各种各样的倾角,因此,观看水星的最佳时间是在北半球春季(南半球秋季)的夜空,或者北半球秋季(南半球春季)黎明的天空。

金星

这颗离太阳第二近的行星围绕太阳公转比自转要用更少的时间,意思就是,金星上的一天要比它的一年时间还长!金星比其他任何行星离地球都要近,只有4050万千米,刚好是月球到地球距离的100倍。

金星可能是天空中除太阳和月球之外

直径	12104 千米
与太阳平均距离	1.082 亿千米
公转周期(1 金星年)	224.7 天
自转周期(1 金星天)	243 天
等级	体积第 6 位
外观	就像多云的天气

☆ 早在 1973 年 2 月,"水手 10 号"探测器在飞往水星的途中,抓拍到了这张云雾笼罩金星的图片。事实上,这是探测器首次使用一种新的技术,这种技术被叫作"引力助移",现在它已经广泛应用于所有深空天体的探测。

☆ 2004 年 6 月 8 日星期二。在过去的 121.5 年间,这是我们第 1 次看见金星飞越太阳。历史上,这是观测金星凌日最多的一次。与一年前水星凌日的那个微小雀斑相比,这次金星在太阳上映出的斑点大得令人目瞪口呆。正如有人评论的那样:"好像是谁一拳在太阳上打出一个大窟窿。"

⭐ 2000 年 12 月 28 日 16 时 57 分。金星和月球出现在傍晚的天空，真是好看，尤其是此时的金星最为明亮。

⭐ 2000 年 12 月 29 日 16 时 50 分。图片里是我们两个最近的邻居月球和金星，是在上面一张图片过后第 2 天拍摄的。从图片中可以清晰地看出月球每天都在移动。第 3 天晚上，娥眉月出现的位置较为靠上，位于金星的左方。

第 3 明亮的天体。这就意味着，有时候我们在大白天也能看到它，而在夜晚它也有可能像月球那样投下阴影。金星之所以这样明亮是因为它表面覆盖着毛茸茸的白色云朵，这些云朵是由可以致人死亡的二氧化碳组成的，能够把照在它身上的 65% 的阳光反射出去；再一个原因就是，金星比其他任何行星离地球都要近。无怪乎古人把金星称为长庚星（晚星）或启明星（晨星），当然，这取决于人们能够什么时候看到它。但是，只要人们能看到它，它自然是当之无愧的。

在极少数情况下，我们可以看到（要做好防护措施）金星正在从太阳面前经过。这种所谓的"凌日"（transit）现象每隔 100 多年才结对发生一次。上一次的凌日现象发生于 2004 年 6 月 8 日，这一对的后一次出现在 2012 年 6 月 6 日。如果你错过了这次，那么你就只好等到 2117 年 11 月 11 日了！

地球

我们的行星围绕太阳公转，两者之间的距离需要你步行 2123 年或者驾车以 90 千米/小时的速度行驶 193 年。我们有一颗天然的卫星也就是月球，它正非常缓慢地按照螺旋轨道离我们而去，速度为每 2.8 万年 1.5 千米。这就意味着，将来它会看起来更小，直到有一天日全食不再形成，

直径	12756 千米
与太阳平均距离	1.496 亿千米
公转周期（1 地球年）	365.25 天
自转周期（1 地球天）	23 小时 56 分 4 秒
等级	体积第 5 位
外观	70% 被水覆盖，因此是个蔚蓝的世界

到目前为止，只有很少人亲眼目睹过地相（图片中为半地相），也就是说，很少人曾经到过月球。这张图片来自"阿波罗 10 号"名叫查理·布朗的指挥舱，是一个名叫史努比的月球着陆器在 1969 年 5 月处于月球轨道时拍摄的。但可能的情况是，在 20 世纪 70 年代早期，美国国家航空航天局可能执行过几次秘密的登月任务。这就意味着有更多的人登上过月球，目睹了地相这一神奇的现象。地球沿着独特的轨道绕太阳公转；如果我们离太阳过近，就会感到太热；如果离太阳过远，就会太冷。这是一条所谓的"宜居地带"，意味着我们拥有适宜的大气层和液态水，所有这一切都有利于生命的诞生。

☆ 1972年12月7日"阿波罗17号"拍到的地球。这是我们第1次从太空中看到地球的南极。（左图）

☆ 从月球轨道拍摄到的凸地相。（右图）

因为那时月球已不够大，不能完全遮盖住太阳的大圆盘。如果没有火箭的话，将来那一天可真是个不幸的日子。

地球的大气层大约 78% 是氮气，氧气占 21%。

火星

火星曾给我们带来无限的遐思，这里有很多原因：火星具有非常鲜艳的红色，天文学家在火星表面标示出了运河状条纹，H.G. 威尔斯写过《星际大战》，还有近年来人们在研究、寻找火星上"消失"的海洋。

直径	6787 千米
与太阳平均距离	2.279 亿千米
公转周期（1 火星年）	686.9 天
自转周期（1 火星天）	24 小时 37 分 23 秒
等级	体积第 7 位
外观	红锈色

1994 年有一项广为报道的研究，内容是说在南极发现了一颗陨石，名字非常好听，叫作 ALH84001。根据一些人的观点，这颗陨石来自于火星，上面带有变成化石的

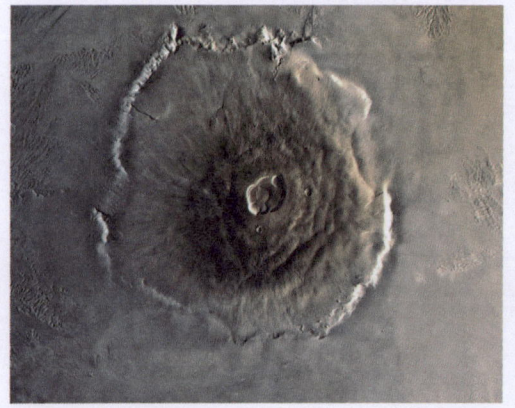

☆ 奥林匹斯山是火星上巨大的火山，高为 25 千米，底部直径 600 千米。那里并非一个安静的世界，最近的迹象表明，它有低度活动存在。

☆ 在 1980 年火星夏季期间，"海盗号"执行探测火星的使命。图中显示的是从 2500 千米高空看到的火星的球形全貌。

细菌生物。但是，自那时候起，其他一些报道则对这种所谓的火星生物"证据"表示了怀疑。随着现在对火星探险活动的展开，将来有一天我们终将会知道真相，看看我们这个红色的行星邻居上面到底有没有生命存在。

火星有一层薄薄的大气，在火星表面，气流卷起红锈色的火星尘埃，它们被吹浮起来就像沙尘暴一样。

☆这是一张火星的图片，图中较暗的V字形轮廓是大流沙。当火星与地球在各自公转轨道运行得比较靠近时，这一火星地貌特征清晰可见。

火星可以运行得离地球比较近，距地球5570万千米，也可能离开很远，为4亿千米。这里同样也需要考虑到火星公转轨道的椭圆性。在2003年8月27日那天，火星运行到离我们最近，这可是近6万年以来的第一次！这使得它看上去是极为明亮的天体。通常而言，每过18个月左右，地球就会赶上并超过火星，此时这个红色的世界就变成了天空中第二明亮的行星（排在金星之后）。

小行星

在火星与木星的公转轨道之间有很多太空岩石，它们被称为小行星，这就是主小行星带。有关它们形成的一个理论认为，这里之所以没能形成一颗行星，是因为受到附近木星强大引力的影响。

谷神星是这个主要地带最大的小行星，直径为940千米，也是1801年人们发现的

☆这张图片捕获的是小行星艾达。1993年8月28日星期六，"伽利略号"探测器在飞往木星的途中抓拍到这张图片。这颗小行星体积是56千米×42千米×21千米。我们首次发现它拥有卫星，这颗卫星名叫戴克泰，是一颗1.4千米见方的圆形鹅卵石。

☆爱神星是一颗形状奇怪的小行星，体积为33千米×13千米×13千米。在2001年2月12日星期一，这颗小行星迎来了历史上第一个来自地球的访客——NEAR。NEAR探测器环绕轨道近距离研究爱神星，一年多之后在它上面着陆。

第1颗小行星。随后发现了智神星、婚神星，以及最亮的小行星灶神星。在这些小行星中，有些是以地球上的普通人名来命名的，如希尔达、阿尔伯特和索拉；有些甚至是以摇滚歌星的名字命名的，包括恩雅、克莱普顿、泽帕和雅尔。

有一颗小行星你经常可以用肉眼看到，即灶神星。它看起来就像一颗暗弱的星星，因此你需要在比较清澈的夜晚才能看到它，但这也是挑战。

木星

木星是太阳系最大的行星，也是第一颗气体巨人。谁知道木星有多少颗卫星？它那巨大的引力意味着它可能有几百颗卫星！它的绝大多数卫星都极其微小，因此我们不可能搞清其真实的数量。木星还有著名的大红斑，这是一个已经持续了300年的木星风暴。木星大红斑很大，能够把两个地球装到里面去。

木星非常大，能够反射很多太阳光，因此，有时候它看上去确实是一颗很亮的星星。你需要使用望远镜才能观测到木星著名的大气带和大红斑，只需要简易的双目镜就能看到4个小点点，它们是木星的4颗主要卫星。

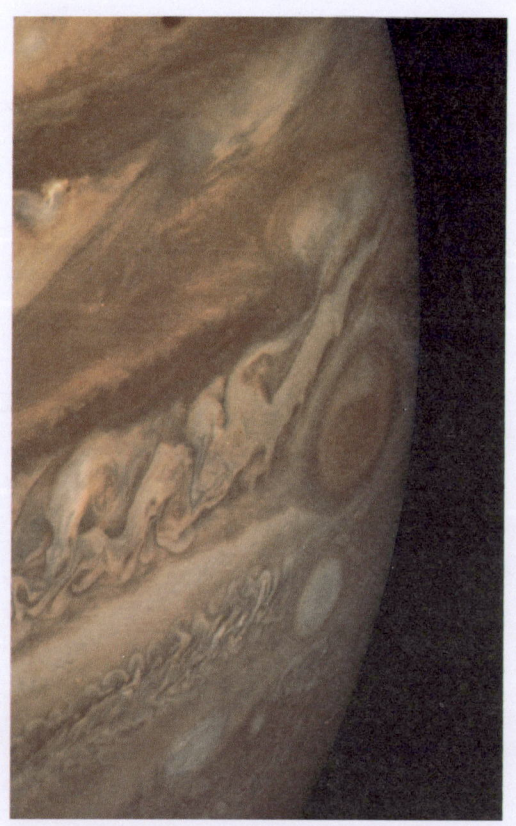
☆ 1979年6月29日，"旅行者2号"探测器从900万千米的高空拍摄到的木星图片。

☆ 1979年2月期间，"旅行者1号"探测器拍摄到的木星大红斑的近距离图片。图片中显示了大红斑风暴的复杂细节。

土星

人们把第二大行星的称号送给土星这颗带有光环的行星！实际上，所有这4颗气体行星木星、土星、天王星和海王星都带有光环。正是光环使得土星比较明亮，而且它有好多个光环。土星因为是由气体构成的，所以极其轻飘。如果有个足够大的浴缸，而且里面能灌满足量的水，你会发现，土星在里面会漂浮起来！

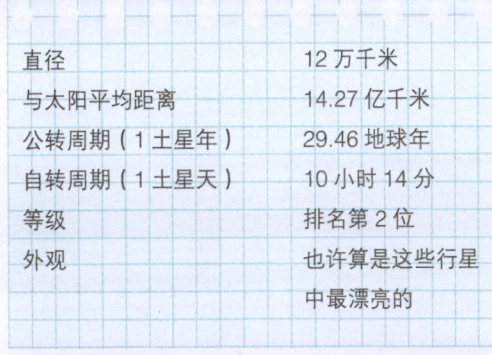

直径	12万千米
与太阳平均距离	14.27亿千米
公转周期（1土星年）	29.46地球年
自转周期（1土星天）	10小时14分
等级	排名第2位
外观	也许算是这些行星中最漂亮的

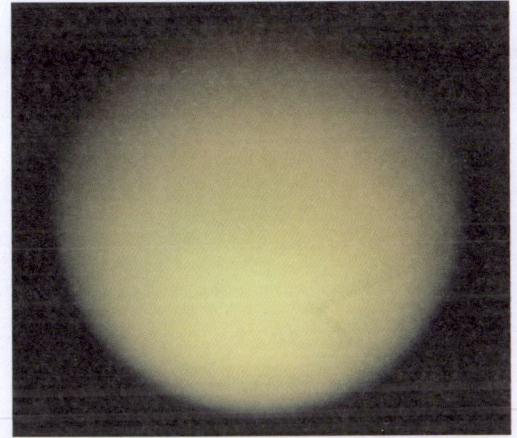

☆这是土卫六，土星最大的卫星，是2005年2月15日"卡西尼号"探测器从距离22.9万千米的远处拍摄到的图片。这大体上是你从探测器窗口看到的景象：一个由化学烟雾笼罩的微小世界。

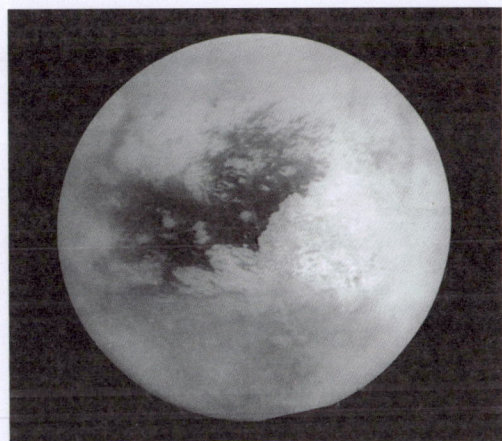

☆现在通过特殊的电脑技术处理，我们可以除掉前一张图片里的烟雾，揭示出以前未曾见过的土卫六表面。事实上，这张图片是由"卡西尼号"探测器拍摄的16张图片拼合而成的。

☆这张神奇的土星图片是由126张黏接在一起的图片合成的。2004年10月6日，"卡西尼号"探测器花了两个多小时才完成这些图片的拍摄。

土星的光环是由冰冷的岩石微粒构成的。这些微粒有的小到像沙粒，有的大如一栋房子，它们就像一颗颗小小的卫星绕着土星转动。

同木星一样，土星也是个相当大的天体。当土星与地球同时处于适当的位置时，它看起来非常明亮。你需要一架望远镜来观测土星的光环和卫星，因为双目镜不够强大。

天王星

这颗行星是人们第一次使用望远镜发现的。荣誉应当归功于威廉·赫歇耳，是他在1781年3月13日发现的。虽然此前很多人都看到过这颗星星，但是没有人知

直径	51118 千米
与太阳平均距离	28.71 亿千米
公转周期（1天王星年）	84.01 地球年
自转周期（1天王星天）	16 小时 58 分
等级	第 3 位
外观	只不过是了无生气、浅绿色的一团模糊

☆ 1986年1月25日，当"旅行者2号"探测器动身飞往海王星的时候，最后一次拍摄到的天王星图片。这张天王星图片比天王星被太阳光全部照亮时要有趣得多，因为它全亮时是呈蓝色或绿色的球体，毫无特色。

道它究竟是什么天体。为了纪念英国国王乔治三世，赫歇耳最初把这个新天体命名为"乔治亚行星"，但是人们最终接受了"天王星"（Uranus，最早的至上神和天的化身，大地女神的儿子和配偶，提坦神的父亲）这个更为经典的名字。天王星最独特的地方在于它的轴心非常倾斜，以至于整个行星看起来好像在打转，就如同一个圆球在地面上沿途滚动。

当天王星处于最亮的时候，星等为5.5，肉眼刚好可以看见。这的确具有挑战性，即便对那些能在超级清澈、漆黑的夜空观测的人们来说，也颇不容易。

海王星

海王星是4个气体球形"巨人"中最后和最小的一个，但即便如此，它还是要比地球大54倍。由于海王星离地球非常遥远，所以它是一个暗弱的世界，孤零零地待在太阳系冰冷的边缘。因此，直到1846年人们才认定它，这也就毫不奇怪了，尽管伽利略可能曾在1612年观测过它。

直径	49528 千米
与太阳平均距离	44.97 亿千米
公转周期（1海王星年）	164.79 地球年
自转周期（1海王星天）	17 小时 50 分
等级	第 4 位
外观	蓝色

因为海王星离太阳非常远，因此你需要使用双目镜才能找到它，它的星等只有7.7。

冥王星

冰冷的冥王星离太阳的距离极其遥远，所以人们以地狱之神的名字来给它命名。2006年在捷克举行的国际天文学联合会第26届大会上，冥王星被确认为"矮行星"。冥王星比月球要小，再加上它极其遥远，这就是为什么直到1930年它才被人们发现。

冥王星环绕太阳公转一周需要248.54年。它的运行轨道非常怪异，它每公转一周，其间有20年是在海王星公转轨道的内侧运行的（最近的一次发生在1979～1999）。

观测冥王星：冥王星极其遥远，只有使用高倍望远镜才能在天空发现它那微弱（星等为13.8）的小点儿。如果你生活在任何有灯光污染的城市，那你就不要费神尝试了。

☆这张海王星的图片是"旅行者2号"探测器 于1989年8月24日拍到的。

直径	2 320 千米
与太阳平均距离	59.14 亿千米
公转周期（1冥王星年）	248.54 地球年
自转周期（1冥王星天）	6.3867 天
外观	微红色

☆冥王星至今为止还没有探测器到达过。这张图片是由围绕地球转动的哈勃天文望远镜拍到的。

银 河

在北半球8～12月，或者在南半球4～9月，如果你在晚上遥望夜空，会看到一条由星光构成的微弱的带状物横跨天空，这就是银河。这段时期是观察银河的最佳时期。

银河这一名称来源于古希腊。正如我们所知道的那样，古希腊人相信地球固定在宇宙的中心，太阳、月球和行星都围绕着地球转动。在这些东西背后是一个水晶圆球，星星就附着在圆球上面。故事是这样的：有一天夜晚，朱庇特的妻子朱诺和另外一个可能是当班的人，把朱诺的牛奶弄洒了，溅落在这个布满星星的圆球上——银河就是这样形成的。

后来，直到（可能是）伽利略第一次透过望远镜观察到，这个"模糊的带子"实际上并不是牛奶，而是成千上万颗星星。天文学家威廉·赫歇耳准确地计算出这些星星构成一个大圆盘的形状，而我们就在其中。从我们所处的位置沿着这个圆盘的平面向外看出去，我们周围属于这个圆盘的星星组成了微弱的银河带。你可以想象一下，有很多和你一样高的人坐在田野里，而你坐在正中间，因此，每个人的头部（代表星星）看起来或多或少就像一条直线围绕着你——所有人的头部都处于同一平面上。

因此，我们在夜晚看到的所有这些星星，包括银河，只是一个巨大圆盘形状的星星岛屿的一个极小部分，我们称其为银河系，也就是我们在整个宇宙中的家园。

自银河系被赫歇耳发现之后，人们一直没有停止过对银河系的探索，至今已把银河系的空间范围扩大了约 10 倍。不过，在赫歇耳之后一个多世纪的时间里，人们对银河系结构、轮廓的研究并没有取得太大的进展。直到 1914 年，在美国威尔逊天文台工作的天文学家沙普利才在这方面取得了重大的突破。

☆ 19 世纪设计的北天星图所描绘的银河

当时威尔逊天文台有世界上最大的反射式天文望远镜，即"胡克望远镜"，其口径为 2.54 米。沙普利用它探寻球状星团，并且以一种被称为"造父变星"的脉动变星作为研究对象。

沙普利先后对大约 100 个球状星团进行了观测。他的统计显示，人马座以内有 1/3 的球状星团；以人马座为中心的半个天球分布了 90% 以上的球状星团。沙普利根据这一结果推测，在银河系内，球状星团与恒星一样对称分布。但如果太阳是银河系的中心，那么，地球上人们看到的天空中的球状星团就应该是对称分布，可是观测结果并不与之一致。沙普利猜想可能存在另一种可能，即太阳实际上处于远离银河系中心的地方，这样，地球上人们看到的球状星团才呈现出不对称分布的现象。

沙普利依据上述想法，大胆地把太阳放在偏离银河系中心的地方，那么由球状星团组成的天体系统的中心就是银河系的中心，此中心距太阳约 15000 秒差距（1 秒差距等于 3.26 光年），位于人马座方向。

射电天文学（运用那些巨大的碟形望远镜）发现了银河系的螺旋状结构：从银河系上面往下看，它就像一个旋转的转轮烟火。当然，银河系旋转得没有转轮烟火那样快：银河系自转一周把我们重新带到目前的位置需要花 2.25 亿年——用天文学的术语来说，这被称作一个宇宙年。算了，这个转轮烟火表演可不怎么精彩，但你要知道，有很多东西都在跟着自转——有 2000 亿颗星星绵延长达 10 万光年。

脑海里记住转轮烟火的形象，我们可以想象一下，每个由众多星星组成的螺旋都从中心向外发散。每一个螺旋被称为一个星系旋臂，各自包含几百万颗星星以及大量的尘埃和气体。太阳和地球都位于所谓的猎户座支旋臂（或称"猎户的马刺"）。众所周知，有时候我们也不能十分肯定，猎户座支旋臂究竟算是银河系名副其实的一条支臂，还是从银河系脱落掉的部分）的边缘地带，离银河系中心大约3万光年。

☆我们看到的 NGC4013 是边缘向前的螺旋。假如我们能够径直飞进这个星系，将会看到这个带子上绝大部分恒星和尘埃都是围绕着我们的。与此完全相同的是，银河穿过夜空时看起来就像一条带子。

从我们所在的银河系家园向外看去，如果我们朝人马座和大蝎座方向遥望，会望见银河系的其余部分显得更为明亮；如果我们沿着银河系的平面朝猎户的马刺方向遥望，就会看到它显得更为暗淡。

彗 星

在太空深处存在着某种东西，它正在向太阳系内层飞来。最初它运行得很慢，但是后来速度一点点增加，终于有一天它那燃烧着的轨迹从天空中划过，使得我们这个渺小行星上的人们能够目睹它的身影。

这种东西就是彗星。事实上，天空中有许许多多的彗星，它们是数量最多的天体之一，而且不可预测，在太空中飞来飞去。海尔—波普彗星是近年来最漂亮的彗星，在1997年4～5月的夜空中清晰可见。

当然，最著名的是哈雷彗星，是以17世纪英国天文学家埃德蒙·哈雷爵士的名字命名的。在世界各地的历史上，没有哪颗彗星能像哈雷彗星那样得到那么多人的瞩目，关于它的最早记录是在公元前467年。也许它最为我们熟知的一次回归发生在黑斯廷斯之战期间。那时，它的图案被编织进了巴约挂毯，以此纪念1066年诺曼底公

一起来玩儿吧
游戏中的科学和知识

☆ 一个真正神奇的景象：这是早在1997年4月拍摄到的海尔－波普彗星。

爵威廉征服英国事件。

彗星是天空的定期访问者，历史上各种文明都有关于彗星的记载，但是即使当时最伟大的思想家也不知道它们究竟是什么东西。在古希腊，亚里士多德宣称它们是从地面流出并被带到天空的干热物质。它们遇热就会着火，快速燃烧就会变成流星，慢速燃烧就会变成彗星。但是，从严格意义来说，他这话一点儿也不准确。差不多过了2000年，伽利略的理论也好不到哪里去：他认为，彗星是太阳光在地球大气中折射引起的。

要想找到正确的出发点，我们还得回到埃德蒙·哈雷那里去找答案。1678年哈雷看到过一颗彗星，此后他开始对彗星发生了兴趣，并尽其所能找遍世界各地所有关于出现过彗星的记录。艾萨克·牛顿爵士关于万有引力的定律——就是牛顿与苹果的

☆ 欧洲中世纪描绘的彗星形象经常都是刀剑的形状，这是因为它们通常被认为是带来厄运的使者。但是，忘掉那些不愉快的东西吧，毕竟它们只不过是"长毛"的星星！

那个故事——刚刚发表,哈雷就运用这些定律进行探索。不久,他发现某些彗星看似拥有同一条轨道,而且它们被看到的日期相隔 76 年。这些分别被观测到的彗星有没有可能实际上是同一颗彗星呢?哈雷认为就是如此,他预言 1682 年曾引起世人极大恐慌的大彗星将会在 1758 年重新出现(后来他估计到木星可能影响到它的运动时,把回归的日期推迟到 1759 年)。果真如此,其后也是这样,历史就是这样被他言中了。

⭐ 1456 年在君士坦丁堡上空出现的大彗星

从哈雷的工作我们懂得,有些彗星就像行星那样沿着各自的轨道运行。但是,直到 20 世纪 50 年代,我们才最终知道了彗星是由什么构成的。当时的天文学家弗雷德·惠普尔提出了一个理论,他认为,彗核(彗星的核心)只不过是一个直径大约 10 千米的"脏雪球"。这一理论并没有被普遍接受,但 1986 年哈雷彗星的回归彻底把这一问题弄清楚了。我们派出了一大批航天器从各种各样的距离去拦截哈雷彗星,最接近它的一艘航天器是欧洲航天局的"乔托号"太空探测器。1986 年 3 月 14 日,"乔托号"探测器从距彗核仅 600 千米的地方驶过,它的发现证实了雪球理论。

⭐ 1744 年带有 6 条尾巴的明亮彗星

但是,哈雷彗星看上去更像一个表面凸凹不平的巨大土豆,而不是我们原先预想的圆球形。

随着彗星雪球接近太阳,离彗核较远的雪球外层的冰开始蒸发,剥落了构成彗发的尘埃。彗发是由气体组成的光环,形成彗星明亮的头部。我们可以看到太阳光把这个光环推进至彗星充满尘埃的尾部。更加微弱的是彗星蓝色的尾部,彗

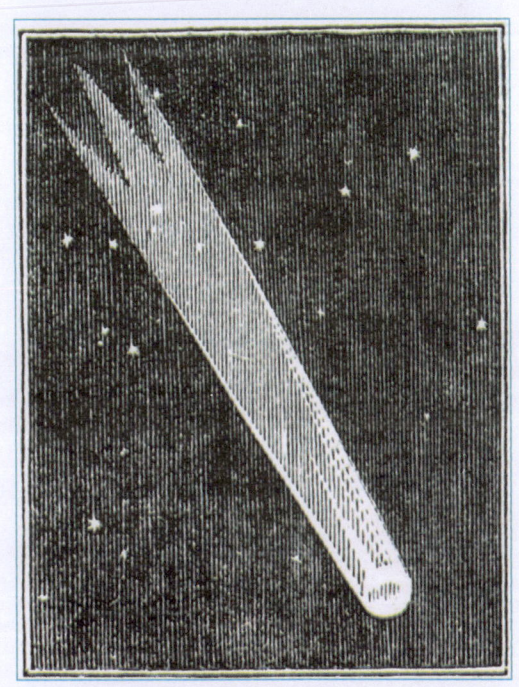
⭐ 19 世纪哈雷彗星的蚀刻画

尾由气体或称等离子体构成，是由太阳风的磁场引起的。来自太阳的等离子体以每秒400～720千米的速度飞速流动。

据说，彗星是太阳系形成过程中的残存物。当太阳最初成形的时候，它把所有较轻的物质都吹拂开去，一直吹拂到冥王星轨道以外非常遥远的地方，形成一个称为欧特云的光环。这样，我们又有了一个理论。在那里存在着1000多亿颗彗星，每一颗都在等着万有引力的触发，一旦被触发，彗星就会朝着太阳方向落去。旅程中速度加快，达到每小时150万千米的时候，彗星就在太阳周围像鞭子一样抽打太阳；此后可能是由于再次受到万有引力的影响，它就会变成一颗周期性彗星，在固定的日期重返天空。另一方面，彗星也可能会飞回太空深处，重新加入到它在欧特云的朋友中间。

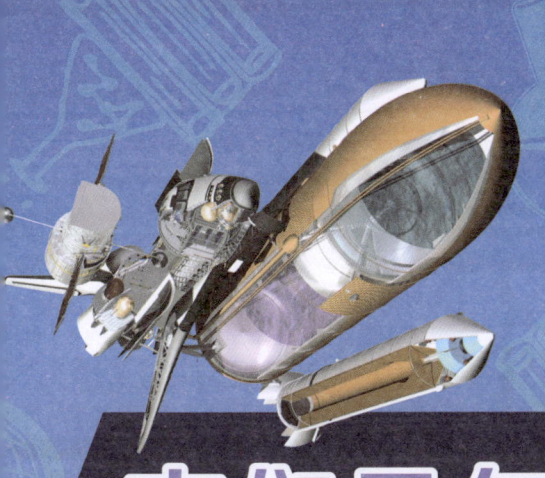

第四章

它们是怎么工作的

航天器"研究所"

最早的太空访客：V-2 火箭

V-2 火箭，又叫 V-2"飞弹"，是第一个大型的远程航天器。它是在 1942 年研发成功的。第二次世界大战之后，V-2 火箭成了第一个到达太空的火箭，但是它从来没有进入过环绕地球运转的轨道。几乎所有的航天火箭都是以 V-2 火箭的设计原理为基础的。

我发现啦！

第一批火箭都是使用火药作为燃料的。最早的火箭是公元 1050 年左右由中国人发明的。第一个使用液体燃料的火箭由美国最早的火箭发动机发明家罗伯特·戈达德于 1926 年发明，它只到达了 12 米的高度。

未来到底会怎样？

美国计划利用卫星网络建立一张"太空盾牌"，用以探测敌军的远程导弹，这样反击导弹就能及时在空中将其拦截。

> 流线型的导弹外形

弹头：导弹整流罩的 3/4 装满了一吨重的阿马托炸药，这是一种由硝酸铵和三硝基甲苯组成的烈性混合炸药。

V-2 火箭发射升空之后，喷嘴正下方的空气舵开始操纵方向。等到 V-2 火箭行进的速度足够快时，火箭尾端所安置的被称为燃气舵的金属板可以改变气流，诱导火箭朝正确的方向前进，也可以用来改变火箭前进的路线。

> 1951 年，V-2 火箭已经达到了 213 千米的高度，创造了当时新的纪录。

✱ 火箭发动机的工作原理

火箭利用了作用力与反作用力这一基本物理原理。当火箭发动机内部的可燃气燃烧爆发出后推力时，产生的反作用力就会将火箭向前推。燃烧需要氧气，但是太空中几乎没有空气，也就因此没有氧气了。火箭会携带液态氧或者一种富含氧气的化学物质，被称为"助燃剂"。

控制系统：早期的 V-2 火箭按照预先设定好的程序自行操纵。后来的火箭则由来自地面的无线电信号进行控制。

燃料箱：火箭的上半部分装有将近 4 吨的混合液体。其中 3/4 是乙醇，这是一种可以充分燃烧的酒精。剩余的 1/4 是水，其作用在于降低燃烧的温度。

第四章
它们是怎么工作的

发射 V-2 火箭

V-2 火箭是从一个特殊的钢铁发射台上发射升空的，该发射台的形状像一个矮桌。该发射台以及所需的其他设备由 30 辆卡车运送到发射地点。发射地点通常隐藏在茂密的森林中。V-2 火箭本身就带有一辆牵引车，长约 15 米，重约 11 吨。负责发射火箭的工作人员要花 90 分钟的时间装配好发射平台，准备 V-2 火箭、燃料以及导航系统，然后点燃具有爆炸性的弹头。

★完成准备工作、准备发射的 V-2 火箭

V-2 火箭的发动机只能运行大约 65 秒，但是这已经是以使 V-2 火箭上升到 80 千米的高度并开始自由飞行。发动机失去动力后会坠落到地面大概离发射地点 300 千米的地方。

燃烧室：燃料通过 1200 多个喷嘴喷入燃烧室内，在这里，燃料借助氧气剧烈燃烧。

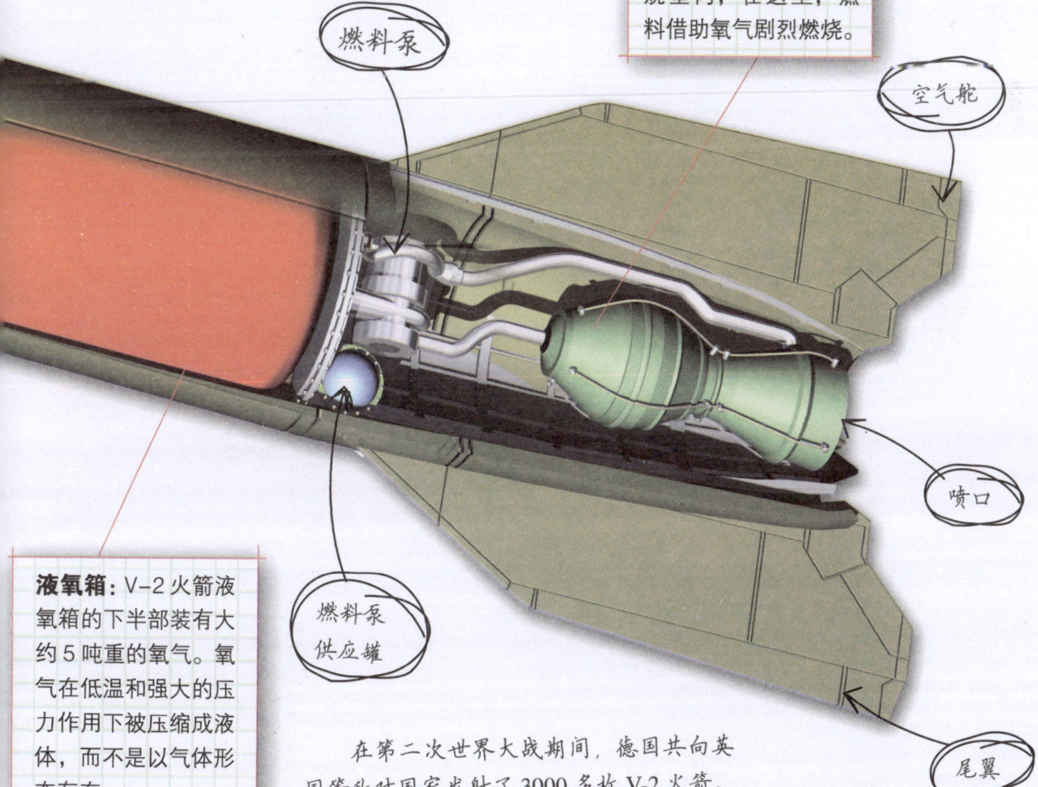

燃料泵

空气舵

喷口

液氧箱：V-2 火箭液氧箱的下半部装有大约 5 吨重的氧气。氧气在低温和强大的压力作用下被压缩成液体，而不是以气体形态存在。

燃料泵供应罐

尾翼

在第二次世界大战期间，德国共向英国等敌对国家发射了 3000 多枚 V-2 火箭。

一起来玩儿吧
游戏中的科学和知识

"斯普特尼克"1号人造地球卫星

1957年10月4日,一则爆炸性的新闻震惊了全世界——苏联用R-7弹道导弹成功发射了世界上第一颗人造地球卫星"斯普特尼克"1号!它正式开启了人类的"太空时代"。"斯普特尼克"1号升空后在轨道中运行了3个多月,围绕地球转了1400多圈,之后就在返回地面的过程中燃烧殆尽了。

我发现啦!

轨道通信卫星不断接收和发出无线电信号,发挥的作用就好比一座极高的天线塔。英国科幻作家兼科学家阿瑟·克拉克于1945年首先提出了通信卫星这一想法。

"斯普特尼克"1号人造地球卫星在电池能量耗尽之前,一共持续发射了22天的信号,运行总里程共计6000万千米。

✷ 轨道的工作原理

轨道,是一个物体——比如卫星围绕行星、月亮或星球——运转的曲形轨迹。轨道是向前运行和向下坠落两种力平衡的结果。在太空中,如果没有其他外力的影响,天体将沿直线一直运行下去。地球的地心引力会产生一种牵引力,让天体绕曲线行进,就像要坠落一样。如果物体的高度和运行速度正好合适,它就会一直保持"坠落"的状态运行,而不会落到地面。

O型环:又称密封圈,是一个环形的接头,位于两个内罩半球之间,它们将卫星密封起来,将其存放在纯净的氮气之中。

电源:这三块电池很小但很沉,重量接近一个成年人的体重。其中两块电池是为无线电发射器提供动力的,还有一块电池为风扇提供动力,风扇用于控制卫星内部的温度。

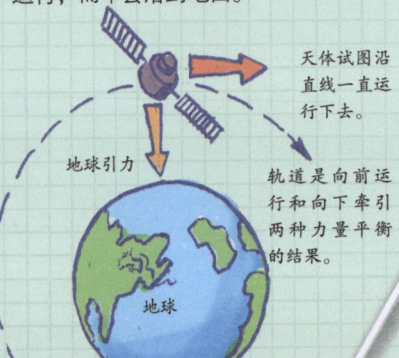

天体试图沿直线一直运行下去。
地球引力
轨道是向前运行和向下牵引两种力量平衡的结果。
地球

"斯普特尼克"1号人造地球卫星发射后的一个月,"斯普特尼克"2号再度进入太空,并载着第一位太空旅客——一条名叫莱卡的狗。

内罩

通风扇

"斯普特尼克"1号人造地球卫星分解图

第四章
它们是怎么工作的

未来到底会怎样？

根据俄罗斯航天局的统计数据，截至 2005 年 4 月，太空中正在运行的卫星有 800 多个。目前，每发射一颗新卫星，都要设计好运行的轨道，以免与其他卫星相撞。

外罩： 两个半球形的卫星外罩是由铝、钛、镁合金制成的，两个外罩由 36 个螺栓接合而成。

"斯普特尼克" 1 号人造地球卫星正式开启了人类的"太空时代"，表明机器乃至人类都可以进入太空，并存活下来。

天线： 4 根天线用来发射无线电信号，都是用钛—镍形状记忆合金制成的，长约 2 米多。

"斯普特尼克" 1 号人造地球卫星的信号发射器重约 3.7 千克。该装置会发射出两组无线电信号，一高一低，每一个持续 0.3 秒。

内罩

抗热外罩

"斯普特尼克" 1 号人造地球卫星由苏联发射，也就是现在的俄罗斯及其相邻的国家，在当时的苏联哈萨克斯坦共和国草原升空。当时，苏联的最大竞争对手美国对此非常震惊，一些美国人甚至认为这条新闻是一个恶作剧。

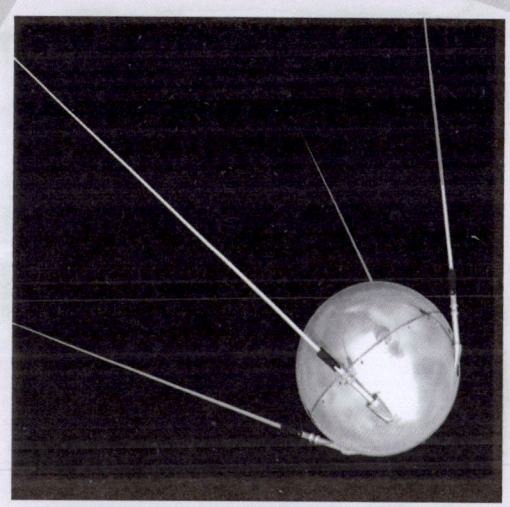

"斯普特尼克" 1 号人造地球卫星重约 84 千克，直径 58 厘米——大小跟一个大号沙滩排球相当。

✷ 什么是逃逸速度？

如果我们要将航天器发射到高空中，地球的引力很快就会将它拉回到地面。目前，火箭是唯一一种能够提供足够动力的发动机，可以让航天器摆脱地球的引力，并进入太空。在地面上，物体的运动速度达到 7.9 千米/秒时，它所产生的离心力恰好与地球对它的引力相等，可以绕地球运行，这个速度被称为环绕速度。而当地表物体的运动速度达到 11.2 千米/秒时，就能摆脱地球引力，绕太阳运行，这个速度叫逃逸速度。

R-7 火箭发射时，将"斯普特尼克" 1 号人造地球卫星放在整流罩中。

"东方"1号飞船

第一个进入太空的地球人是苏联宇航员尤里·阿列克谢耶维奇·加加林。1961年4月12日,加加林乘坐"东方"1号宇宙飞船完成了史无前例的宇宙飞行任务,这使得加加林成为英雄,并开启了人类载人飞行的新时代。

我发现啦!

早在1903年,俄国科学家康斯坦丁·E·齐奥尔科夫斯基就预言人类利用火箭就能进入太空,认为人类有朝一日可能会在太空中旅行。那个时代的人们都认为他一定是疯了!

太空舱门:当宇航员进入宇宙飞船之后,太空舱门就会封闭起来。等到加加林重返大气层返回地面时,太空舱门会打开,让他带着降落伞跳伞。

返回舱:返回舱是宇宙飞船中装载着宇航员的球形部分,最后整个飞船只有返回舱回到地球。

观察窗:观察孔是一个观测镜,像一个固定的窗口,观察孔用来帮助将飞船定位在正确的位置和角度,利于飞船重返地球。

弹射座椅:以火药为动力的弹射座椅将宇航员加加林弹出机舱,然后张开降落伞使其能够安全降落。

✱ 飞船怎样重返大气层

宇宙飞船返回地面的任务风险最大的部分是重返大气层,这个时候宇宙飞船从真空区返回,进入到下面的地球大气层中。当飞船的速度达到每秒10千米的时候,会与稠密的大气发生剧烈的摩擦,这会导致飞船温度骤然上升,变得格外炽热。因此,宇宙飞船表面会涂上一层特制的涂料,来保护船体,避免因摩擦生热而燃烧。关键在于飞船要以适当的角度进入大气层,如果冲进大气层的角度太陡,会导致飞船过热而焚毁。

第四章
它们是怎么工作的

远程天线

隔热罩

压缩气瓶：球形的压缩气瓶内装有氮气和氧气，供宇航员加加林呼吸使用，此外还可为宇宙飞船的定位推进器提供动力。

仪器舱

制动火箭发动机

"东方" 1 号飞船宽 2.4 米，重 4.7 吨。

加加林在"东方"1号飞船里面。

安全返回

在"东方"1号飞船大获成功的第一篇新闻报道中，负责小组加加林已经随飞船一起着陆了。之后，他们又承认说在距地面 7000 米高度时，加加林和座椅一起从飞船中被弹射了出去。他和飞船分别借助降落伞从空中飘下来。着陆点在偏远的俄罗斯郊区。当地的一位农民及其女儿看到了一个身穿明亮橘红色"外套"（宇航服）和巨大白色头盔的人，他们还以为加加林是一位外星人！

加加林起初接受的是飞行员训练，当他进行第一次太空旅行时，才 27 岁。遗憾的是，1968 年 3 月 27 日，在一次例行训练飞行中，加加林因一架双座喷气式飞机坠毁而罹难。

天线：无线电信号在飞船和地球之间传送。当"东方"1号飞船进入预定轨道的时候，地面的工作人员听到加加林在吹口哨，吹的是一首著名的俄罗斯歌曲。

一起来玩儿吧
游戏中的科学和知识

"土星"5号火箭

美国的"土星"5号火箭，是目前世界上使用过的最大、最重，也是推力最强的运载火箭。它将阿波罗计划中的宇航员送上了月球，开始了人类首次登月的太空征程。从1969年11月的首次阿波罗试验飞行，到1973年5月的最后一次离地升空，使用"土星"5号火箭的13次航天飞行全部成功。

我发现啦！

"阿波罗"13号很不幸，因为服务舱液氧箱爆炸，严重损坏了航天器，氧气和电力大量损失，从而中止了登月任务。三位宇航员用登月舱作为太空中的救生艇，并成功地返回地球大气层。

未来到底会怎样？

人类还会重返月球吗？美国计划在2015年至2020年期间再次将宇航员送上月球。

1973年，最后的"土星"5号只装载了两级火箭引擎，第三级装载了太空实验室的轨道空间站。

第二级：S-II，是"土星"5号的第二级，由北美航空制造，装有五台J-2火箭发动机。高达25米，重约500吨，和第一级一样，直径10米。

苏联的"能源"号运载火箭要比"土星"5号火箭稍稍强大一些，但是它只进行了两次试验性的发射，从来没有正式投入运行。

J-2火箭发动机

第一级：巨大的"土星"5号的底部就是第一级，由波音公司制造。重量达2000余吨（相当于50辆卡车的重量），高达42米。这级火箭上超过2000吨的质量都是推进剂煤油和液氧。

✷ 引力辅助的工作原理

不仅仅是地球具有引力，所有物体都有引力，从小小的大头针到行星、月球和恒星。航天器经常在月球或行星附近飞行，这样一来，引力就会吸引航天器，并改变其运行的方向。在漫长的太空旅行中，这样可以节约燃料和时间。在阿波罗计划的历次任务中，计划者考虑到了月球引力的因素。月球的引力相当于地球引力的1/6。航天器要向着月球的侧面运行，就好像从月球旁边经过一样。之后，借助月球的引力将飞行器拉入正确的轨道。

F-1火箭发动机：在第一级脱落之前，五台F-1火箭发动机将所有三级"土星"5号火箭推至60千米之上。

三个试验用的"土星"5号火箭分别陈列在位于休斯敦的美国航空航天局约翰逊太空中心，位于美国佛罗里达州卡纳维拉尔角的肯尼迪航天中心，以及位于汉斯维尔的大卫森中心。

第四章
它们是怎么工作的

探月舱：两个宇航员要转移到探月舱，以登陆到月球的表面。探月舱在接下来的几天中就是他们的基地，当他们返回到指挥舱时，会将探月舱的下半部分留下。

服务舱：服务舱中装有水、空气、其他一些生活装备物资、电池、无线电和科学设备，还有一个小火箭。这个小火箭直到重返大气层回到地球之前一直都是与指挥舱连在一起的。

第三级火箭：是由道格拉斯飞行器公司制造的火箭级，高17.8米，宽为6.6米。在第三级火箭中使用一台J-2发动机（与第二级火箭中的发动机一样）。

指挥舱：在每次"阿波罗"任务中，都有三个宇航员。其中两个宇航员登陆到月球，另外一个留在指挥舱当中，绕月飞行。最后，三位宇航员都坐在指挥舱里返回地球。

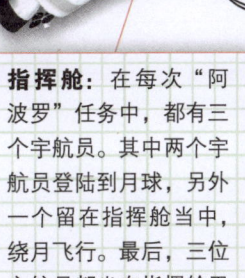

发射救生塔

"土星"5号火箭高110.6米，仅仅比伦敦的圣保罗大教堂矮0.5米。

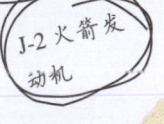

J-2火箭发动机

✵ 降落在海上

苏联在宇宙飞船返回地球时采用的是降落伞着陆的方法，美国的宇宙飞船则是降落到海里。美国的任务管制员通过无线电跟踪"阿波罗"号飞船的指挥舱返航，然后派喷气式战斗机追随它。当指挥舱降落到海上后，直升机就放下潜水员，潜入海中。潜水员备有漂浮装置，像一个大型的橡胶圈，这样一来，指挥舱就不会下沉。

在发射升空时，"土星"5号火箭的重量超过了3000吨，比满载的大型喷气机要重7倍多。

"阿波罗"号飞船的指挥舱最终降落到了海面上。

"先驱者"11号探测器

太空探测器是不载人的航天器，由来自地面的无线电信号远程操控。1972年3月2日，"先驱者"10号在美国发射升空。1973年4月5日，美国又发射了"先驱者"11号探测器。这对孪生探测器都是人类派往银河系的大使，它们在途中拍摄了许多照片，而且现在仍然在以令人难以置信的速度飞向未知的深邃的宇宙。

我发现啦！

"先驱者"11号太空探测器发射之后，任务管制员意识到可以利用木星的强大引力去改变探测器的轨道，这样一来，"先驱者"11号探测器就能在"旅行者"1号和2号之前到达土星。

1979年9月1日，"先驱者"11号从距土星34000千米的地方掠过，第一次拍摄到了土星的照片。

在"先驱者"11号探测器发送回来的照片中发现，土星的光环看起来很暗。然而，从地球上看，土星光环显得非常明亮。

碟形天线：这个形状像碗碟一样的天线直径2.74米，指向地球，发送并接收无线电信号。

小行星－流星体探测传感器

✳ 旋转稳定的工作原理

在航天器飞往宇宙的途中，不可避免地会撞到小陨石等颗粒物，并会因此开始摇摆、震颤，变得不稳定。这也是为什么许多卫星和探测器都被设计为采用旋转的方式，以保持其在运行时的稳定，这被称为"旋转稳定"。此外，旋转还能将太阳光照射积聚的热量散发出去，否则航天器面对太阳的一面会变得过于灼热。"先驱者"11号约每12秒旋转一周，但是会一直保持其碟形天线背对着地球。

分离环

旋转控制器：三对小型火箭助推器控制着"先驱者"11号探测器的旋转方向和速度。

第四章
它们是怎么工作的

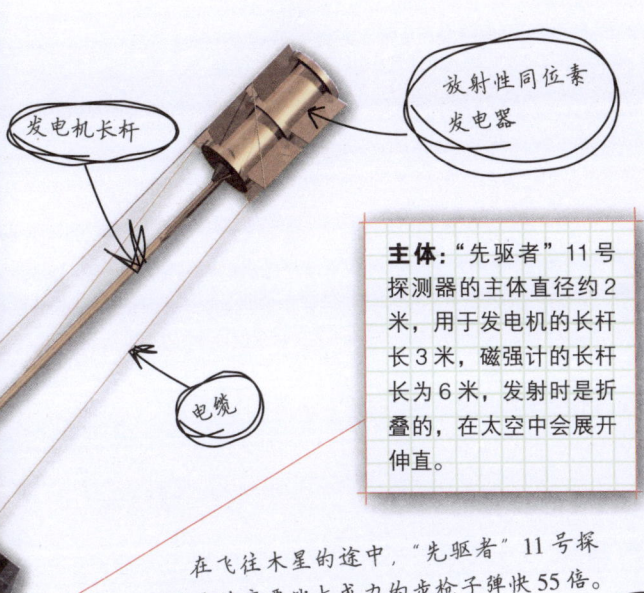

发电机长杆

放射性同位素发电器

电缆

1995年，美国国家航空航天局与"先驱者"11号探测器失去了联系。现在，"先驱者"11号探测器正在飞往天鹰座（星群）的途中。它大约在400万年以后才会到达那里。

主体："先驱者"11号探测器的主体直径约2米，用于发电机的长杆长3米，磁强计的长杆长为6米，发射时是折叠的，在太空中会展开伸直。

磁强计：行星的自然磁场为人们揭示其结构提供了一定的线索。磁强计必须置于长长的机臂（长杆）上，远离探测器的主体，以避免受到探测器电子设备和磁性设备的干扰。

在飞往木星的途中，"先驱者"11号探测器的速度要比大威力的步枪子弹快55倍。这是受到木星引力吸引的结果。

磁强计长杆

当"先驱者"11号探测器经过土星时，其发出的无线电信号要花1个多小时才能到达地球。

散热窗：当探测器内部的电子设备温度过高时，这些狭缝上的外罩可以旋转并拧开，以便散热。

宇宙射线望远镜：是"先驱者"11号探测器众多设备中的一个。借助宇宙射线望远镜可以看到在宇宙中穿行的强大宇宙射线。

✳ 外太空真的有其他生命存在吗？

"先驱者"10号和"先驱者"11号探测器都携带了一块镀金铝板，宽约23厘米。上面刻有图案，描绘的是一个男人和一个女人，还画出了太阳系，图片底部还有一份示意图，标明了地球在众多星球之间的位置。"先驱者"号探测器会一直保持运行，除非它们撞到某个卫星、小行星或者陨石等。外星人有可能发现这两个探测器，看到镀金铝板，并因此来探访地球。

一起来玩儿吧 | 游戏中的科学和知识

穿梭太空的航天飞机

第一架航天飞机于1981年发射，2011年全部退役，共执行了135次飞行任务。航天飞机主要包括轨道飞行器、两个高大的火箭助推器以及一个巨大的燃料外储箱。它为人类自由进出太空提供了很好的工具，而且可以重复利用，大大降低了航天活动的费用，是航天史上的一个重要里程碑。

我发现啦！

航天飞机的火箭助推器能够提供2/3以上的推动力。当火箭助推器分离或往下脱落时，为了防止它们撞到轨道器，要使用16个非常小的火箭将它们推开。

飞行甲板：像一架大型的普通飞机一样，轨道器的前部有两个座位，分别是任务指挥员和飞行员的专座。

货舱：这个巨大的区域用来装载卫星、太空望远镜和其他设备，长18米，宽5米，空间宽敞得足够装载12辆私家轿车。

回收利用对于我们人类和我们的地球都大有益处，而美国的航天飞机大部分部件都是可回收、可重复使用的。

货舱门

装在货舱中的哈勃太空望远镜

✳ 火箭助推器工作原理

火箭助推器是额外的火箭，为航天飞机垂直起飞、飞出大气层进入轨道等其他活动提供额外的推力。航天飞机有两个固体火箭助推器。当其燃料耗尽的时候，会引爆螺栓，让它们在45千米的高空与航天飞机分离。前锥段里的降落伞系统启动，降落在大西洋上，空的火箭外壳在降落伞的保护下回到地面，可回收重复使用。任务完成后，轨道器重返地球大气层时会像一个巨大的滑翔机俯冲下来，着陆在跑道上。

主引擎：航天飞机有三个RS-24主引擎，它们可以稍稍旋转，指引推力的方向并操控机身。

在发射平台上，航天飞机的整个组成部分高56米，起飞重量令人难以置信——总计2000多吨。

第四章
它们是怎么工作的

未来到底会怎样？

在航天飞机退役之后，美国研发了一种名为"战神"1号的两级火箭，旨在将新一代载人航天器"猎户座"号飞船送入太空。

美国的航天飞机共有六架轨道器："企业"号（仅用于着陆测试）、"发现"号、"亚特兰蒂斯"号、"奋进"号、"挑战者"号（1986年1月28日发射升空后爆炸）和"哥伦比亚"号（2003年返航时失事）。

双层舱壁

燃料舱：燃料舱高45.6米，宽8.4米。它为轨道器的三个主发动机提供燃料。在起飞时，燃料舱重755吨，发射升空9分钟之后从轨道器上脱离。

航天飞机的发射和着陆返航一般是在美国佛里达州的肯尼迪航天中心完成。在糟糕的天气情况下，航天飞机的轨道器可以在位于美国西部加利福尼亚州的爱德华兹空军基地着陆。之后，将由一架波音747客机以背驮式的运输方式，飞越3500千米，运回佛罗里达州。

液体燃料

太空漫步

在航天飞机轨道器内，宇航员可以身着普通的衣物。但是要走出太空舱时，他们必须穿上宇航服。宇航服可以提供氧气用于呼吸，还可以避免阳光剧烈的照射，抵御阴暗处的寒冷，并防止宇宙微尘对宇航员的伤害。

火箭助推器：全称为固体火箭助推器，高45.6米，重约590吨。在发射升空2分钟之后便与轨道器分离。

航天飞机宇航服由三个主要部分组成：活衬里、压力容器和基础性的生命保障系统。

船与潜艇的工作密码

水上利器：水翼艇

凭借船体底部支架上安装的水翼所提供的浮力，水翼艇就能在水面上"飞行"。当船的速度逐渐加快时，水翼就会产生向上的浮力，使得水翼升高，上面的船体也会随之被抬离水面。这样就大大减少了船只在水中航行时的阻力或摩擦力。

我发现啦！

水翼艇的发展经历了数个阶段，饱含着几代科学家和工程师共同的心血，包括英国船舶工程师约翰·桑尼克罗夫特、电话的发明者亚历山大·贝尔和意大利发明家恩里克·弗尔拉尼尼。

未来到底会怎样？

工程师们一直致力于新型水翼的设计，比如智能水翼，这种水翼能够根据行驶速度改变自身的曲线形状。

水翼坐艇就像是由快艇牵引的大型滑水橇上的一把椅子，在水面上"飞行"。

栏杆

舱壁

螺旋桨： 一个螺旋桨转动得比另一个螺旋桨要快，以此为船掌舵。

驱动轴： 这个长的驱动轴延伸到船体下面很深的地方，所以当船体被明显抬离水面时，螺旋桨仍然位于水中。

支架： 船身底部的支架非常薄，前后边缘都很尖锐，这样能够减少水的阻力。在一些水翼艇上，支架可以向左或向右旋转，发挥着和船舵一样的作用。

✱ 易于驾驶的航程

在很多地区，商用水翼艇的速度可以与渡轮相媲美。它们能够平稳而快速地航行，在湖泊、江河、水库、海湾，以及受保护的近海海域中驾驶起来都非常便利。跟其他的高速舰艇技术相比，水翼船的主要优点是能够在较为恶劣的情况下航行，例如大风浪中，船身的颠簸较少。

水翼艇的工作原理

从侧面看,水翼的形状是弯曲的,与气翼类似。水翼上表面的弯曲程度比下表面的大。因此,当水流经水翼的时候,从上方流过时的速度肯定大于从下方流过的速度。水流过的速度越快,意味着水产生的压力越小。因此,水翼上方较低的压力就等同于产生了一个向上的浮力,会将水翼向上"吸",这样就会向上抬升船体,使之浮出水面。由于阻碍消除,船的速度大大提高,行驶更为平稳。

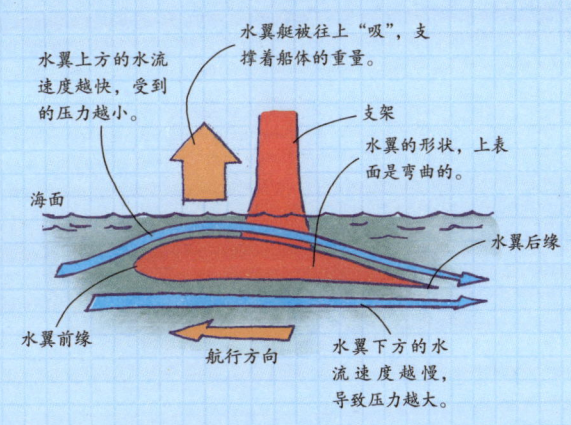

水翼上方的水流速度越快,受到的压力越小。
水翼艇被往上"吸",支撑着船体的重量。
支架
水翼的形状,上表面是弯曲的。
海面
水翼后缘
水翼前缘
航行方向
水翼下方的水流速度越慢,导致压力越大。

一些冲浪爱好者将冲浪板和水翼安装在一起,以在驶离海岸在大海中航行时应对汹涌的波涛和海浪。

发动机: 大部分商用水翼艇会有一个或两个柴油发动机,并安装在船体的下部,以保证船的稳定性和平衡性。

在好莱坞2002年拍摄的007系列电影《谁与争锋》中,一艘壮观的高速水翼艇经过香港到古巴再到伦敦,詹姆斯·邦德也追踪着这艘船绕遍了地球。

至20世纪80年代,水翼艇已被各国广泛用作导弹艇、猎潜艇、高速护卫艇等,排水量多在300吨以下。许多国家正进一步研究建造自控式水翼艇,500吨以上的水翼舰也在探索中。

座位

驾驶桥楼

水翼: 有的水翼呈浅V形,有的则呈倒T或倒U形。其制作材料是坚固结实的金属。

船体: 船体随着船速的增加逐渐上升。其制造材料是一种先进的碳纤维复合材料。

第四章 它们是怎么工作的

.193

商用气垫船

在世界的许多地方，气垫船曾被用于运送乘客和车辆，它们可以在水上起飞，飞到一个坡道上，搭载乘客或卸客。这种气垫船的行驶速度很快，高达100千米/小时，且在风平浪静的天气里航行起来非常平稳。不过，这种气垫船在航行时噪音很大，而且遇到大浪船会颠簸和摇晃得比较厉害。

我发现啦！

早期的气垫船没有船底围裙，因此很容易翻船。1962年，英国著名船舶设计师克里斯多弗·科克莱尔的同事——丹尼斯·布里斯发明了柔韧性很好的多段围裙，解决了气垫船的稳定问题。

未来到底会怎样？

人们将会驾驶一种新式的气垫船在偏僻的沼泽中探险。但即便他们关掉气垫船的发动机，观察那些稀有动物时，也难免会惊扰它们。

控件：气垫船的主要控件包括调整飞行高度的升力油门或控制杆、控制速度的主油门和控制船舵的舵轮。

驾驶桥楼：驾驶桥楼是大型船舶的控制中心，是船长、驾驶员和舵手监察和引航的地方。

雷达

全世界最大的商用气垫船包括法国1977年下水的N500型气垫船和英国的"SR—N4"型气垫船。它们大约重250吨，有50米长，能够搭载400名乘客和50多辆汽车。

俄罗斯的"野牛"级军用气垫船是世界上最大的气垫船，重550吨，比满载的大型喷气式客机还要重150吨。

座位

船底围裙

救生筏气箱

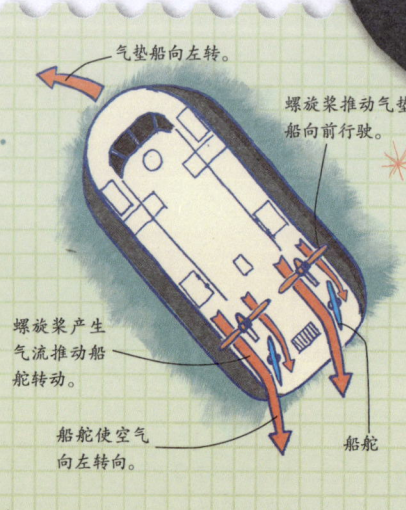

气垫船向左转。
螺旋桨推动气垫船向前行驶。
螺旋桨产生气流推动船舵转动。
船舵使气向左转向。
船舵

气垫船的引航原理

和螺旋桨机一样，气垫船也是由螺旋桨推进的。在一些气垫船上，螺旋桨可在其支架上左右转动，以一定的角度吹动空气，从而控制转弯方向。其他一些气垫船则装有船舵，可以将空气推向一侧，使得气垫船转向。在强风天气中，气垫船很难稳定行驶。

第四章
它们是怎么工作的

气垫船在旅游、探险以及民事救援上也大有作为。气垫船的一个优点是其易于登陆，而旅游岛屿恰恰有多处随意登陆的需求。但旅游岛屿不可能在任何地方都设立码头或泊位。这时候，可利用气垫船的特性，随意在沙滩、滩涂及草地上登陆。

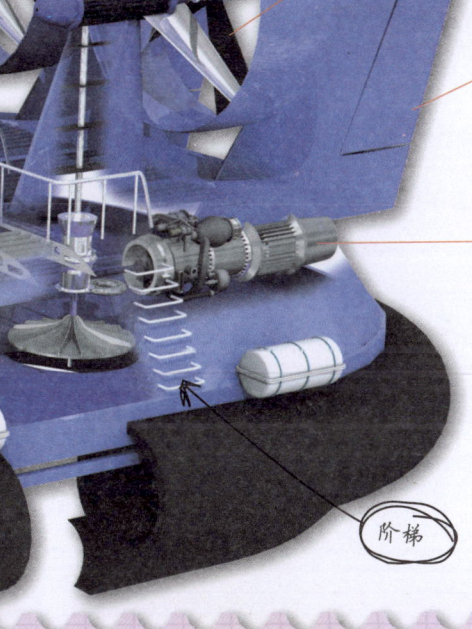

螺旋桨挂架

阶梯

螺旋桨：螺旋桨或推进风扇通常是由先进的复合材料制作而成的，每秒钟可以旋转50多次。

船舵：船舵在螺旋桨的正后方，在这里，它在高速运行的气流中会发挥出最大的效力。

发动机：较小的气垫船可用涡轮增压柴油机推动，大的气垫船则要用燃气轮机推动。

巨型"SR-N4"气垫船于1968年开始执行航海任务，但是，因为不断上涨的燃料成本，到2000年的时候被逐渐淘汰了。

✱ 海上怪物？

地效飞行器被美国人称为"里海怪物"。

地效飞行器是一种介于飞机、船舰和气垫船之间的新型高速飞行器。它既有机翼，也有船身形状的主体。当地效飞行器在水上加速行驶的时候，呈一定角度的机翼就会在机身和下方的水之间形成气垫，使机身升离水面。地效飞行器在距离水面1~6米的高度低空飞行，一旦出现紧急情况，可随时在水面降落。地效飞行器不能升得过高，因为一旦没有了地面效应，两个机翼就不能产生足够的升力。地效飞行器重约500多吨，靠涡轮喷气发动机推动，能以每小时500多千米的速度巡航。

.195

邮轮：航向全球最美丽的角落

邮轮上娱乐设施齐全，从游泳池到电影院，到餐厅到健身房，应有尽有。而且邮轮在海上航行起来非常平稳。对于游客们来说，邮轮就是一座可以移动的度假屋。当邮轮靠岸后，乘客们就下船欣赏风景名胜，船上的工作人员则会迅速地补充船上所需的食物、水、燃料等必需品。

我发现啦！

历史上第一艘以载客为目的的邮轮"维多利亚·路易丝女王"号于1900年始航。这艘邮轮重4400吨，曾经穿越过大西洋和加勒比海，还去过地中海和黑海。1906年，这艘邮轮不幸搁浅，船长深感内疚和自责，开枪自杀。

未来到底会怎样？

将来的巨型游艇上可能会种植一大片草地，就像城市里的公园一样，曲径通幽，四周还有娇艳的花朵和葱郁的树木。

有"海上皇后"美称的"玛丽女王"2号是目前世界上最大、最豪华的邮轮之一，于2003年始航，船重150000吨，长345米，比3个足球场还要大。

雷达天线杆

驾驶桥楼

船首

牵引入港！

一艘大型的船艇要减速并停下来，通常需要行驶好几千米。在这期间，它可能会被海风吹离航向，或者被潮汐和洋流卷离海岸。拖船虽然很小，但是功率很大，可以用拖缆牵引大型船舰入港。拖曳设施包括拖钩、拖柱、系缆绞车等。拖船船长对当地的情况烂熟于心，可以拖着大船一点一点地慢慢移到正确的位置。两艘或更多的拖船可能会一起工作，以便应对突发状况。

一艘大功率的拖船正牵引着邮轮入港。

货舱：船上的储藏品，如淡水和食物，都放在船底货舱里，而且东西必须捆紧或扎牢，以防遇上大浪时到处滚动或掉下船去。将这些物品作为压舱物，可以增加船的稳定性。

第四章 它们是怎么工作的

"玛丽女王"2号可以容纳3000名乘客和1250名工作人员。在一些特别豪华的邮轮上面，船员和工作人员往往比乘客还要多。

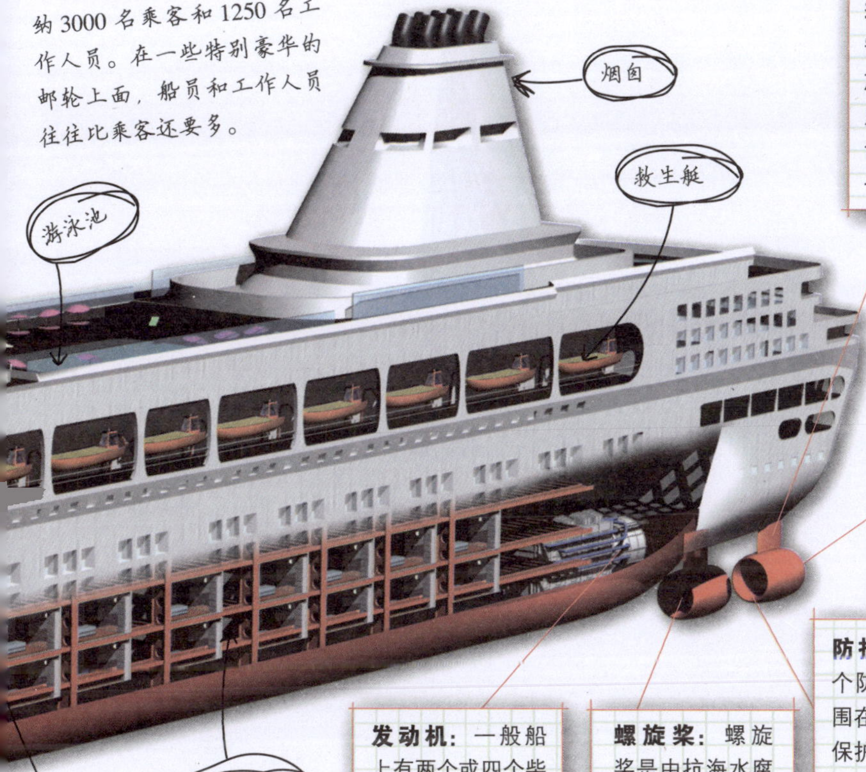

游泳池

烟囱

救生艇

套管：出于防水的需要，推进器中螺旋桨的传动轴需要用套管套住，通过齿轮与发动机连在一起。

方位推进器：这些推进器既能推动船往前运动，也能旋转，产生侧向力操纵船转向，因此，就没有必要使用舵轮了。

船舱窗户

吃水线以下的船舱

发动机：一般船上有两个或四个柴油发动机，放置在船的底部以保持船身的稳定性。

螺旋桨：螺旋桨是由抗海水腐蚀的合金材料制造的。

防护罩：推进器有一个防护罩，呈衣领状，围在螺旋桨的周边，起保护作用，还能控制水的方向，获得额外的推动力。有的推进器设计只有敞开的螺旋桨，而没有防护罩。

有一艘名为"世界"号的邮轮，上面建有公寓楼，你可以购买。当这艘船慢慢地四处航行，或环游世界的时候，你可以在上面住一段时间，也可以永久性地住在上面。

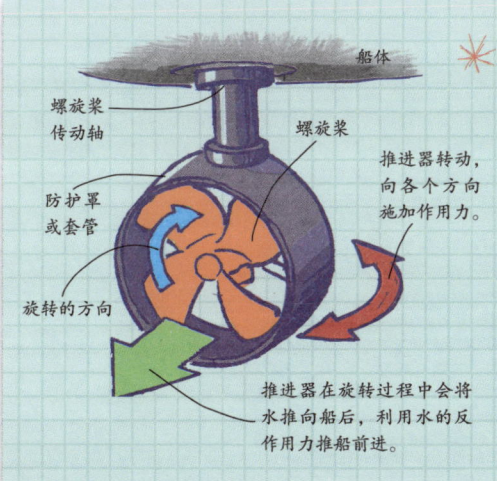

船体
螺旋桨传动轴
螺旋桨
防护罩或套管
旋转的方向
推进器转动，向各个方向施加作用力。
推进器在旋转过程中会将水推向船后，利用水的反作用力推船前进。

✳ 船首推进器的工作原理

巨型邮轮常常要驶入小型的港口或港湾。主船舵在低速行进时根本无法运行，所以就需要船首推进器，作为主要的推进器，或者作为位于船首额外的小型推进器，也有可能在船尾。它们会不停地旋转，产生朝向各个方向的推动力。这样一来，邮轮就可以侧向航行、斜向航行或者向后航行。

.197

海上运输专家：货轮

货船，货轮，或类似的船舶，就是海上不辞辛苦的"运输卡车"。它们纵横驰骋于世界各大海域，装载着各式各样的货物，从车辆到电视，到食物到鲜花。一旦货轮到达港口，就要马上卸载货物，然后装满其他的货物，并再一次起航。全球贸易都是大生意，时间就是金钱，容不得片刻耽搁。

我发现啦！

2500多年前，在古希腊，起重机就用来为船只装载和卸载货物了。阿基米德发明了一座巨型起重机，它能将敌人的船舰高高地吊起，然后摔下大海。

近海贸易货船是吃水深度很浅的货船，也就是说这种船的船体伸入到水下的部分比较少。这类船可以在浅海域航行，能从岩石和暗礁上顺利驶过，而在这种地方，吃水深度比较深的远洋轮船则可能会搁浅。

桅杆

驾驶桥楼：驾驶桥楼是指挥、操纵船舶的地方，有舵轮、仪表盘等，从仪表盘上可以获得诸如发动机温度、燃油量之类的信息。

船舵

螺旋桨

✲ 螺旋桨的工作原理

螺旋桨就像一个一面旋转一面前进的扭转机翼，当叶片旋转将水向后推时，水产生的反作用力推动船向前运动。这些叶片的设计类似水翼，可以被推着往前运动，也可以被吸着往后运动。发动机上的传动轴或驱动轴连有几套轴承，使得推进器产生的力从螺旋桨传递到船体。

船体：大部分目前正在投入使用的货船船体都是由钢板焊接在一起的，这样是为了保持持久的强度和韧性，此外维修起来也方便。

第四章 它们是怎么工作的

散装货船

散装货船是用以装载无包装的大宗货物的船舶，可能是气体、液体或细小而干燥的固体，如煤炭、矿石、木材、牲畜、谷物等。谷物和粉末状的货物可以用大功率抽风机，通过管道进行装载和卸载，就像真空吸尘器一样，使其在管道中流动起来。更加细碎的货物可以用大型的铲斗或戽斗吊出来。

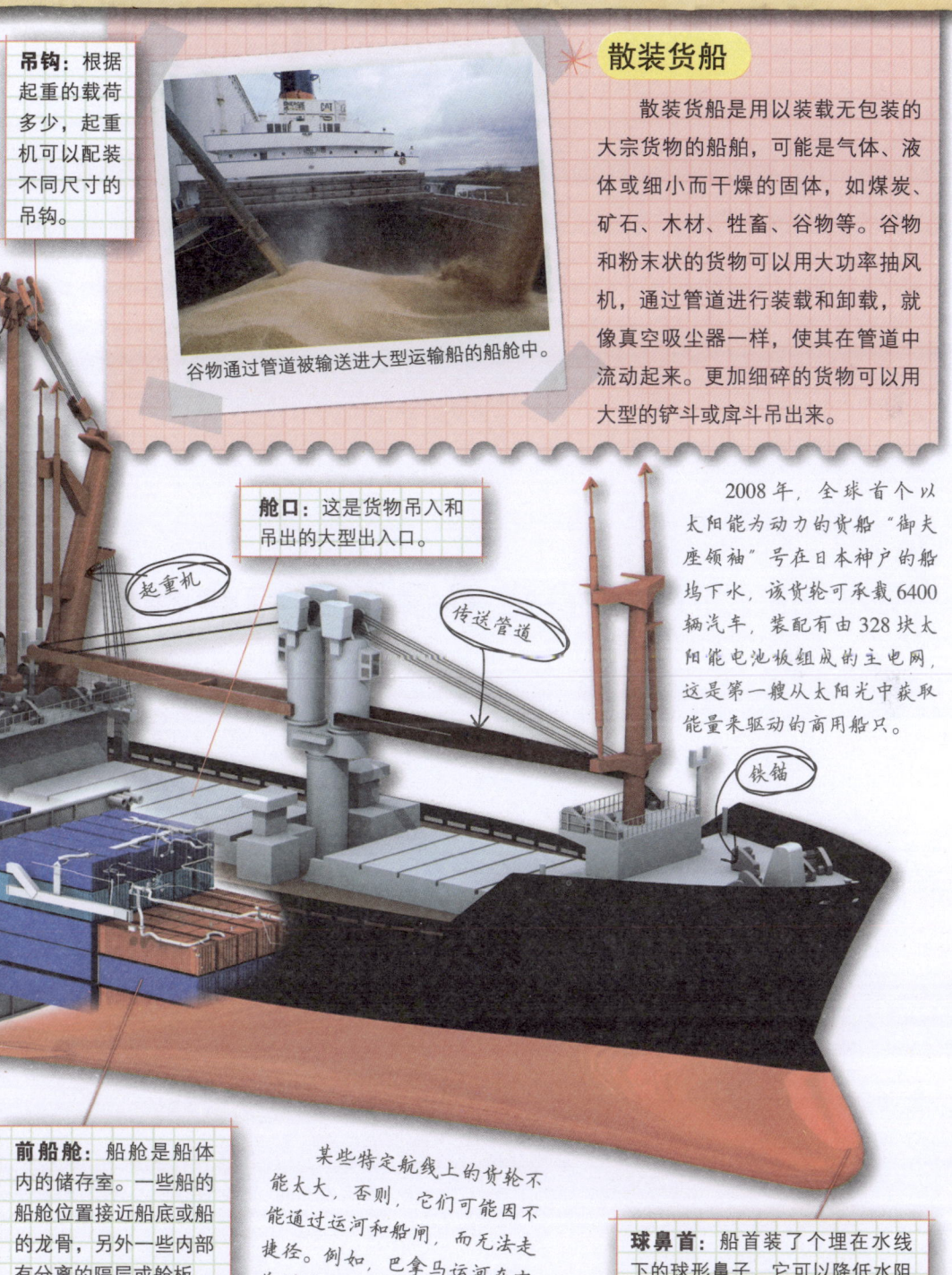

谷物通过管道被输送进大型运输船的船舱中。

吊钩：根据起重的载荷多少，起重机可以配装不同尺寸的吊钩。

舱口：这是货物吊入和吊出的大型出入口。

起重机

传送管道

铁锚

2008年，全球首个以太阳能为动力的货船"御夫座领袖"号在日本神户的船坞下水，该货轮可承载6400辆汽车，装配有由328块太阳能电池板组成的主电网，这是第一艘从太阳光中获取能量来驱动的商用船只。

前船舱：船舱是船体内的储存室。一些船的船舱位置接近船底或船的龙骨，另外一些内部有分离的隔层或舱板。

某些特定航线上的货轮不能太大，否则，它们可能因不能通过运河和船闸，而无法走捷径。例如，巴拿马运河在中美洲的船闸宽度只有33.5米。

球鼻首：船首装了个埋在水线下的球形鼻子，它可以降低水阻力，提高船舶航速，节约燃料。

.199

航空母舰：海上移动堡垒

航空母舰相当于漂浮在海上的空军基地，可供军用飞机起飞和降落。除了运载喷气式飞机和直升飞机之外，船上还有其他武器，如导弹、鱼雷和海雷。此外，它们还在舰队中发挥着指挥中心、控制中心以及通信中心的重要作用。依靠航空母舰，一个国家可在远离其国土的地方，不依赖当地的机场进行作战行动。

我发现啦！

世界上最早驾机从军舰上起飞的是美国飞行员尤金·伊利。他于1910年11月14日驾驶"金鸟"号柯蒂斯双翼机从"伯明翰"号巡洋舰起飞。同时，他也是最早驾机降落在军舰上的飞行员。1911年1月18日，他成功驾机降落在"宾夕法尼亚"号巡洋舰上。

未来到底会怎样？

隐形飞机通过曲面机身、多棱折面和可吸收无线电信号的涂料，可以让雷达信号消散掉。同样的原理，隐形航空母舰也有类似的特征，而且已经通过了测试，在不久的将来就会得到应用。

飞行甲板：飞行甲板的全长超过了3个足球场，最宽的地方有76米。

燃料舱：飞机的喷气燃料要用大型舱室储存。很多航空母舰都是核动力驱动的，所以，它们的钚燃料芯块足以装满一辆小型卡车。

发射跑道

防空火炮

舵

船体："尼米兹级"航空母舰的合金钢船身长300多米，其飞行甲板离水面也有大约20米的高度。

✱ 航空母舰的升降机

机库位于飞行甲板下面，因此，飞机在机库和飞行甲板之间移动需要借助升降机。航母升降机有两种使用方式，一种是固定地从甲板到机库的升降过程，相当于电梯的一层到二层的运输。另一种运行方式，就是它可以停到任何一个高度，以使装卸车实现直接从岸上运至升降机，升降机再运至甲板或机库口，然后再运至储藏室、弹药库等存放。航母舷侧装有将舰载机从机库升到飞行甲板或从飞行甲板送入机库的升降机。飞行甲板上还设有多部连接武器库和飞行甲板的弹药升降机。

航空母舰的飞行甲板是世界上最危险的工作场所之一，因为甲板上充斥着飞机起降的轰鸣声和巨大的气流，那些工作人员每天都在这种恶劣的工作环境下实施复杂的操作，包括准备发射导弹、指挥飞机起落等。

第四章 它们是怎么工作的

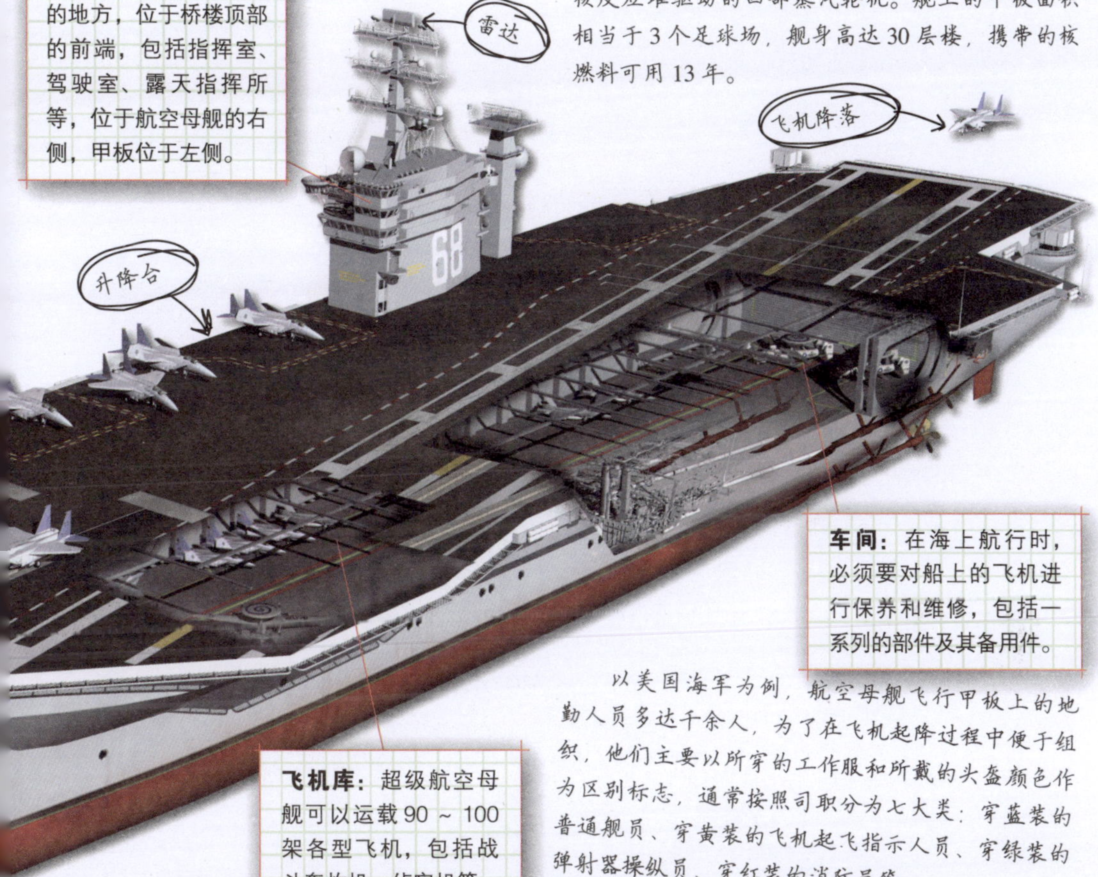

舰桥： 舰桥是航空母舰上操控舰和指挥作战的地方，位于桥楼顶部的前端，包括指挥室、驾驶室、露天指挥所等，位于航空母舰的右侧，甲板位于左侧。

目前世界上排水量最大、现代化程度最高的航空母舰是"尼米兹级"航空母舰，拥有由两个核反应堆驱动的四部蒸汽轮机。舰上的甲板面积相当于3个足球场，舰身高达30层楼，携带的核燃料可用13年。

雷达

飞机降落

升降台

车间： 在海上航行时，必须要对船上的飞机进行保养和维修，包括一系列的部件及其备用件。

飞机库： 超级航空母舰可以运载 90～100 架各型飞机，包括战斗轰炸机、侦察机等。

以美国海军为例，航空母舰飞行甲板上的地勤人员多达千余人，为了在飞机起降过程中便于组织，他们主要以所穿的工作服和所戴的头盔颜色作为区别标志，通常按照司职分为七大类：穿蓝装的普通舰员、穿黄装的飞机起飞指示人员、穿绿装的弹射器操纵员、穿红装的消防员等。

大型的航空母舰上不仅有多达3000人的船务人员，还有3000多人的机务人员，其中包括飞行员和维修工程师。

✳ 雷达的重要性

雷达，即无线电定向和测距系统，和声纳的工作原理非常相似，只是用无线电代替了声波。雷达不仅可以探测到附近的船只、海岸线和海上冰山等类似的危险，也可以捕捉到高空中几百千米以外飞机和其他物体的信息。然而，雷达不能用于海面以下的探测，因为无线电信号在水底的传播非常微弱。

一艘现代化航空母舰上有错综复杂的雷达和无线电杆。

潜艇：深海沉浮的幽灵

潜艇是一种既能在水面航行又能潜入水中某一深度进行机动作战的舰艇。大部分大型潜艇都在军队中服役，它们可以隐身于海底，一连几个星期甚至几个月都不会被对方发现。潜艇通常备有足够的燃料、食物等必需品，不过，它们可以制取淡水供乘员饮用，也可以制取氧气以供呼吸，这两样都能从海水中获得。

我发现啦！

17世纪20年代，荷兰人德雷贝尔发明并建造了世界上第一艘潜艇，在英国泰晤士河上试航时，成功地潜入水下4～5米深。这艘潜艇用木料制成，外面蒙了一层涂油的牛皮，船上载有12名水手，船内装有羊皮囊充当水舱，用人力划动木桨使潜艇向前航行。

未来到底会怎样？

潜艇赛可以说是世界上最奇怪的比赛之一。观众们企图通过潜艇冒出的气泡或者潜望镜来确定潜艇的位置。不过，那可不是那么容易看到的！

潜望镜：潜望镜的主要部件是一根长钢管桅杆，可升至指挥塔外5米高的位置。

塔楼：鳍板、潜望塔或者指挥塔就是人们出入舱口、在水面上观察情况的地方。

弹道导弹

指挥舰桥

铺位

声纳球形导流罩

✳ 海底世界

现在，很多海岸地区都有观光潜艇，携带着游人深入海底，观赏各种鱼、珊瑚和其他海底生物，这可比深水潜水容易多了。最新型的观光潜艇长20米，可以搭载50名游客潜到100米深的海中，停留一个多小时。一般来说，观光潜艇都由使用可充电电池的电机驱动，所以几乎没有污染。

1958年，隶属于美国海军的"鹦鹉螺"号潜艇，开始了代号为"阳光行动"的北极之旅，最终成功地在厚厚的冰层下穿越了北极。

潜艇分解图

第四章
它们是怎么工作的

大部分潜艇只能潜到几百米的深度，如果潜到500米以下，就可能会被强大的水压压碎。但是，俄罗斯的"共青团员"号潜艇却能潜到1200米的深度。

核反应堆：核反应堆被安放在一个耐辐射的容器里，在很多潜艇中，它每12～15年才需要补充一次燃料。

涡轮机：核反应堆放出的热量能将水煮沸，产生很高的气压，迫使涡轮机的叶片旋转，从而带动螺旋桨转动。

螺旋桨：潜艇通常采用七叶大侧旋螺旋桨，因为七片桨叶是非对称的，不容易产生共振，噪音小。而且非对称的螺旋桨产生的气泡比较少。此外，多桨和大叶片情况下相同推力所需的转速较小，可以降低噪音。

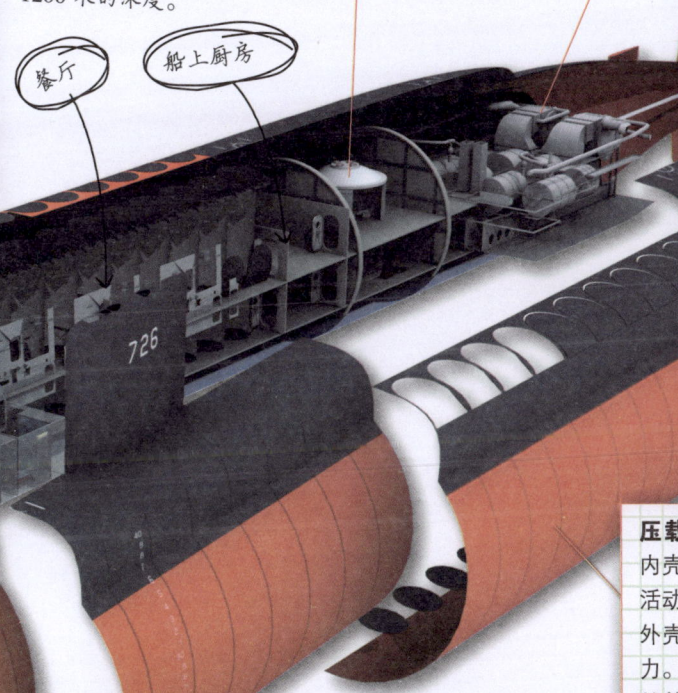

餐厅

船上厨房

水平升降舵：艇首和尾部各设有一对水平升降舵，用以操纵潜艇变换和保持所需要的潜航深度。艇尾的方向舵则能变换航向。

压载水舱：双壳潜艇艇体分内壳和外壳，内壳是钢制的耐压艇体，保证潜艇在水下活动时，能承受与深度相对应的静水压力；外壳是钢制的非耐压艇体，不承受海水压力。内壳与外壳之间是主压载水舱和燃油舱等。主压载水舱位于两层艇体壳之间，外层是防水艇体，内层则是抗压艇体，承受着深海处难以置信的高压。

一些潜艇能在水下停留六个多月，受限的并不是燃料、饮水或者氧气，而是工作人员的食物。

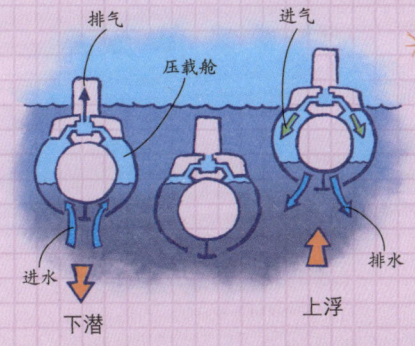

排气　进气
压载舱
进水　排水
下潜　上浮

潜艇的工作原理

潜艇是靠改变潜艇自身的重量来实现上浮和下潜的。潜艇有多个压载水舱。要下潜时，蓄水舱里的空气被排除，并往里注水，增大了艇体的重量而使其下沉。要上浮时，海水形成的压缩空气被高压注入蓄水舱，空气开始膨胀，将水排出舱外，潜艇重量减轻，自然就上浮了。

.203

深海潜水器

深海潜水器专门用来潜入深水，主要用于科学研究、海底探测以及沉船打捞。载人深海潜水器内部必须充满空气，因为其外部周围的高强水压能轻易地摧毁一艘普通潜艇。抵抗侧压最好的形状就是像"的里雅斯特"号似的球形。1960年，这艘潜艇潜到了西北太平洋马里亚纳海沟最深处的挑战者深渊（深约11000米），从来没有航行器或者人类如此接近过地球的中心。

我发现啦！

1985年，深海潜水器"阿尔文"号像一艘海底雪橇一样，在大西洋洋底的西北部航行，并探测到了巨型游轮"泰坦尼克"号的残骸。"泰坦尼克"号游轮1912年沉没后一直沉睡在这里。

未来到底会怎样？

在人们可以居住和工作的"海底城"里，科学家们能够更方便地研究海洋生物。这样一来，他们就不用常常慢速减压回到水面上，也就降低了人们患"减压病"的风险，这是经常潜水的人容易得的一种病。

曾经探测过马里亚纳海沟的人只有雅克·皮卡尔德和多纳·沃尔什。他们在海底必须承受8吨重的压力。

机器人潜艇是无人操纵的深水潜艇，通过上面系着的缆索对其进行控制。有的上面还有摄像机和机械手，方便水面上的操作者进行即时的观测和操控。

螺旋桨

压载水舱：需要下潜时，向压载水舱中注入海水。

浮力舱（汽油舱）：浮力舱内充满比海水比重小得多的轻汽油，为潜水器提供浮力。

压舱物：在潜水球内放进铁砂等压舱物，以帮助潜水器下沉。

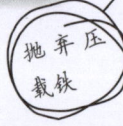

抛弃压载铁

✳ 深海潜水器的工作原理

深海潜水器是由13厘米厚的钢板建造而成的，重达8吨，因此，在水中很容易沉入海底。深海潜水器和潜艇的下潜方法相同，都是向水舱中注入海水，但上浮的方法不同。潜艇上浮时，会使用压缩空气把水舱中的海水逼出去。而深海潜水器由于下潜深、环境压力大，压缩空气不足以逼出水舱中的海水，它采用抛弃压载铁的办法。深海潜水器一般是通过电磁铁控制压载铁，所以万一深海潜水器失去动力，电磁铁失效，压载铁会在重力的作用下自动脱离潜水器，使潜水器上浮。

第四章 它们是怎么工作的

2009 年，美国潜水器设计师格雷厄姆·霍克斯发明了一种重量轻到可以在游艇上下水的新一代深海潜水器——"深海飞行"深海潜水器，它下潜深度可达 11270 米，续航时间为 24 小时。

进舱口：舱口连着一条隧道，经过潜艇的上层漂流层通到下面的载人舱。

"的里雅斯特"号足足花了 5 小时才抵达马里亚纳海沟底部。由于海底 11 千米处的压力比海平面高出至少 1000 倍，深海潜水器的舷窗玻璃出现了轻微的裂痕，它只在海底呆了 20 分钟，就不得不匆匆上浮。

潜水通气管

TRIESTE

隧道

鳍板

载人舱：载人舱是一个直径为 2 米的钢制球壳，除了控制仪器外，球壳内仅仅能够挤下两个人。

窗口

"米尔"号深海潜水器正在探测"泰坦尼克"号的残骸。它是由俄罗斯科学院海洋研究所研制的。

✹ 深入海底

"阿尔文"号是世界上最著名的深海潜水器之一，由美国伍兹霍尔海洋研究院研制成功，于 1964 年下水试航。它可以携带三名乘客潜到 4500 多米深的地方观光，停留时间可长达 10 个小时。1977 年，"阿尔文"号在太平洋的洋底第一次发现了"黑烟囱"，也就是深海热水的喷口。1985 年，它还在大西洋找到了"泰坦尼克"号的残骸。

"的里雅斯特"号结构图

挑战者深渊就是海底一条很深的狭长裂缝，属于马里亚纳海沟的一部分，其深度甚至超过了珠穆朗玛峰海拔 8844.43 米的高度。

.205

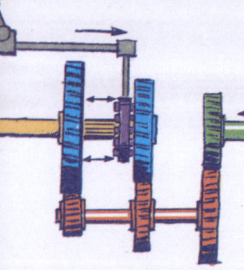

解剖车辆

骑行天下——山地自行车

在过去的一百多年中，自行车的总体设计几乎没有发生任何变化。自行车主要是由许多简单的零件或者基本的机械装置组成，可以使骑车的人通过运动来锻炼身体。此外，由于自行车既不需要发动机，也不会排放污染性气体，因此它的环保功能非常显著。

1996年，也就是普通自行车比赛诞生100年之后，山地自行车运动成为奥运会的正式比赛项目。

我发现啦！

19世纪初，世界上第一辆自行车在德国和法国诞生。然而，当时的自行车并没有脚踏板，因此骑车的人必须双脚蹬地，以便使自行车能够向前行进。

未来到底会怎样？

电动自行车正日渐普及。它以蓄电池为辅助能源，有两个车轮，能实现人力骑行、电动或电助动功能，时速可超过30千米，相对较环保。

后拨链器：一种被称为变速器的装置，使链条从一个链轮转换到另一个链轮，从而达到换档的目的。

※ **自行车链条和扣链齿是如何工作的？**

自行车后面的齿轮和前面的齿轮拥有不同数量的轮齿。在低速档的位置上，前链轮每转动一圈意味着后面的飞轮将转动两圈。前链轮转动一圈并不意味着你可以骑得更快，但是可以使你踩脚踏板时更加省力。在高速档上，链子运动到更小的飞轮上。这时，如果前链轮转动一圈，那么后面的飞轮将转动三圈。因此，这个时候脚踏板每转动一圈，你的骑行速度将更快，但是也更加费力。这种设计的用意在于，通过换档来保持你踩脚踏板的速度和用力的持续性，从而达到最适合你的骑行速度。

后链轮

变速线

链条

前链轮

脚踏板：这些脚踏板使前链轮（其齿牙紧扣在链条上）与链条上的缺口连接起来，这就提供了一种防滑的方法去转动后链轮。

第四章
它们是怎么工作的

1985年，奥运会自行车运动员约翰·霍华德创造了时速245千米的世界纪录。他骑行在一块锥形的挡风玻璃后面，这块挡风玻璃被固定在一辆在他前面快速行驶的汽车上，这大大减小了他在骑行时遭受到的来自风的阻力。

悬架弹簧：弹簧属于减震器。当后轮在颠簸的路面骑行时，自行车的车架会向上翘起，并挤压一个大的弹簧，从而达到减震的目的。

变速器：即刹车，车把上利用拇指进行控制的控制杆，通过变速线与变速器连接起来。在通常情况下，左边的变速杆控制前面的变速器，而右边的变速杆控制后面的变速器。山地自行车有很多变速档，最多的可以达到27档。

刹车线

变速线

车架的下舌

2007年，是地利车手马斯·斯托克尔着一辆标准自车从智利安第斯山脉的一个斜上向下骑行，他的时速达到了210千米。

制动垫片

在有些机场，警察使用赛格威双轮自平衡电动滑板车。

✹ 自平衡电动自行车

自平衡电动自行车有两个安装在平台两侧的小轮子。向前拨动安装在每个轮子的电动马达上的开关，就可以使自平衡电动自行车开动起来。而将车把向某一侧倾斜，可以使其中的一个电动马达加快运转，实现拐弯的目的。在自平衡电动自行车平台的内侧，有一个被称为回旋器的小轮子，用来调整发动机的转速，从而保持车的平衡。

外胎

刹车盘片：巨大的金属圆盘为制动垫片发挥作用提供了大片的区域。金属圆盘上有很多的洞，这些洞使金属圆盘能够尽快地冷却下来，从而避免它因为猛烈地刹车而过热。

旅行摩托车

修长而又低矮的旅行摩托车是公路上外形最酷的一种车。或许，旅行摩托车不是两轮车中最快的，但是它却能使在高速路上的行驶更惬意。这种摩托车马力充足，能够适应颠簸的路段，能够急速行驶，并且能够长时间地驾驶。

哈雷戴维森旅行摩托车

我发现啦！

1885年，德国人戈特利伯·戴姆勒将一台发动机安装到了一台框架的机器中，世界上第一台摩托车诞生了。1884年，英国人埃德华·布特勒在自行车上加装一个动力装置，制成了一辆三轮摩托车。1885年，德国"汽车之父"特利布·戴姆勒制成用单缸汽油机驱动的三轮摩托车，并获得专利，被世界公认为是摩托车的发明者。

未来到底会怎样？

电动摩托车和电动小型摩托车正日益受到人们的欢迎，行驶速度也在不断加快，现在的时速记录已经超过了270千米。

车座

散热片

卷曲的弹簧阻尼悬架

排气管： 废气从这些长长的管子中直接排出，以使发动机更好地工作。此外，这些管子还有助于降低或者减少发动机的噪音。

✳ 弹簧阻尼悬架是如何工作的？

弹簧悬架使摩托车能够应对坑坑洼洼、颠簸和其他的糟糕路况。但当弹簧被压缩，然后伸展，并再次变长，它变得易于弹跳，会忽短忽长，可以借助位于弹簧内部的节气闸减少这种弹跳现象。节气闸是一种里面充满密闭汽油的管子，在节气闸管子里还有一根细管，可以像望远镜那样滑动。浓稠的汽油慢慢滑下来，并消除任何快速的滑动，这就缓解了弹簧大幅弹跳的影响。

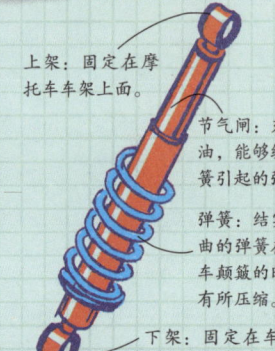

上架：固定在摩托车车架上面。

节气闸：充满汽油，能够缓解弹簧引起的弹跳。

弹簧：结实而卷曲的弹簧在摩托车颠簸的时候会有所压缩。

下架：固定在车轮的悬臂上面。

传送装置： 由一系列的齿轮组成，这些齿轮先把发动机产生的运转能量传送到传动皮带上，然后再传送到后轮上。

第四章 它们是怎么工作的

油门：油门位于摩托车的右手把，右手把上有一个弯曲的把手，一根缆线连接着这个把手和发动机。只要触动油门，就会有更多的燃料涌入发动机，这样摩托车就能开得更快了。

光通信电子控制系统、雷达测距自动控制系统、电子地图导向系统、声波电子消声系统等高新技术在一些概念摩托车中的运用，则使现代摩托车变得更加完美，更加具有震撼力。

燃料箱：圆形的燃料箱位于驾驶者的前面，是由非常坚硬的金属制作而成的。

前叉：长的前叉使前轮在遇到颠簸的路段时能获得充足的空间而跃起，从而使坎坷的道路显得平坦起来。

挡泥板

盘式制动器

制动闸

发动机：发动机由两个1584毫升排量的汽缸组成，处于前后轮之间，这种设计使摩托车更稳定，不容易在小路上翻车。

✳ 电动摩托车是什么样子的？

较之普通摩托车，电动摩托车一般车轮更小，而且大多数车的车罩表面呈流线型。早期的电动摩托车速度并不是很快，开起来也不是很稳。新一代电动摩托车不仅改进了齿轮，使齿轮机械化了，而且能够适用汽油发动机或者电力发动机，因此已经变得更快、更舒适、更安全了。

电动摩托车相当于一辆理想的轻便汽车。

舒适实用的家庭轿车

典型的轿车已经有100年左右的历史了，但至今它的基本设计几乎没有发生什么变化。它有四个轮子，一个位于前面车厢的发动机，这个发动机能够驱动车轮转动。在轿车车身内，前面有两个座位，后面有两个或者三个座位，驾驶员座和乘客之间没有隔板，在车厢尾部还有一个行李厢。

我发现啦！

1885年，德国工程师卡尔·本茨制造出了第一辆装汽油机的马车式三轮汽车。经过反复试验，1886年，卡尔·本茨为其机动车申请了专利，这就是世界上公认的第一辆现代汽车。

未来到底会怎样？

未来的无人驾驶汽车是一种智能汽车，会通过利用全球卫星定位系统和连接在大量中央计算机上的无线电自行驾驶。

独立悬挂：悬挂系统是指由车身与轮胎间的弹簧和避震器组成的整个支持系统。每只车轮由螺旋弹簧独立安装在车架下面，当一侧的车轮发生跳动时，另一侧车轮不受影响，两边的车轮可以独立运行，提高了汽车的平稳性和舒适性。

✱ 汽油发动机的工作原理

每个汽油发动机都有一个在汽缸里上下运动的活塞，它分四个步骤（或叫四个冲程）工作：1.进气：活塞向下运动，通过一个入口阀，把燃料和空气的可燃混合物吸到汽缸里面。2.压缩：活塞向上运动，并挤压可燃混合物，使其容积缩小、密度加大、温度升高。3.燃烧：电子火花塞点燃可燃混合物，并使活塞向下运动。4.排气：活塞再次上升，并通过排气阀将燃烧过的废气排出。活塞通过一根连杆带动发动机的曲轴运动。

前照灯

散热器面罩

在20世纪早期，最快的轿车以蒸汽或者电为动力。

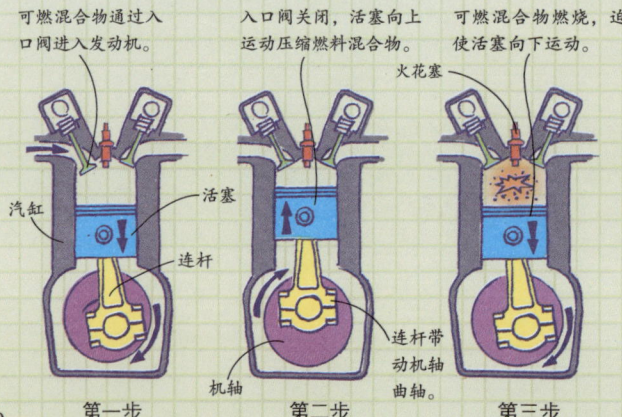

可燃混合物通过入口阀进入发动机。

入口阀关闭，活塞向上运动压缩燃料混合物。

可燃混合物燃烧，迫使活塞向下运动。

排气阀打开，燃烧过的废气被排出。

汽缸　活塞　连杆　火花塞　连杆带动机轴曲轴　曲轴箱　机轴

第一步　第二步　第三步　第四步

第四章
它们是怎么工作的

发动机： 典型的家庭轿车的发动机排量都在 2000cc（即 2 升）以上。图片中的引擎是一个 V 型的 8 缸发动机（V8），这一发动机分两组，每组有 4 个汽缸，两组汽缸呈 V 型角度排列。

1908 年，福特 T 型汽车大规模投入生产，从此普通人也能买得起汽车了。

阿斯顿·马丁汽车

后轮传动： 传动装置将传送轴连接到车轮的后半轴上。

传动轴： 很多轿车都是由前轮驱动的。发动机输出的动力经过变速箱减速增扭后由传动轴传递到汽车驱动轮。

合金车轮

迄今最成功的轿车是丰田公司于 1966 年开始生产的花冠。1974～1978 年，第三代花冠在短短五年内即创造了 700 万辆的销量。

在 20 世纪 60 年代，Austin Mini 微型车是当时家家户户都渴望拥有的一款时尚车。Austin Mini 微型车用一个横向引擎驱动前轮行进，这种设计节省了汽车的空间。

电动汽车可以在街头充电，可通过 IC 卡进行缴费。

✳ 绿色节能环保型汽车

混合动力汽车是指车上装有两个以上的动力源：不仅有一个小型的汽油发动机，还有一个带电池的电动马达。这种车可以靠电池非常安静的行驶，而且不会产生污染空气的废气。如果电池耗尽了，汽油发动机就会启动，取代电动马达开始运转。此外，汽油发动机也能够为电动马达增加动力，产生更快的行驶速度。

.211

一起来玩儿吧
游戏中的科学和知识

炫酷的超级跑车

对那些富裕的人来说，发动机强劲的跑车是他们首选的顶级公路汽车。跑车内的空间狭小，而且容易在颠簸的路段被划伤。但是跑车造型优美、速度惊人，非常引人注目。跑车拥有低矮的车身设计和流线型的外观，这使它能够在最低的空气阻力下稳定行驶。

我发现啦！

20世纪60年代，扰流板开始出现在跑车和赛车上。它们上平下凸，可以减少车辆尾部的升力。如果车尾的升力比车头大，会导致车子转向过多、后轮抓地力减小、高速稳定性差。扰流板可以增加汽车对地面的压力，从而使轮胎更好地着力，并有效地提高驾驶速度。

未来到底会怎样？

由英国汽车工程师所设计的超音速汽车"侦探犬"正在研发制造中，预计将耗资1500万英磅。它号称是世界上速度最快的汽车，最高设计时速将超过1600千米。

W16 发动机：W16发动机由两个8缸发动机组成，16个汽缸分列为四排，每排有四个发动机，这四排发动机呈一定角度排列，就像两个连在一起的"V"一样。

可伸缩的车翼：后面的尾翼被称为扰流板，它可以使风力直接产生向下的压力，提高车速。

✳ **变速箱是如何工作的？**

手动变速箱是由不同齿比的齿轮组构成的，它工作的基本原理就是通过切换不同的齿轮组，来实现齿比的变换。作为分配动力的关键环节，变速箱必须有动力输入轴和输出轴这两大件，再加上构成变速箱的齿轮，就是一个手动变速箱最基本的组件。动力输入轴与离合器相连，从离合器传递来的动力直接通过输入轴传递给齿轮组，齿轮组是由直径不同的齿轮组成的，不同的齿轮比例所达到的动力传输效果是完全不同的，平常驾驶中的换挡就是指换齿轮比。

输入轴和中间轴的两个齿轮是处于常啮合状态的，因此当输入轴旋转时就会带动中间轴的旋转。黄色的是输出轴，它也叫第二轴，直接和驱动轴相连，再通过差速器来驱动汽车。

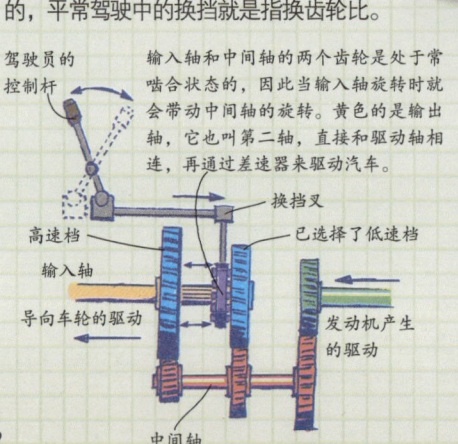

驾驶员的控制杆 / 换挡叉 / 已选择了低速挡 / 高速挡 / 输入轴 / 导向车轮的驱动 / 发动机产生的驱动 / 中间轴 / 排气管

变速箱：威龙采用七挡变速箱，由电脑控制，可以在不到0.2秒内实现变速。驾驶者使用紧挨着方向盘的小变速杆即可实现操作。

第四章
它们是怎么工作的

布加迪威龙合计有10个散热器，其中有三个用于发动机，两个用于汽车空调。

✷ 勒芒24小时汽车耐力赛

作为世界上最负盛名的赛事之一，勒芒大赛的参赛跑车要不间断地跑24个小时。按照规定，每个车队只允许有一辆车，但却可以有3个赛车手轮番驾驶，所以每人连续驾驶时间不会超过4个小时。参赛车要提前30分钟进场，整个赛程有5000多千米，平均时速要超过200千米！

勒芒耐力赛的参赛选手要驾车在同一环形赛道上不停地转上350多圈。

刹车：刹车圆盘采用的是碳复合材料，推压在圆盘上的活塞采用的是钛金属。这些材料的采用，使刹车圆盘和活塞在很大程度上减少了巨大热量对它们的影响。

布加迪威龙汽车

宽的低断面轮胎

合金车轮

多年来，布加迪生产了很多令世人惊异的汽车。它于20世纪20代推出的"Royale"四门四座跑车体型很大，采用了12升发动机，其引擎罩比很多现代的小汽车还要长。

传动轴：中置发动机或后置发动机的四轮驱动跑车，都是由传动轴将发动机的回转力传递给车的前轮。

半轴：每一个负重轮都有自己的半轴。威龙是一款四轮驱动的跑车。

.213

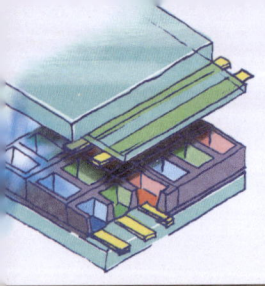

电器们是怎么工作的

运算高手：电子计算器

很久以前，人们进行数字运算，要么是用铅笔在纸上写写算算，要么用一台带有许多齿轮的像桌子那么大的机器进行计算，要么就在自己的脑子里算，也叫心算。到了20世纪60年代，出现了便携式电子计算器，它们跻身于第一代小型的电子器具之列。现如今，在办公室、学校、工厂和家里，几乎随处都能看到它的身影。

我发现啦！

在2000多年前的古希腊和古罗马，人们使用的一种计算工具叫作算盘。当时的算盘由一排排的鹅卵石或小珠子组成，排放在桌子或沙地的凹槽里。

未来到底会怎样？

科学家们正在研究一种可折叠的计算器，将按键和显示器植入一块手帕那么小的薄薄的软布之中。

外壳：电子计算器的外壳通常都是用坚硬的塑料做成的，能够抵御一定程度的刮擦和撞击。

印刷电路板：电子元件由一些金属条连接在一起，像被"印刷"到一块绿色的塑料板上，用于制作这种电路板的材质是一种绝缘体，是不导电的。

微处理器：任何一个电子装置的"大脑"都是一个芯片，这个芯片被称为微处理器或CPU（central processing unit的缩写）。它要通过按键输入指令，才能进行运算。

集成电路俗称芯片，它们包括一些精微的部件，比如晶体管、电阻器，都被"集成到"一个像晶片一样的硅芯片上面了。

※ **便于携带的电源**

早期的计算器使用的是LED显示屏，那需要消耗大量的电池电量。后来LCD液晶显示屏逐渐兴起，这种显示屏使用的电量较少，因此，能将光能转化为电的光电池或太阳能电池，就可以为一个小的电子计算器提供充足的能量。大多数现代小电器都有内置的副电池——充电电池，只要插到电源上就能充电了。

最复杂的微处理器或中央处理器，在指甲大小的芯片上就有一千多万个电子元件。

第四章
它们是怎么工作的

专用的电子计算器被广泛地应用在科学、工程设计乃至运动等众多领域。这些计算器能够计算出盖一座摩天大楼所需要的材料总量；能够预测出天气情况；能够在你戴水肺潜水的时候告诉你还剩下多少氧气。

显示窗口

液晶显示器：在昏暗的情况下，液晶显示器可利用背景光源，而不是利用反射的光线。然而，背光灯所消耗的电量要比显示屏本身用的电要多。

液晶显示器工作原理

液晶是一种有机化合物，在常温条件下，呈现出既有液体的流动性，又有晶体的光学各向异性。在电场、磁场、温度、应力等外部条件的影响下，其分子容易发生再排列，使液晶的各种光学性质随之发生变化。液晶显示器正是利用液晶的这种"电－光效应"制成的。在不同电流电场作用下，液晶分子会做规则旋转90°排列，产生透光度的差别，如此在电源ON/OFF下产生明暗的区别，依此原理控制每个像素，便可构成所需图像。

橡胶垫

按键：通常，数字键是有标准位置的。此外，还有一排运算功能键，通常设置在右边，以进行加、减、乘、除运算。

带缆连接器

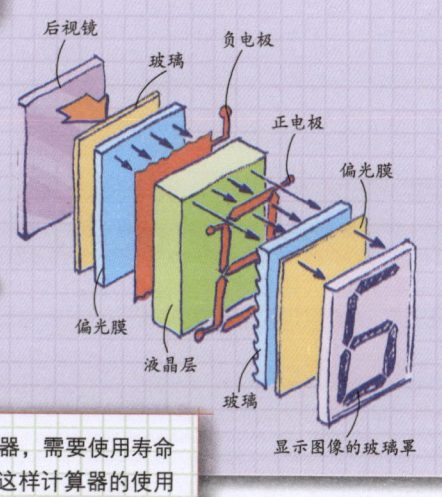

后视镜　玻璃　负电极　正电极　偏光膜　偏光膜　液晶层　玻璃　显示图像的玻璃罩

电池盒：较大的电子计算器，需要使用寿命较长的电池或充电电池，这样计算器的使用时间才能长一些。尤其是在昏暗的情况下，这个时候太阳能电池无法提供充足的电量。

后面板

.215

一起来玩儿吧
游戏中的科学和知识

全新视觉体验：纯平显示器

在电脑显示器、彩电和闭路电视、数码相机、摄像机、卫星导航装置和手机的显示器等装置中，都能看到纯平显示器。平面屏幕的技术主要有两种：一种是LCD，即液晶显示器；另外一种则是等离子。在20世纪90年代，纯平显示器就取代了传统的玻璃屏幕的显示器，这种显示器样子老旧，较为笨重，耗电量要远远大于纯平显示器。

我发现啦！

第一台纯粹的电子电视系统，没有任何活动的部分，是在19世纪20年代到30年代之间，由一名匈牙利的工程师卡尔曼·蒂豪尼和俄裔美国发明家弗拉迪米尔·兹沃尔金共同研发出来的。

屏幕比例：大多数纯平显示器用于宽屏观看模式的图像宽高比是16∶9，也就是说，屏高与屏宽的比例是9∶16。

透明盖

✳ 等离子显示屏的工作原理

等离子显示屏由数以万计的小空间排列而成，每一个小空间被称为单元。此外，等离子显示屏还有两个或两极像线一样的电触头，相互形成直角。每个单元都能沿着横穿该单元的两个特定电触头运送电脉冲，从而被确定"地址"。电脉冲会加热单元内的惰性气体，从而形成一种叫作等离子的形态，而这又会形成一块区域，由有色物质——磷光体组成，会发出一两秒钟的光和热。整个屏幕上来自不同"地址"的数以百万计的电脉冲每秒钟同时发光，刺激红、绿、蓝三色磷光体，就形成了整体的彩色图像。

遥感器：一种小的红外传感器，能够探测到我们手中的遥感器发出的不可见的红外线（热）。

底座

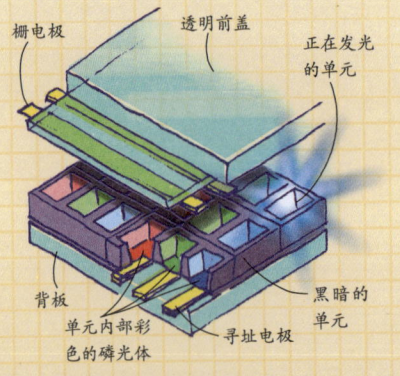

栅电极　透明前盖　正在发光的单元
背板　单元内部彩色的磷光体　寻址电极　黑暗的单元

最大的LCD平面屏幕的尺寸是108英寸，即274厘米。这是屏幕上斜对着的一角到另一角的距离，也是测量屏幕尺寸的传统方法。

1925年，苏格兰发明家约翰·罗杰·贝尔德发明了电动机械电视系统。从1929年到1937年，该系统一直为英国广播公司（BBC）所使用。

216.

第四章
它们是怎么工作的

未来到底会怎样？

高清或者说高分辨率显示屏，要比标准的平面屏幕多五六倍微小的色点（像素）。这就使得图像的色彩更加鲜明、画面更加清晰、色彩更加丰富，而且画面更加流畅，播放动态影片时，较少出现动作跳跃或急拉的现象。

四倍高清平板电视的小色点（像素）比高清平板电视的要多五六倍。但是大多数人的眼力没有那么好，不太可能区分出四倍高清平板电视与高清平板电视的区别。

接收器：电视的接收器单元是电子电路板的一部分。接收器可以调节不同的频道和滤波器，还能增强依靠天线接收到的信号，并准备对接收的信号进行电子处理。电脑显示器只能接收已经处理过的信号，因为它缺少接收器。

通风槽：外壳需要在后面设计狭长的通风槽，好让热量散发出来。如果热量不散出来，恒温器就会让屏幕出现黑屏现象，以防止部件温度过高。

电子设备：一台典型的高清平板电视大约有1000多个微型芯片和其他零部件。

大多数液晶显示器平面屏幕采用的是薄膜晶体管（Thin Film Transistor，TFT）。晶体管的一些元件能够产生像素中的色点，它们是在一定厚度的透明屏幕中形成的。

外框和背衬：外框是用来固定屏幕的，保证屏幕的安全，并且包裹着后面的电子元件。一些平面屏幕的厚度甚至还不到2.5厘米。

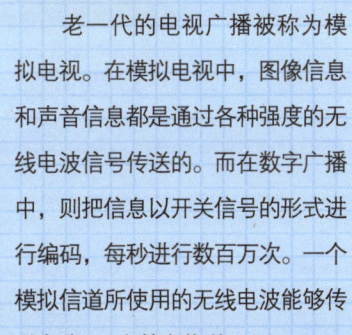

✳ 数字广播

老一代的电视广播被称为模拟电视。在模拟电视中，图像信息和声音信息都是通过各种强度的无线电波信号传送的。而在数字广播中，则把信息以开关信号的形式进行编码，每秒进行数百万次。一个模拟信道所使用的无线电波能够传送多达10个数字信道。

碟形卫星接收天线，可接收太空中的卫星所发出的数字信号。

一起来玩儿吧
游戏中的科学和知识

个人电脑，让你的生活变得丰富多彩

以前的电脑像冰箱那么大，自从20世纪70年代以来，个人电脑得到了迅速发展，变成了小巧而精致的套件，能够摆在桌子上面，也能够放在桌子下面，现在几乎在每个都市家庭都配备了个人电脑。通常说来，个人电脑是一台独立的单机，这意味着它能自己独立运行，不需要通过共享设备连接到网络上，比如服务器或其他电脑。

我发现啦！

第一台成功的个人电脑是科莫多宠物（Commodore PET，个人电子处理器），诞生于1972年。1981年，IBM公司正式推出了家用电脑，也就是IBM PC机，从而确立了电脑行业的标准。

未来到底会怎样？

摩尔定律表明，电脑的性能，也就是微型芯片上的可容纳的部件数量，以及它们运行的速度，每18个月会增加一倍。摩尔定律是由戈登·摩尔于1965年提出来的，直到今天，事实证明这一定律依然是正确的。

许多现代计算机都有无线电外围设备（一种连接装置）。这种设备采用短距离的无线电波，比如蓝牙系统，用来传送信息。这样就不需要使用拖尾电线了，因此使得计算机移动起来比较容易。

冷却风扇

中央处理器：中央处理器相当于电脑的"大脑"，连接着一些其他的微型芯片。它根据程序应用的指令执行主要的操作和处理——改变数据（信息）。

随机存储器芯片

卡板：一些较小的印刷电路板被称为卡板，用于处理进入和输出的信号。举例来说，显示屏之所以能显示图像，是因为有显卡；扬声器之所以能发出声音，则是因为有声卡。

硬盘驱动器：电脑中主要的存储盘，用于永久性地存储信息，被称为硬盘或硬盘驱动器。

主机板：主要的印刷电路板，通常被称为主机板。主机板上面安装着大部分主要的微型芯片，以及与其他较小的印刷电路板相连的连接器。

✱ 键盘的工作原理

许多小器具都是靠各种各样的按钮或键盘才能起作用，这些按钮或键盘所依靠的科技非常简单，与电灯开关的原理非常相似。在每个按键的下面都有两个金属导体，被一个小小的间隙分隔开来。按一下按键，就会让两个金属导体连在一起，于是就产生了电流。每个按键都有自己的电脉冲编码。外壳保护膜能够防止灰尘进入键盘里面，甚至能防止洒在键盘上的酒水饮料渗进去。

第四章
它们是怎么工作的

光驱：CD（激光唱片）或DVD（光盘）要在这里插入，利用光学原理运行。激光束读取光盘发光面的小凹点。

相对于20年前，现在买一台典型的家用电脑只需要花费1/4的价钱，然而，其性能却超出过去10倍。

纯平显示器

✱ 互联网

互联网是由连入国际网络的计算机组成的计算机全球系统。起初，在1969年的时候，互联网还只是作为局域网供美国军事之用。到了20世纪70年代，互联网得到了进一步扩展，研究中心和大学开始联网。20世纪80年代，开始为商业所用。到了20世纪90年代，互联网向公众开放。

人们可以在互联网上以进入万维网的形式浏览网页和文件。

2008年，IBM计算机公司历时6年，研发出了最新军用超级计算机"走鹃"，是当时世界上运算速度最快的超级计算机。2009年11月，美国橡树岭国家实验室的"美洲豹"计算机超过"走鹃"成为世界上最快的超级计算机。

键盘：键盘是计算机的主要输入设备。按下键盘上的字母、数字和符号（例如＋和＆），它们就会以编码的形式将信息输入计算机中。

鼠标：激光束或滚球随着鼠标的移动而移动。这就能使屏幕上的光标或插入点与鼠标的移动保持一致。无线鼠标则是依靠蓝牙短波无线电进行运转，因此没有电线这个尾巴。

留住美好瞬间——数码相机

照相机可以对景色、人物或物体进行永久的形象化的直观记录。大多数照相机都有镜头，用于聚集光线，以获得清晰的图像。数码相机是静态数码相机的简称，也有人称之为数字相机，用于及时地记录在一瞬间"静止"的物体。数码相机可以通过数字技术将光线转变为电子信号，存储在微型芯片中。

我发现啦！

1988年，日本富士公司推出了一款型号为DS-1P的相机，该相机将CCD的电子信号转换成数字信号，然后传输至IC卡上来完成对图像的存储，可以说，这是世界上最先使用数字方式存储图像的数码相机。

未来到底会怎样？

早期的数码相机拍摄的图片大约是100万像素的。到了21世纪初，数码相机的像素增加到了600万像素，后来增加到了1720万像素。随着CCD芯片功能的提高，数码相机的像素还会继续增加。

自动对焦：不可见的红外光束遇到相机前的物体反弹回来，这样就能探测出其返回需要花费的时间。这就显示出了物体到聚焦镜头的距离有多远。

光圈：根据亮度情况，可以将这个孔径调得更大或更小，以让更多的光或更少的光进入。

相比胶片相机，数码相机的优点在于可以随时向你展示已经拍摄和存储的图像，如果有需要的话，可以将不想要的图片删除。此外，数码相机要比一卷胶卷储存的图像多得多。

镜头：镜头系统有几个弯曲的玻璃片或塑料片，根据拍摄对象的距离，可以向前或向后移动，以聚焦图像。

✳ 百万像素及分辨率

百万像素，就是100万个像素，而像素，即图像元素，是一整张图像中细小的区域或小点。每个像素都是由红、绿、蓝三种光组成的。这三种颜色进行不同的组合，就会产生其他各种不同的颜色。这三种颜色融合在一起，就形成了白色。在一个特定的区域内，像素累积得越多，图像就越清晰，细节也越丰富，这也就是我们所谓的分辨率由低到高。

快门：快门是镜头前阻挡光线进来的装置。按一下快门键，就能在瞬间打开一个像门一样的盖子，让光线传到CCD图像传感器上。

许多数码相机都能拍摄下简单的连续的动态图像，也能录摄视频，同时还能录下声音。

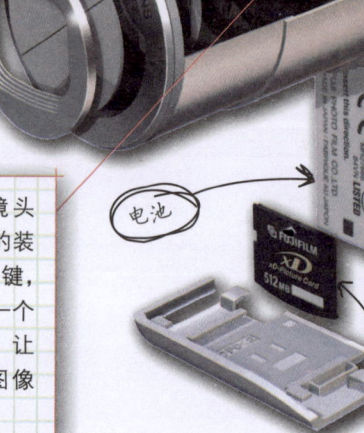

快门按钮 / 电池 / 存储卡

第四章
它们是怎么工作的

传统相机使用的是以纤维素为基质的胶卷，具有一定的柔韧性。胶卷中有一种含银的物质——溴化银，该物质感光后会发生微妙的化学变化，银微粒按照感光的强弱、深浅不等地分布在胶卷上，从而将图像储存在胶卷中。

取景器：一个小液晶显示器，显示镜头拍到的景象，即存储的图像。

屏幕

影像处理器

闪光灯

CCD 芯片

最小的数码相机像衬衣上的纽扣一样小，其中装有一个发送器，可以通过无线电波将图片发送给远在千米之外的接收者。

※ 镜头的工作原理

当光线穿过空气到达镜头的时候，它们会发生弯曲或折射。凹透镜（透镜的中间较薄）会让光线向外折射或扩散。凸透镜（透镜的中间凸出）会让光线向内折射，或聚集到一个焦点上，在这一点上它们就能形成一个清晰的图像。在相机中也是同样的道理。

.221

数码摄像机，记录精彩片段

数码摄像机是一种专门用于录制视频的摄录工具。它能够在一瞬间极为迅速地将有序的静态图像拍摄下来，看起来就像是运动中的画面一样，并且还能将它们记录下来，留待之后回放。此外，它也能在同一时间录制声音，与拍摄图像同步进行。有的摄像机采用模拟或数字来录制磁带。还有的是数字摄像机，存储卡中使用的是非常小的硬盘或电子微型芯片。

我发现啦！

第一台摄像机是电影摄像机，使用的是摄影胶片。19世纪80年代，摄像机用来录制早期的电影或电影中的动作画面。20世纪50年代起，小型的手持式摄像机开始变得越来越流行。

未来到底会怎样？

光探测集成电路能够像一台简单的摄像机一样工作，有朝一日可以将这种芯片植入人的眼中，这样你就可以永久性地记录下你所看到的一切。

变焦环：一个小的电动机和齿轮传动系统会让镜头移动，这样摄像机就可以进行聚焦，并拉近镜头，让一个小小的区域呈现得大一些。

镜头盖

外壳：防划的外壳能够给予机身一定的防护，有防撞击功能。

相比模拟摄像机，在对数码摄像机录制的视频进行后期复制和编辑的时候，图像质量所受的影响较小。

主处理器：主要的微型芯片，将来自电荷耦合器（CCD）的数字信号处理成易于储存在存储器中的形式。

✳ 卫星可视电话

卫星可视电话并不像移动电话所用的那样，将无线电与当地的电信网络或手机网络连接在一起，而是将无线电直接与太空中的卫星轨道相联。发送接收机被装在一个手提电脑大小的箱子里。头戴式耳机携带着摄像机，用来录像，话筒用来说话，显示屏和头戴式受话器要么用来显示录制的东西，要么用于分程传递通过卫星传送过来的视频和声音。

头戴式摄像机（左边）记录下这个人面前的情况和事情。

第四章
它们是怎么工作的

麦克风：一个小的麦克风在录像过程中进行录音。为了录音更精确，在一些摄像机中，麦克风和机身是分离的，通过一根电线或无线电波与摄像机连接起来。

早期的摄像机都是为了拍摄电视节目而研发的，用于现场报道和录像的摄像机都很小巧，也很轻便。

取景器：一块液晶显示屏，可以让你看到已经录制下来的画面，如果不想要，可以将之删除，或者可以挑选出你仅仅想要保留的部分，对之进行"编辑"。

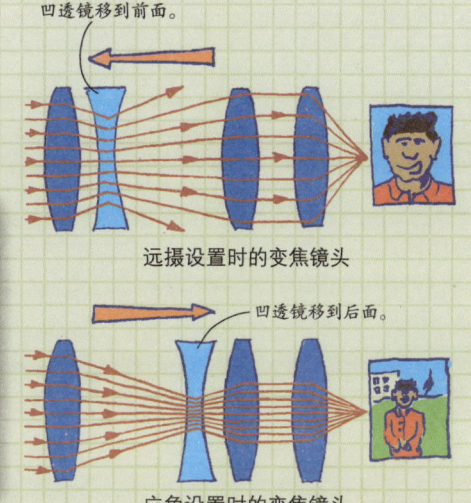

凹透镜移到前面。

远摄设置时的变焦镜头

凹透镜移到后面。

广角设置时的变焦镜头

✻ 变焦镜头的工作原理

变焦镜头将画面推近时，能够将一处景物放大，与此同时，也只能显示出全景范围中相对较小的一部分。变焦镜头将画面拉远至广角镜头时，能够摄录更多的景象，但是降低了其放大率，因此物体看起来比较小。变焦系统采用可移动的凹透镜（凹透镜中间要比四周边缘薄），将光线扩散开去或分散。一些变焦镜头则通过小电动机起作用，还有一些则靠手动扭转或拉伸。

液晶显示屏

电池

USB 记忆棒

屏幕控件：屏幕上有一些控件，用来控制屏幕的亮度、对比度、色平衡等。不管是在户外耀眼的阳光之下，还是在室内昏暗的房间里，你都可以调节这些控件，舒适自如地观看屏幕上显示的画面。

大多数胶片摄像机每秒能录制24帧独立的静态图像或画面。便携式摄像机通常每秒能录制30帧画面，当回放录下来的这些画面时，你的眼睛不可能将这些画面一帧一帧地单独区分出来。你的大脑将这些画面模糊地组合在一起，因此这些画面给人的印象就是流畅的动作。

网络摄像头很小，是一种简单的视频摄像机，不能将图像和画面记录下来，而是把它们直接传到电脑上或数字网络上。

.223

"过目不忘"的扫描仪

图像扫描仪通过探测图像上每个小点的颜色和亮度，逐点逐点地探测，然后将这些信息转换成数字编码，最终实现对图片的"数字化"，存储在计算机的硬盘或者其他的电子介质上。

我发现啦！

第一台图像扫描仪出现在20世纪60年代，是人体扫描仪研发工作的一部分，旨在作为医学之用。到了20世纪80年，扫描仪被应用于商业领域。随后到了20世纪90年代早期，发展为家用扫描仪。

未来到底会怎样？

三维扫描仪包括两个安装在框架上的数码相机。这两个数码相机围绕着被扫描的物体来回移动，从而在计算机内存中形成一个三维图像。

扫描技术涉及到观察一排细小的区域，并以直线的形式探测，然后一点点地向前慢慢移动，接着再对下一行进行同样的处理，然后一排排地不断重复这个过程。通常这种动作需要做上成千上万次。

光源：指的是扫描仪机身内部的灯管，发出纯白色的光，照射在要扫描的图像上。光线会从图像上反射回来，反映出该图像每个部分的颜色和亮度。

导轨：扫描头沿着一个金属导轨来回移动。它在一个齿形带的驱动下前进。齿形带与齿轮相啮合，保证每一步移动都很准确。

驱动壳

电路板

驱动齿轮

✶ 电荷耦合器件的工作原理

电荷耦合器件是一个微型芯片，上面有数百万个细线状的电极，这些电极形成了一个交叉网。当一束光照射在这个区域，或照射在两个相邻电极的边界上时，就会引起一种名为电子的小微粒在它们之间跳动。这就促使芯片上那个点产生微弱的电流脉冲——就这样光被转换成了电荷。

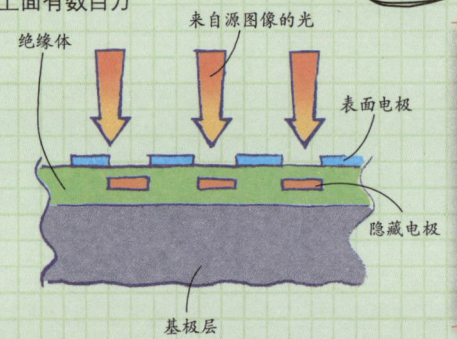

绝缘体 — 来自源图像的光 — 表面电极 — 隐藏电极 — 基极层

控键按钮：扫描仪有一些用手工操作的控件，比如调整扫描头、只扫描局部范围或者直接复制。扫描仪的大多数控件都是与电脑程序相连接的。

	第四章
	它们是怎么工作的

扫描仪扫描出的细节精度如何，有一个重要的衡量参数，那就是 dpi（Dots Per Inch 的缩写）——每英寸所扫描的点数或线数，也就是扫描精度。这一参数显示出在一英寸（2.54 厘米）长的范围内被探测到的色点数有多少。

如果一个图片的大部分面积都是同一种颜色，那么电脑就能节省内存了，因为电脑只需要赋予它们那一种颜色的缩减版编码，而不需要提供整个面积内每一个小点的完整编码。这是压缩计算机文件，使之变小的一个办法。

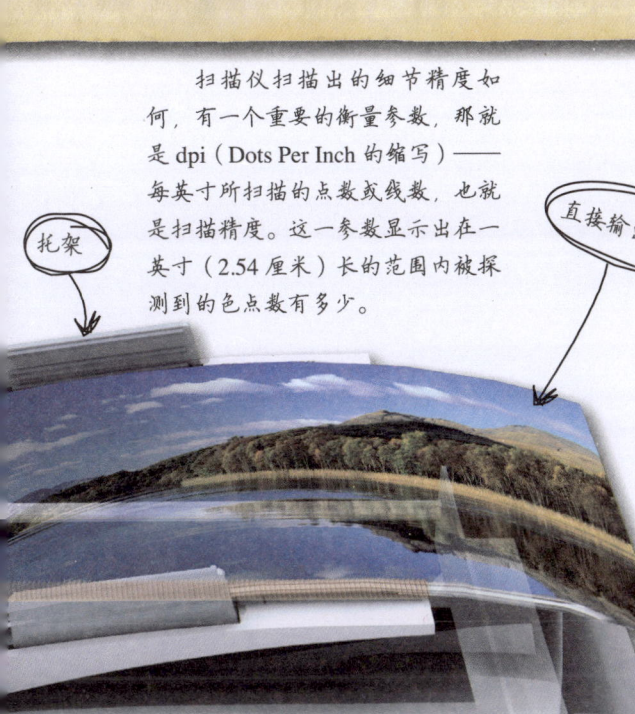

托架

直接输出（复制）

密封外壳：把扫描仪的内部部件密封起来，能防止灰尘进入。在扫描仪里有内置的镜面、镜头以及电荷耦合器件，如果灰尘堆积在这些部件上面，就会大大影响扫描的质量。

平板：把要扫描的图像平放在玻璃平板上，以进行平板扫描。一些扫描仪有着与众不同的设计，在这些扫描仪中，要将扫描的图像环绕在一个圆筒上，顺着扫描头旋转过去。滚筒式扫描仪可以达到细节更加丰富的扫描效果。

电源开关

主齿轮箱：在扫描仪的主齿轮箱内有一面镜子。这面镜子会反射从图像上反射出来的光。镜子将这种光反射到电荷耦合器件上，电荷耦合器件就会把这些光线中的颜色和亮度模式转换成相应的电子数字信号。

红色的T恤变成了蓝色的T恤，反过来，蓝色的T恤也能变成红色的。

✳ 视觉特效

使用电脑的键盘输入指令，电脑就能改变或处理文字。同样地，电脑也可以处理图像，这被称为图像处理，或者视觉特效。举例来说吧，电脑可以根据指令把一幅图片中一块特定的红色部分变成蓝色。

.225

个人音乐播放器，让音乐无处不在

各种厂家生产的便携式个人音乐播放器也叫数字音频播放器。苹果公司生产的个人音乐播放器叫苹果音乐播放器，其他公司生产的则统称 MP3。MP3 这个术语指的是一种转换方式，即把声音转换成数字代码并进行压缩，以节省存储空间，而且还不损害音质。

我发现啦！

在苹果公司首席执行官史蒂夫·乔布斯的密切关注下，苹果公司用了差不多一年的时间获得了迅速的发展。在2001年，苹果公司以"你口袋里的1000首歌曲"为广告语，推出产品，从那时起直到现在，苹果音乐播放器一直都是畅销品。

未来到底会怎样？

MP4 比 MP3 的传送速度更快，具备音频和视频功能，所占内存容量更小，更适合通过互联网对数据流进行实时转换。

MP3 代表 MPEG-3，是 MPEG-1 layer 3 的简称，即音频数据压缩技术。"MPEG"即动态图像专家组（由国际标准化组织与国际电子技术委员会于1998年联合成立，专门致力于运用图像及其伴音编码标准化工作）。它指的是电子专家组运用一系列的运算法则，算出图像及声音是怎么被转换成数字电子格式的。

电池组

显示器： 液晶显示器能够显示菜单选项，如正在播放的曲目、耳机音量及其他特性等。

轻薄外壳

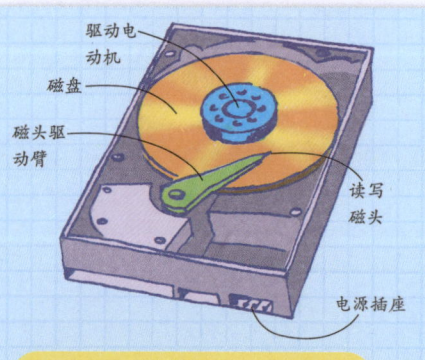

驱动电动机
磁盘
磁头驱动臂
读写磁头
电源插座

硬盘驱动器的工作原理

硬盘驱动器简称硬盘，由一个或一叠磁盘组成。每张磁盘的外层覆盖有一层薄薄的磁性材料。磁头驱动臂上的读写磁头在磁盘表面做旋转运动，因此与磁盘表面基本接触不到。写入信息，读写磁头在一个特殊部位创建磁点；读出信息，读写磁头检测已创建的磁点。

硬盘： 所有的音频信息都存储在这个迷你版的计算机硬盘上，通常用千兆字节来衡量存储空间的大小。

防震： 数字播放器的硬盘是很坚硬的。但硬盘表面还裹着一个橡胶条或类似的包装，这样能起到防撞抗震的作用。

第四章
它们是怎么工作的

一些带显示屏的数字音乐播放器内置了一些视频游戏，如俄罗斯方块、单人纸牌游戏等。

闪存

一些 MP3 使用闪存，闪存就是一个能存储信息的微型芯片。存储的信息可以被删除或重编。与小硬盘或微型硬盘相比，闪存芯片或闪存条具有体积小、价位低、信息存储量比较少的特点。然而，闪存耗电量少，因此它的电池使用时间比微型硬盘的电池使用时间要长。把闪存插入到播放器、电脑或网络 USB 接口就可以工作了。

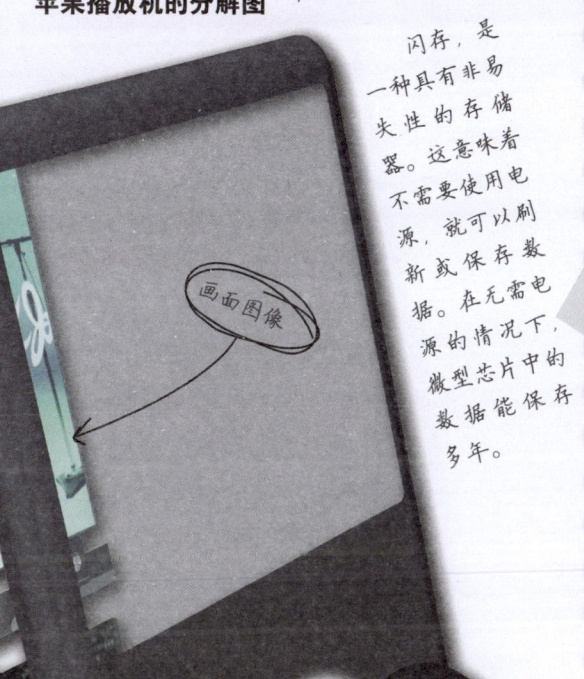

苹果播放机的分解图

画面图像

母板

闪存，是一种具有非易失性的存储器。这意味着不需要使用电源，就可以刷新或保存数据。在无需电源的情况下，微型芯片中的数据能保存多年。

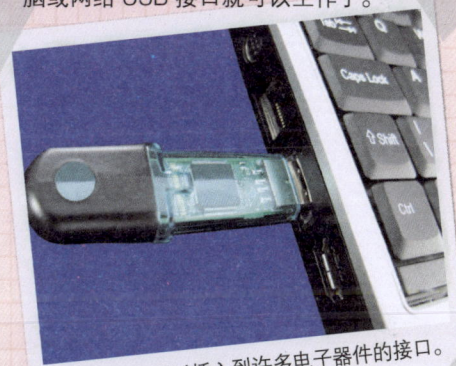

USB 闪存条可以插入到许多电子器件的接口。

点击式转盘：在菜单选项上选择播放、暂停、快进、向后跳、音量，或返回上级菜单，只需点击这个转盘上的部位就可以完成。

触摸式传感器：这一系列的平板组件叫电容检测器。当一个物体，例如手，接近这一系列的平板组件时，就会使其顺着手的方向发生移动。屏幕显示内容会使电容检测器保存的电量发生改变。也就是说，屏幕上一显示内容，电容器的电量就会减少。

人们先使用的是便携式激光 CD 播放机，随后才有了苹果、MP3 播放器。便携式激光 CD 播放机比 MP3 播放器的体积大 10 多倍，重量也大。而且经常一移动就会导致光盘发生跳读。

.227

人人都爱游戏机

自 20 世纪 60 年代开始，就有了电脑游戏机和电视游戏机。早期的版本只有几个简单的游戏，比如打网球，只有两个球拍和一个小球，而且是黑白两色的。新型游戏机的游戏种类则数以百计，急速动作、三维图像及丰富多彩的颜色让游戏玩家连连叫好！你可以自己玩，可以和朋友对战，或联机与世界各地的人一起玩。

"太空入侵者"曾经是最受欢迎的游戏之一。这款游戏在 1978 年推出的时候被众多游戏厅所用，后又发展为家用游戏机游戏，风靡全球！

我发现啦！

1952 年，出现了第一款电脑游戏：井字游戏，使用的是图像，也就是图形和符号，而不是文字。1958 年，出现了网球游戏。1962 年，第一款真正的电脑游戏——太空大战问世啦！

未来到底会怎样？

一些人建议电视游戏应该内置休眠期，每连续工作 1 小时就停 10 分钟。这样不但有利于人体健康，而且还能阻止人们对游戏过于着迷。

索尼游戏机

主机板

芯片：许多微型芯片都包含一个时钟芯片。这个时钟芯片用来确保所有电路能正常工作，并且能在彼此之间准时发送信号。

电视游戏机正处于第七代时期，游戏型号有索尼游戏平台 3、微软 XBOX360 及任天堂游戏平台等。

光盘驱动器：一些高级游戏机能播放 DVD 和蓝光光碟。它还可以当作光盘播放机，在高清电视或电脑显示器上播放电影。

虚拟世界

互联网视频游戏变得越来越复杂。这些游戏差不多引领着人们在电脑虚拟世界里有了另外一种生活方式。虚拟角色是游戏玩家的身份代号。每个游戏玩家都可以给自己选一个虚拟角色，而且还可以经常改变，从喜欢的人物形象到动物、怪兽、机器人、机械，甚至是简单的符号和图标。

第四章 它们是怎么工作的

✳ 运动传感器的工作原理

一些手持控制器，例如任天堂株式会社研发的独特的遥控器，能感知游戏运动，能向操纵台发送游戏任务的信息。有一种类型的控制器，内部有一个小陀螺仪，这个陀螺仪旋转产生的旋转力使控制器具有防倾斜、防滑的功能。其他一些控制器装有弹性片或弹簧圈，它们在接收控制台信息的时候，具有滞后性。

传感器接收来自手持遥控装置的信息。
无线手柄的惯性运动
传感器
手持无线遥控器
显示器
传感器探测运动及加速度。

电源开关

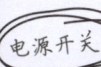

图标：图标是世界各地的人都常用的、大家都看得懂的小图像、符号或记号。

电池

侧肩按钮：要用食指来按侧肩按钮。如果侧肩按钮有两个，大概得用中指按这些按键了。

一个典型的电视游戏团队从业人员有100多人。游戏团队负责开发游戏的整体外观、游戏图形、游戏动画、游戏音乐、游戏声音、游戏本身的规则及策略。

力反馈：带有偏移重量的小电动机旋转引起耳机产生振动。例如，如果你开的赛车脱离了轨道，开到了颠簸的路上，就会引起振动。

操纵杆：操纵杆是安置的一个小蘑菇形的游戏杆，靠拇指尖或拇指肚来操控。它有两个互成直角的传感器，在360度的圆圈内沿着轨道任意运动。

控制器：通过操作无线电遥控器的按钮来选择菜单，菜单在屏幕上显示，操作按钮来移动屏幕上的条目，像开门关门、开箱关箱、开火及其他任务操作等，这些都要取决于游戏本身的需要。

2005年，索尼系列游戏机的销售数量超过一亿台，创造了惊人的销售纪录。

现代通信之王——手机

移动电话，也就是手机，已经成为人们日常生活中不可缺少的工具之一。人们难以想象没有手机的生活会是什么样子。然而，就在 20 年前，老式手机的尺寸是现在手机的 3 倍之大，价钱比现在要贵五倍多，而且还没有发短信的功能。与过去的手机相比，现在的手机在尺寸上虽然没有缩小太多，但是增添了更多的功能，如游戏、照相机、录音、卫星导航、收音机及电视等。

我发现啦！

在 20 世纪 80 年代，早期移动电话有砖头那么大，也有砖块那么沉。除了在芯片及无线电电路上获得技术进步外，一个最大的进步就是电池变小变轻了，并且电池寿命是过去的好几倍。

未来到底会怎样？

随着科技的进步，未来的手机很有可能比小手指还要小。然而屏幕、图标及按钮也会随之变得更小以至于难以看见，而且也不好操作。声控技术的进步或许能解决这一问题。

2008 年卖出的手机，每五部中就有两部是诺基亚公司生产的。

苹果手机的分解图

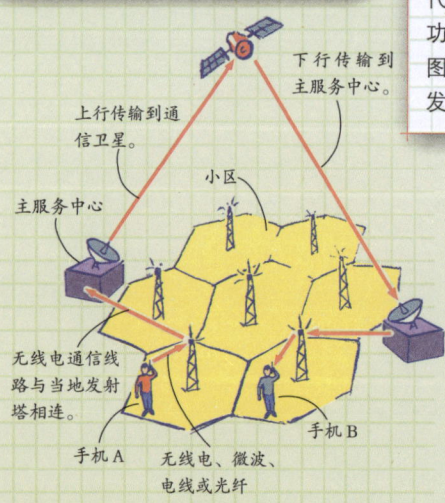

上行传输到通信卫星。
下行传输到主服务中心。
主服务中心
小区
无线电通信线路与当地发射塔相连。
手机A
无线电、微波、电线或光纤
手机B

图标：图标就是代表信息或特殊功能的小图片、图像或符号，如发短信。

在平坦而空旷的地方，一部典型的移动电话与最近的发射塔、接收塔的距离大约为 40 千米以内时，手机才能收到信号。

镍氢电池：镍氢电池体积小，但容量大，是持久耐用的充电电池。较大点的镍氢电池能量更大，可用于电动汽车及卡车上。

✱ 手机的工作原理

每个小区域都有一个无线电发射塔和接收塔在有规律地发射各自的识别码。手机探测到最强的识别码，然后向它发送通话信号或短消息。发射塔通过无线电、微波或电线与主服务中心相连，主服务中心再与卫星在内的整个通信网相交流。网络搜寻接收手机，并向最近的接收塔发送信息。

第四章
它们是怎么工作的

在自然风景优美的地方，把手机发射塔、接收塔装扮装成树的样子，那样就不会破坏自然景象了。

为什么发短信？

短信服务能传送多达 160 字节的数字、字母以及像"&"和"@"之类的符号。发短信在拇指按下的那一瞬间就能完成，而且比打电话要便宜得多，此外不用把手机拿到耳边就能完成。有人担心传送的无线电波会伤害人耳，甚至伤害人脑。然而，到目前为止，还没有医学检验证明使用手机发短信会比打电话过多地危害人体。

发短信比打电话方便，也更便宜。

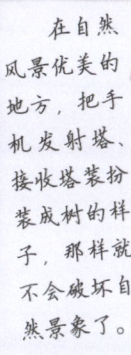

屏保

触摸屏：触摸屏摒弃了以往操作时需按手机键盘的模式，现在只需在手机界面上触摸按钮图标就可以完成。根据手机模式，触摸屏可以轻松自如地改变按钮图标，如通讯录、游戏或短信。

开关休眠：按开关键就能让手机进入节能模式，即休眠状态。按这个开关键时间稍长一点，就会让手机进入开机或关机状态。

金属外壳

电话图标

连接处：通过插口使手机与电脑或网络相连，下载（发送）或上传（接收）如图像、声音、短信及游戏等信息。

根据手机用户的潜在数量及地形的高低情况，手机信号发射塔、接收塔的设立有一定的间隔。在高楼林立的地方，发射塔和接收塔就会相对密集。

回家看电影：家庭影院

扬声器：标准的扬声器配置是 5∶1。重低音音响摆放在任意位置都能听到深沉浑厚的低音，带立体声效果的左、右前置扬声器弥补了声音只能从中间的前置扬声器发出的不足，再加上左、右后置扬声器，给我们带来震撼的环绕声效。

等离子平面屏幕

组件搁板

DVD 播放器：一个标准的 DVD 内存大约是 4.7GB，是 CD 内存的六倍多。这个容量的播放器能播放时长两个多小时的有声彩色电影。

连接电缆：连接电缆种类很多。有狭长的 21 针斯卡特插头，红、绿、蓝视频组件插头，小圆 S 视频插头，接电脑显示器的 DVI（数字视频接口）插头，及最新款式的 19 针 HDMI（高清晰多媒体接口）插头。

音响系统：DVD 声频信息输入到音响系统，它有一些诸如音量、低音、高音、平衡、减弱等控件。

　　蓝光光盘看起来像蓝色的 CD 或 DVD，它使用蓝色激光光束来进行读写操作。与常见的红色激光的 DVD 相比，蓝色激光能读取光盘表面更微小的点。这就使得蓝光光盘能存储更多的信息（25GB 甚或 50GB），也就能看高清电影了。

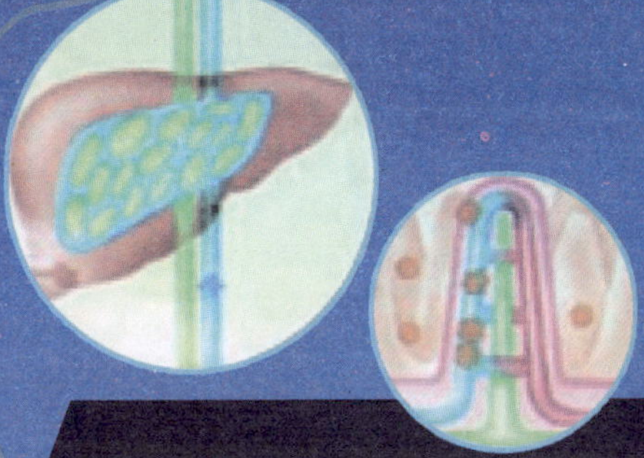

第五章

认识我们的身体

人体生理系统

许多器官和组织联系起来共同完成人体某项生理功能，它们组成为一个系统，只有当所有系统都互相配合有效工作时，人体才能保持健康。本章所要讨论的是人体的结构构成和系统功能，了解细胞、组织和器官的基本形态。

复杂的"机器"

我们可以把人体看作是一台复杂的机器。这台机器需要用食物提供的能量来工作，并且具有自身的监控系统，出现故障时在一定程度上可以自行修复。在经过了漫长的进化后，人体可以承担更多的功能，适应各种环境，并且能够完成许多复杂的体力和脑力活动。

细胞的分布

细胞是生物体中结构和功能的最基本单位，人体由数十亿个细胞组成，部分细胞在人体内构成组织，最常见的组织就是肌肉和骨头。在身体的某些部位，不同类型的组织组合成器官。每个器官都有它自己特殊的功能，例如，心脏这个器官的任务就是驱动血液在体内循环。

许多器官和组织联系起来共同完成人体某项生理功能，它们就组成了一个系统，只有当所有系统都互相配合有效工作时，人体才能保持健康。在本章以后的章节中我们将讨论以下几个系统。

人体系统

骨骼是由许多骨头构成的一个框架，支撑人体的其他部分，是运动系统的重要组成部分；神经系统由大脑、脊髓和神经组成，用于控制人体的思想行动，并且辅助监控其他人体系统；心脏和血管组成循环系统，将血液运往全身，在我们的一生中，心脏在持续不停地跳动；与之紧密相关的

知识库

- 人体组成元素的分布：氧（65%），碳（18.5%），氢（9.5%），氮（3.2%），钙（1.5%），磷（1%），其他元素（1.3%）。
- 人体约含有200种不同类型的细胞。
- 水分约占人体比例的70%。

第五章 认识我们的身体

呼吸系统不断地把外界空气中的氧气吸入到肺泡中，由血液循环把氧气运输到全身，同时又通过血液循环把二氧化碳和水运送到肺泡里，通过呼吸作用排出体外；消化系统一方面消化吸收食物中的营养物质，一方面排出废物；泌尿系统可以排出可溶性废物，帮助保持身体内盐和水分的平衡；男性和女性的生殖系统负责种族的延续；内分泌系统由一系列腺体组成，将分泌的神秘化学物质——激素和其他液体，借血液循环输送到机体中，维持内部平衡；最后是免疫系统，这个系统保持身体不受到传染性疾病和异物的侵害。

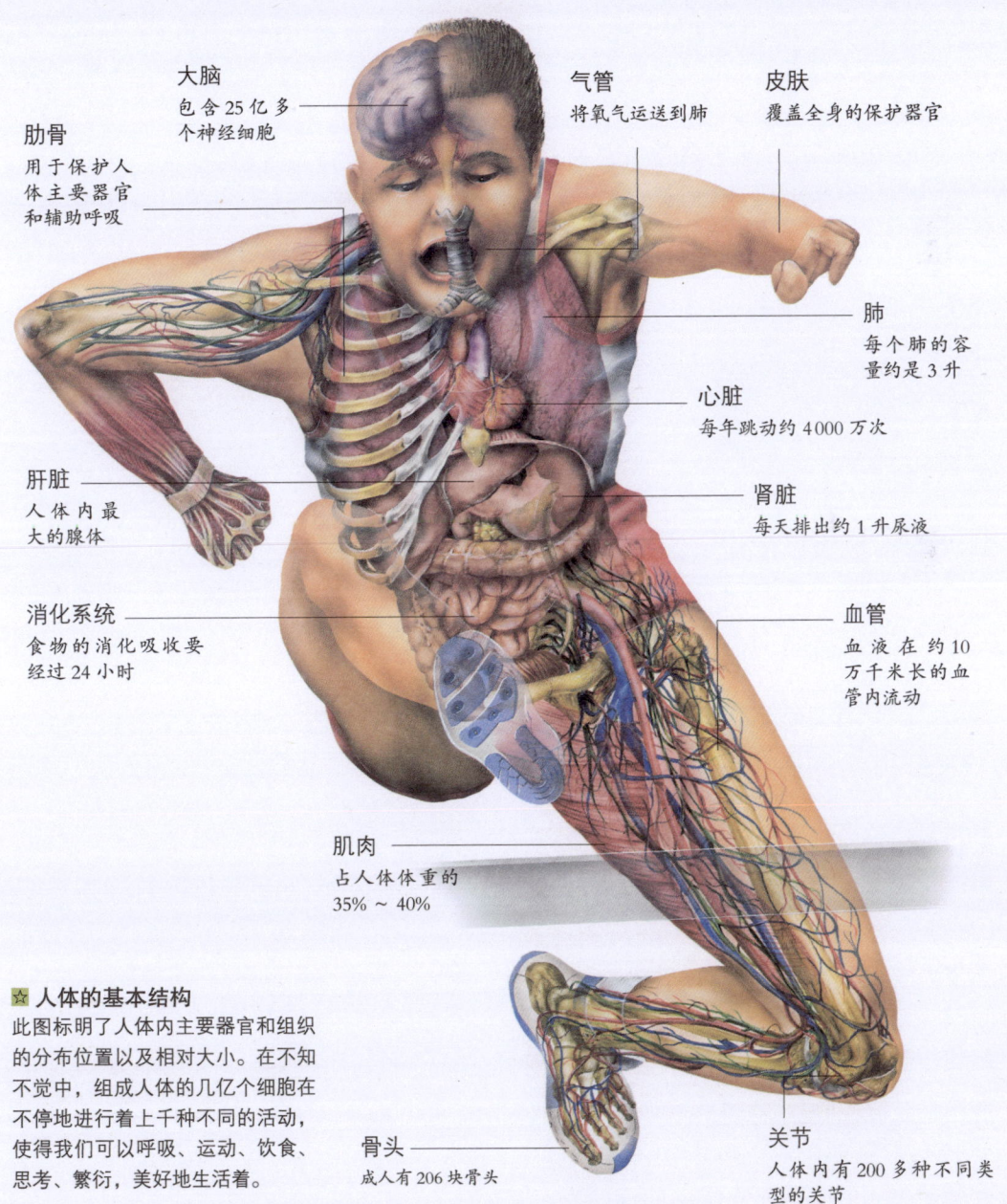

大脑 包含25亿多个神经细胞

气管 将氧气运送到肺

皮肤 覆盖全身的保护器官

肋骨 用于保护人体主要器官和辅助呼吸

肺 每个肺的容量约是3升

心脏 每年跳动约4000万次

肝脏 人体内最大的腺体

肾脏 每天排出约1升尿液

消化系统 食物的消化吸收要经过24小时

血管 血液在约10万千米长的血管内流动

肌肉 占人体重的35%～40%

骨头 成人有206块骨头

关节 人体内有200多种不同类型的关节

☆ **人体的基本结构**
此图标明了人体内主要器官和组织的分布位置以及相对大小。在不知不觉中，组成人体的几亿个细胞在不停地进行着上千种不同的活动，使得我们可以呼吸、运动、饮食、思考、繁衍，美好地生活着。

细胞是生命活动的基本单位

组成人体的细胞超过 50 亿个，这些细胞有 200 多种类型，大小形态各异。细胞极其微小，却非常重要。17 世纪的科学家罗伯特·胡克认为，植物组织的内部结构和修道院修士所居住的密室（cell）相似，所以用这个单词给细胞命了名。

人体内的大部分细胞都很微小，肉眼看不到。即使是人体内最大的细胞——卵子，也只有针尖那么大。但是在这些微小的单位里都进行着生命的全部过程，它们可以移动、呼吸、繁殖，对刺激做出反应，并且生成能量。所有细胞在一起共同构成了人体。

透过显微镜观察细胞，可以看到细胞呈袋状结构，细胞的最外面是细胞膜，它是一种双层的薄膜；细胞膜内是一种胶冻状的物质——细胞溶质，其中分布着叫作细胞器的微小单位，细胞器能够实现细胞的活动。细胞器和细胞溶质合称为细胞质。

细胞器

最大的细胞器是细胞核，它是细胞的控制中心，包含遗传物质，保证细胞的正常繁殖；线粒体是呼吸作用和能量生成的场所；溶酶体可以分解有毒物质，清除废物；核糖体辅助蛋白质的生成；中心粒在细胞分裂中起着重要的作用；内质网是细胞内物质流动和蛋白质合成的通道；戈尔吉器能够对蛋白质进行加工处理再将它释放到细胞膜中。微管是细胞的支架，帮助物质运动。

DNA

细胞核内包含着细胞分裂和复制所必需的物质，这就是被称为 DNA（脱氧核糖核酸）的物质。细胞通过分裂的方式复制。在这个过程中，细胞核分解，DNA 变为成对的线状结构——染色体。每个染色体上都承载着基因。细胞根据基因上的遗传密码制造组成新细胞所需的物质，并且控制基因的活动。

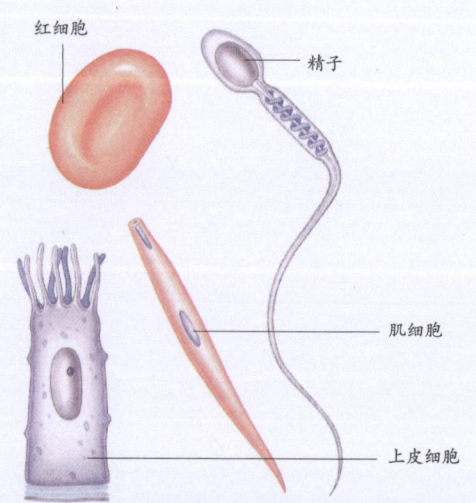

☆ **细胞的种类**

人体内的细胞形态各异，承担各种各样相应的功能。例如，精子有一条便于游动的尾巴，红细胞中包裹着血红蛋白，胃部的上皮细胞有柱状外缘，可以增大吸收面积，肌细胞会形成伸长的组织束。

细胞的构造

这幅插图表现了人体细胞的典型外观和切面。多数人体细胞只有在高倍显微镜下才能看到。

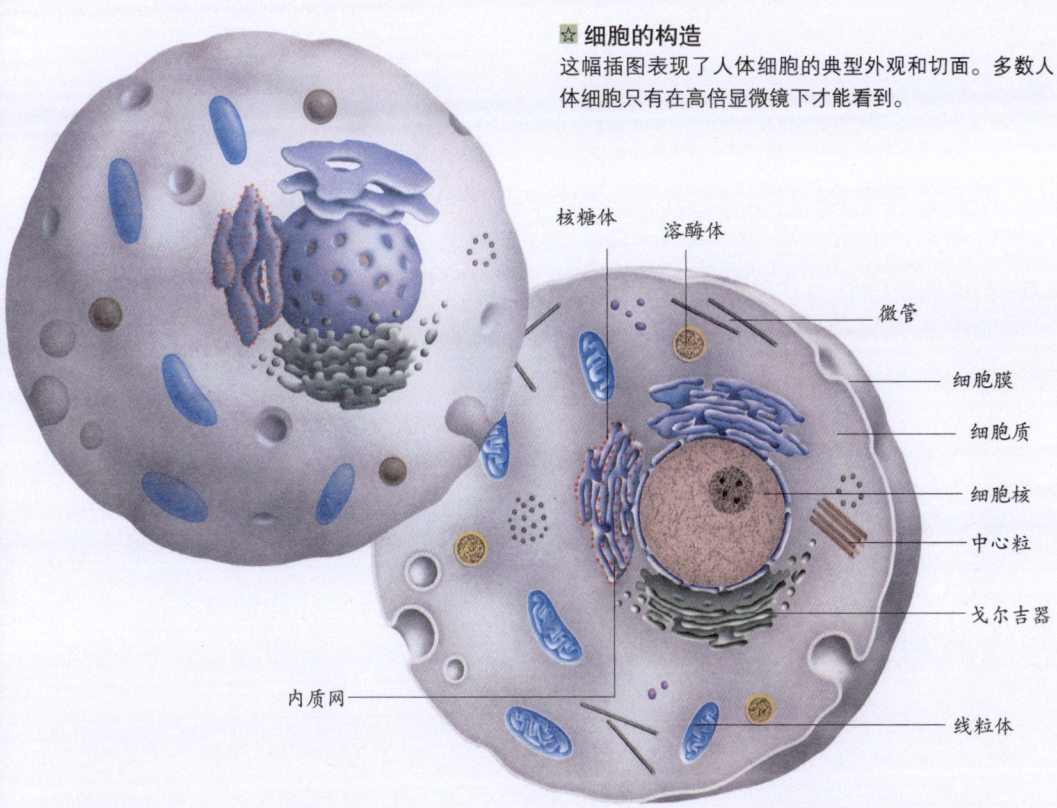

双螺旋结构

DNA 的形状是双螺旋结构，就像是一个旋转的阶梯。它以核糖核苷酸和磷酸二酯键为支架，以成对的化学物质碱基为梯级。碱基包括胞嘧啶、尿嘧啶、腺嘌呤和鸟嘌呤。胞嘧啶只能和尿嘧啶互补。腺嘌呤只能和鸟嘌呤互补。当一条 DNA 复制时，它双链的一端开始解螺旋，其上的互补碱基也随之分离。两条链各自成为独立的模板，与互补碱基形成新的链。原先的单条 DNA 变成了一对 DNA，每条 DNA 分别有一条旧链和一条新链。

人体组织和器官

许多具有相似功能的细胞构成了组织，它不仅是人体的主要结构，也是绝大多数植物和动物的主要结构。有一些组织很柔软，例如皮肤的内层、肝脏组织和肌肉组织，而骨头和指甲这样的组织却比较坚硬，多个组织联系在一起组成器官，完成人体的各项生理功能。

我们将在此处介绍组织的主要类型，以及某些特殊的组织和它们的功能。

我们还将了解不同类型的组织是如何构成器官的（后文将会讨论人体的主要器官以及它们在人体内所具有的功能，诸如心脏、肺、胃、肝脏、性器官和肾脏）。

组织的类型

上皮组织覆盖在人体的内外表层上，这种组织通常位于结缔组织的上方，由许多密集的上皮细胞连接而成。最常见的上皮细胞分布在血管、肺和心脏内部的腔壁上，它们由单层扁平细胞组成，消化系统的上皮细胞则厚很多，而且会分泌酶和黏液，消化道的上皮细胞有细小的可以波动的绒毛，从而保持黏液的流动。膀胱上分布着过渡性的上皮细胞，当膀胱中充满尿液时，这些细胞会伸展。

身体的表面由多层坚韧的上皮组成，最外面的表皮层包含一种坚硬的物质——角质，另一些上皮细胞构成腺体。这些细胞所包含的物质要么流入一个中心腔，要么就扩散到血液中去。

纤维和其他基质位于结缔组织的组成细胞周围。软骨中包含有弹力纤维，当我们

骨的构造

骨是一种特殊的结缔组织。它并非是实心的，而是具有一个中空的骨髓腔，骨髓里每天会生成几百万个红细胞。从图中的股骨构造可以看出，骨的外层是坚硬密实的骨密质，内部则是比重较轻的骨松质，血管和神经通过外层的管道进入中空的骨髓腔。

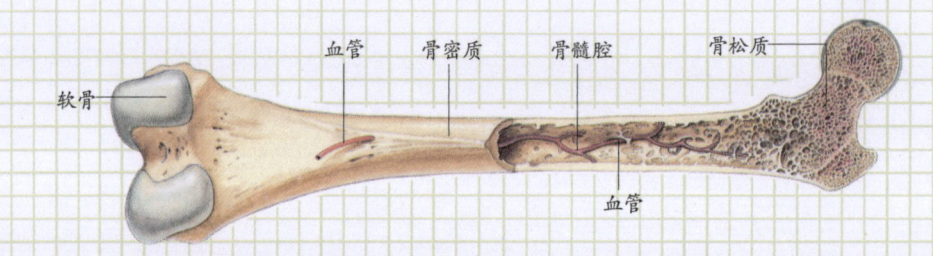

第五章
认识我们的身体

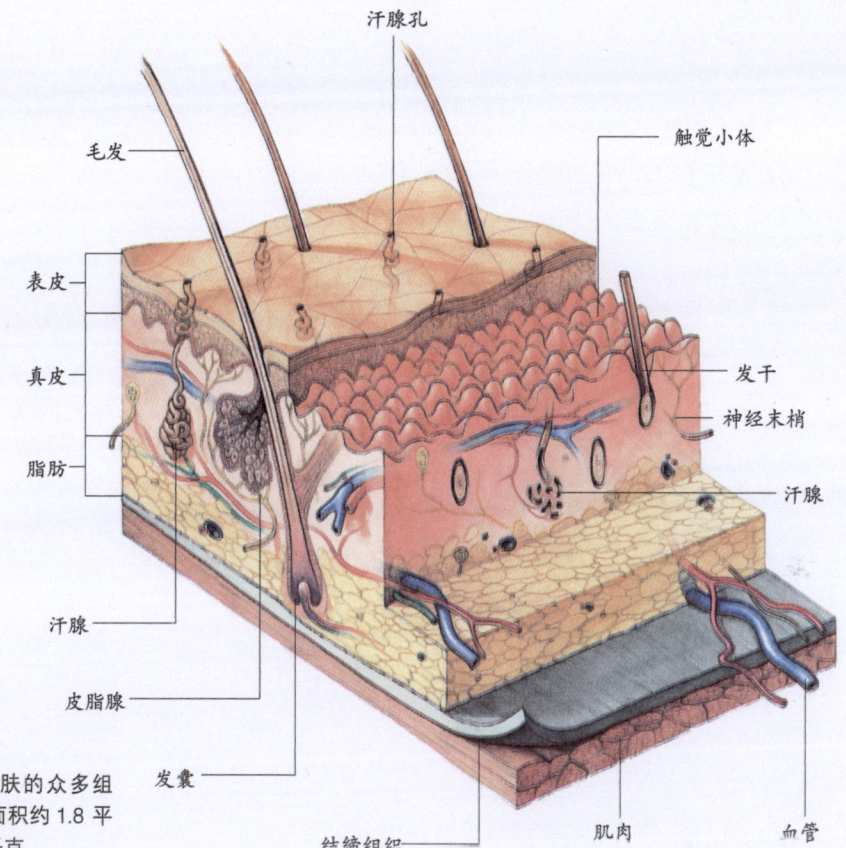

✿ 皮肤
此图显示了构成皮肤的众多组织。成人的皮肤表面积约 1.8 平方米，重量将近 3 千克。

说话时，会厌软骨就会振动。有一些结缔组织和骨头结合在一起，例如分布在椎间盘之间的纤维软骨，透明的软骨覆盖在骨头的末端上，紧密的结缔组织用于构成韧带和肌腱，而疏松的结缔组织则用来连接不同的器官，同时也是神经和血管穿行的地方。还有一种脂肪组织用于储藏脂肪。

血液是一种液态的组织。血液中流动的血清含有三种主要细胞——红细胞、白细胞和血小板。

神经组织构成人体内的神经系统，此外，大脑和脊髓也由神经组织构成。

淋巴组织中的淋巴管遍布全身，淋巴组织中含有淋巴细胞，这种白细胞可以进入循环系统吞噬异物，它们负责人体免疫，产生抗体，清除侵入体内的微生物。

肌组织是健康人体内主要的柔软组织。

器官

器官由不同类型的组织组成。人体内重要的器官包括大脑、心脏、肝脏、眼睛和肺。皮肤也是人体最大的器官之一，它由肌肉、脂肪、神经、血液和结缔组织构成，并且有上皮组织覆盖其上。

骨骼是身体的支架

骨骼构成身体的支架，它对大脑、心脏和肝脏这些精密器官起保护作用，也使人体能够保持姿势，并且通过附着其上的肌肉使我们得以移动四肢，转动头部。胸廓的运动使肺部扩张，协助我们呼吸，头面骨的运动能够保证我们饮食的顺利进行。

骨骼是一个独特的结构，一方面，它十分强壮，有力地支撑着人体的重量；另一方面，它又足够轻盈，人体可以轻易承载它的重量，并且活动自如。骨骼是人体内重要的活化工厂，其中包含着大量的钙、钾和磷。这些矿物质不仅使骨头坚硬有力，而且参与人体其他代谢过程，例如是神经系统活动所必需的元素。

当骨头受到损伤时可以生成新的骨细胞，进行自我修复，当骨头处于重压之下时，它还会合成更多的钙质，从而加强自身的力量。

各类骨骼

全身的骨骼可以分为两部分：其一是中轴骨骼，包括头骨、肋骨、椎骨和胸骨；

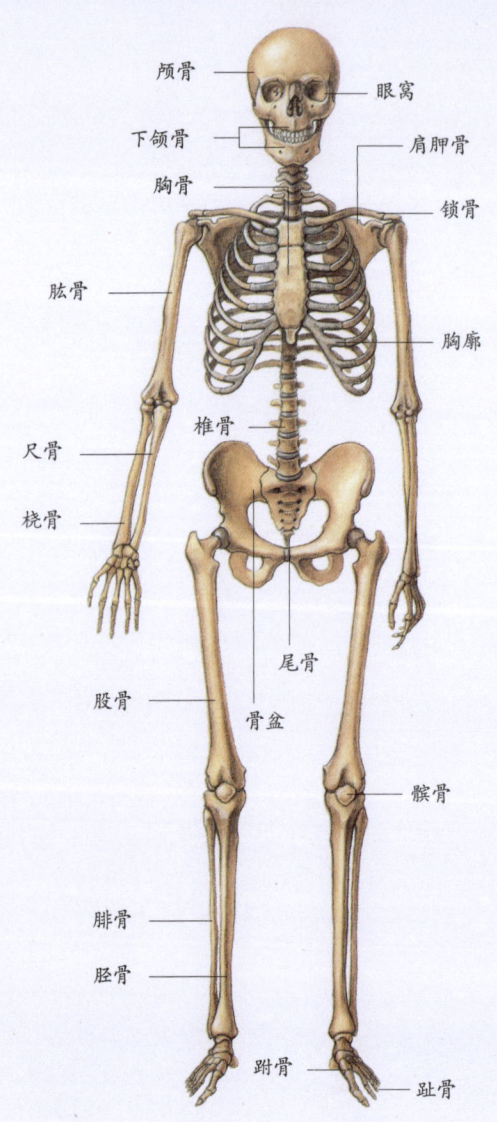

■ 骨骼
上图标明了组成人体支架的主要骨骼。有一些骨头因为太微小，所以没有在图中标出，例如中耳处的3块骨头和支撑舌部肌肉的舌骨。

知识库

- 婴儿的骨头有350多块，成人的骨头只有206块，这是因为在骨骼的成长过程中，有一些较小的骨头结合成了较大的骨头。
- 人的手和脚包含120多块骨头。
- 骨头是人体最耐久的部位之一，有时骨头可以保存上百万年。

其二是附肢骨骼，包括四肢、锁骨、肩胛骨和骨盆。

头面骨由22块骨头组成，其中保护大脑的8块骨头被称为颅骨，头骨同时也对眼睛和耳朵起保护作用；下颌骨能够帮助人们咀嚼食物；脊柱由26块骨头组成：颈椎7块，胸椎12块，腰椎5块，以及骶骨和尾骨各1块。人体的每个上肢包含着32块骨头，每个下肢包含31块骨头；人拥有12对肋骨，肋骨呈弓形，前端和胸骨相连，末端和胸椎相连，肋骨以这种方式围成了形状像骨笼的胸廓，心脏、肺、胃、肝脏和肾脏等器官位于其中。

人体内最大的骨头是股骨，它们的重量约为全部骨骼重量的1/4。位于中耳处的镫骨则是人体内最小的骨头，它只有3毫米那么长。

骨骼上所附着的肌肉

肌肉是使骨骼运动的动力器官，许多骨头都有特殊的表面，可以使肌肉牢固地附着其上。例如，大而平坦的肩胛骨为肌肉提供固定的附着点，肌肉通过韧带这种结缔组织和骨骼连接，从而为肩膀和手臂的运动提供动力。

关 节

骨头本身很坚硬，但是骨头在连接处形成关节，这样人体才会弯腰、旋转或翻身。人体内拥有的关节有200多种类型。

膝关节（股骨和胫骨的连接处）表面滑膜分泌一种叫作滑液的黏液，用于润滑骨头末端的软骨，环绕在关节上的韧带在关节活动中起保持稳定的作用。但并不是所有的关节都能够运动，例如头面骨。

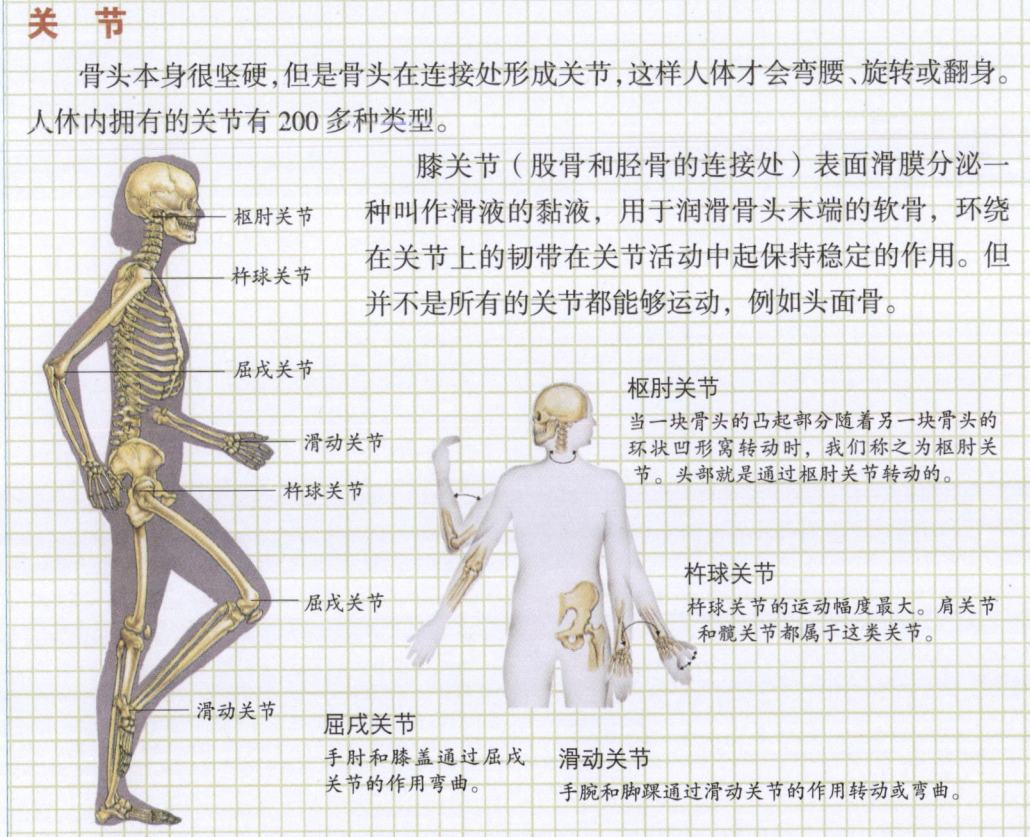

枢肘关节
当一块骨头的凸起部分随着另一块骨头的环状凹形窝转动时，我们称之为枢肘关节。头部就是通过枢肘关节转动的。

杵球关节
杵球关节的运动幅度最大。肩关节和髋关节都属于这类关节。

屈戌关节
手肘和膝盖通过屈戌关节的作用弯曲。

滑动关节
手腕和脚踝通过滑动关节的作用转动或弯曲。

人体的发动机

肌肉的重量约占人体体重的一半,它也是一种主要的软组织。肌肉为我们四肢的活动和心脏的规律跳动提供必要的动力,并且控制着人体内多数系统的工作。

人体内有3种不同的肌肉:骨骼肌,旧称随意肌;平滑肌,旧称不随意肌;还有心肌。这3种肌肉在遇到刺激时都具有收缩、拉长和回复原状的能力。因为肌肉只能拉伸,所以每块肌肉运动拉长时,都需要一块与之对应的肌肉将它拉回原位,所以肌肉通常成对分布。

肌肉的构造与功能

骨骼肌是由肌原纤维这种肌细胞通过结缔组织连接而成的,骨骼肌中分布着丰富的血管和神经,它可以运用血液所提供的氧气和葡萄糖生成肌肉收缩所需要的能量。因为我们可以有意识地控制骨骼肌的运动,所以骨骼肌又被称为随意肌。骨骼肌成对地附着在人体内所有骨骼上。在骨骼肌的作用下,我们可以通过关节的运动来活动四肢、弯腰、做出表情、转动头部和呼吸等动作。

在大脑的统一控制下,几组肌肉相互协作,从而做出上述动作。例如,抬腿的过程不仅和腿部肌肉有关,还需要背部和臀部肌肉的参与,才能保持身体其他部位的平衡。

将平滑肌放在显微镜下观察时,它没有骨骼肌上的交错横纹,平滑肌一名由此而来。平滑肌的收缩速度比骨骼肌缓慢,它分布在内脏器官,如消化系统的器官,子宫,膀胱和血管上。

平滑肌的活动不受大脑的控制,因此它又被称为不随意肌。例如,在我们凝聚眼神

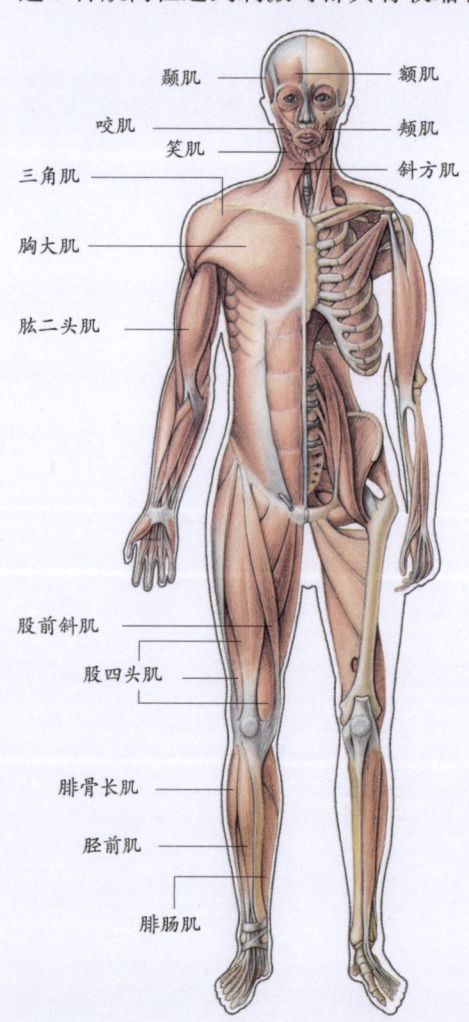

☆ 肌肉的分布
上图中标明了大部分骨骼肌。当我们活动四肢时,有一些肌肉虽然没有剧烈活动,但是它们可能也在收缩。肌肉的收缩,或者说是肌肉的紧张性塑造了人体的形态。

肌肉的收缩

四肢的活动需要许多对肌肉的参与,右图中弯曲手臂的动作即是一例。首先是肱二头肌收缩,将前臂骨骼拉起,然后是肱三头肌收缩,将骨骼拉下,从而使手臂伸直,这种运动在关节处很常见,右图中的运动见于肘关节处。参与这种运动的肌肉称为对抗肌。

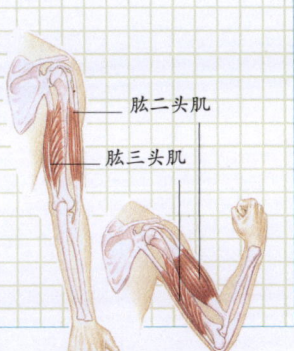
肱二头肌
肱三头肌

或者消化食物时,我们无须进行思考,是一种无意识的活动。

心肌只分布在心脏。心肌的特点是它的节律运动从不停歇。组成心肌的纤维相互连接,从而迅速地形成神经冲动,使心肌迅速有力地收缩。与平滑肌一样,心肌完全不受人的意识支配,它属于不随意肌。

肌肉的收缩

每条肌纤维都由几百万条细小的丝状纤维构成。丝状纤维主要有两种,一种从肌凝蛋白转化而来,这种纤维短而厚;另一种纤维较薄,是从肌动蛋白转化而来。在肌肉收缩的起始阶段,大脑发出一个信号,通过神经传导到肌肉。然后神经末梢释放出一种叫作乙酰胆碱的化学物质,使肌动蛋白纤维滑动到肌凝蛋白纤维之间,肌肉的末端被拉至中间位置,从而使肌肉收缩。这个过程所需要的能量来源于呼吸作用中所产生的化学物质ATP(腺苷三磷酸)。在肌肉收缩过程中,ATP的化学能量转变为机械能,将分子连接在一起。

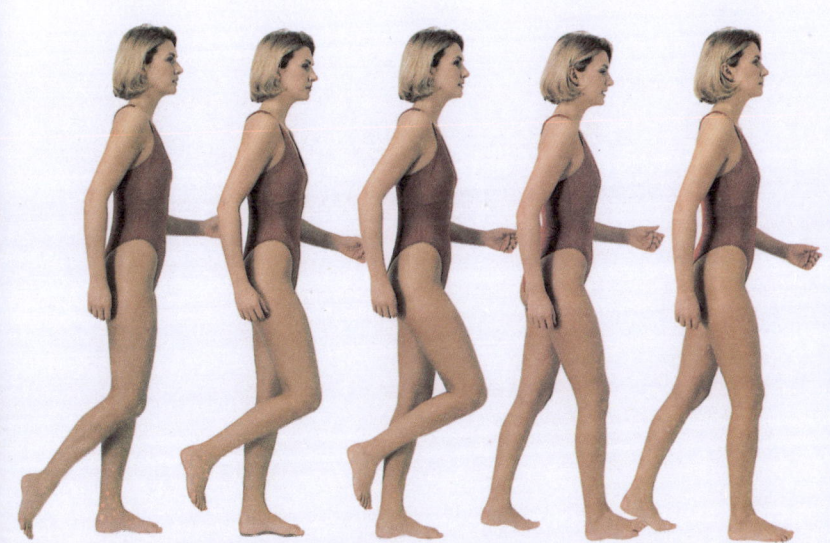

☆ 行走
人体使用两条腿行走,图中这样复杂的运动需要多组肌肉的协调配合,在这个过程中,人们需要轮流抬起两条腿,使之交替前进,并且整个身体也必须保持平衡,维持一定的节奏。注意观察这位女士是如何用手臂进行辅助行走的。

人体的信息网

神经系统的功能是将信息从身体的一部分传递给另一部分，它的最高传送速度可以达到每秒 120 米。神经末梢遍布于全身各处，从器官到皮肤都有神经末梢的存在。大脑操控着这个功能非凡的网络，以控制中心的身份统领着数亿个信号通路的活动。

人体的神经系统可以分为两部分。第一部分是大脑和脊髓构成的中枢神经系统，头面骨保护着极其复杂和精密的大脑。

脊髓位于脊柱椎管内，上端和大脑延髓相连，其中含有大量的神经细胞。大脑、四肢和躯干之间的数万个神经冲动都通过脊髓这个通路进行传导。

在横切面上，脊柱中央为灰质，包在灰质外面的是白质。组成白质的神经细胞将神经冲动向上传导到脑或是向下传导到脊髓，灰质则控制着神经细胞之间的信息传送。

成对的脊神经从大脑和脊髓发出，从椎间孔中穿出，这些神经的分支遍布全身，构成神经系统的第二部分，我们称之为周围神经系统。周围神经系统的神经末梢常常向我们提示身体内部和外部的情况。周围神经和肌肉的联系使肌肉遇到刺激时发生收缩反应，从而产生运动。

神经系统

大脑和脊髓构成中枢神经系统。周围神经系统遍布于全身各组织和器官，它包括由大脑发出的脑神经和由脊髓发出的脊神经。

每个神经元都有一个细胞体和一个细胞核，以及微小的突起。大多数神经元都有多个短的突起，叫作树突，以及一个长的突起，叫作轴突。树突以电冲动的方式接收信号，并将信号传递到神经元的中心。轴

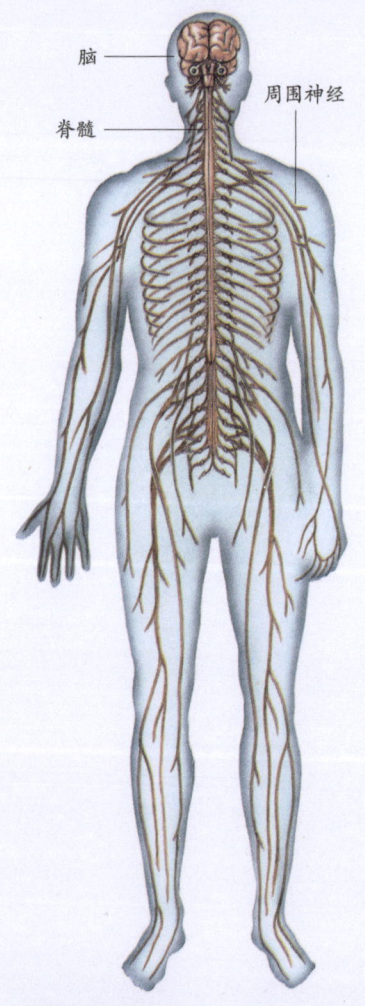

☆ 神经的结构

单独的神经细胞被称为神经元。神经元所传导的细微电冲动组成神经信息，感觉神经元会将冲动传入大脑，运动神经元则将冲动传出。神经元的大小和形态多种多样。

第五章
认识我们的身体

突则是将信号传出到相应的组织上。轴突的周围常常有一层髓鞘，髓鞘中含有大量的脂肪，它通过封裹来保护轴突，并加速神经冲动的传导。

神经冲动的传导

当神经元受到刺激时，在它的细胞膜表面，电量发生细微的变化，形成神经冲动的传递。神经冲动沿神经传导时，必须穿越所有轴突和树突末端的空隙（突触），神经冲动在到达轴突末端时消失，并引起轴突末端释放一种化学物质——递质。通过递质的作用，突触的细胞被激活，神经冲动得以继续传递。

动物性神经系统中的神经元遵循我们有意识的指令，例如走路、谈话和书写。植物性神经系统中的神经元完成我们无意识的活动，诸如改变心率和控制食物消化的速度。

☆ 周围神经
这是一个周围神经系统中典型的神经元。神经元通过许多分支和肌肉相连。大脑（或者是反射作用中的脊髓）所发出的冲动经过神经传递到肌肉，使肌肉收缩，从而产生运动。

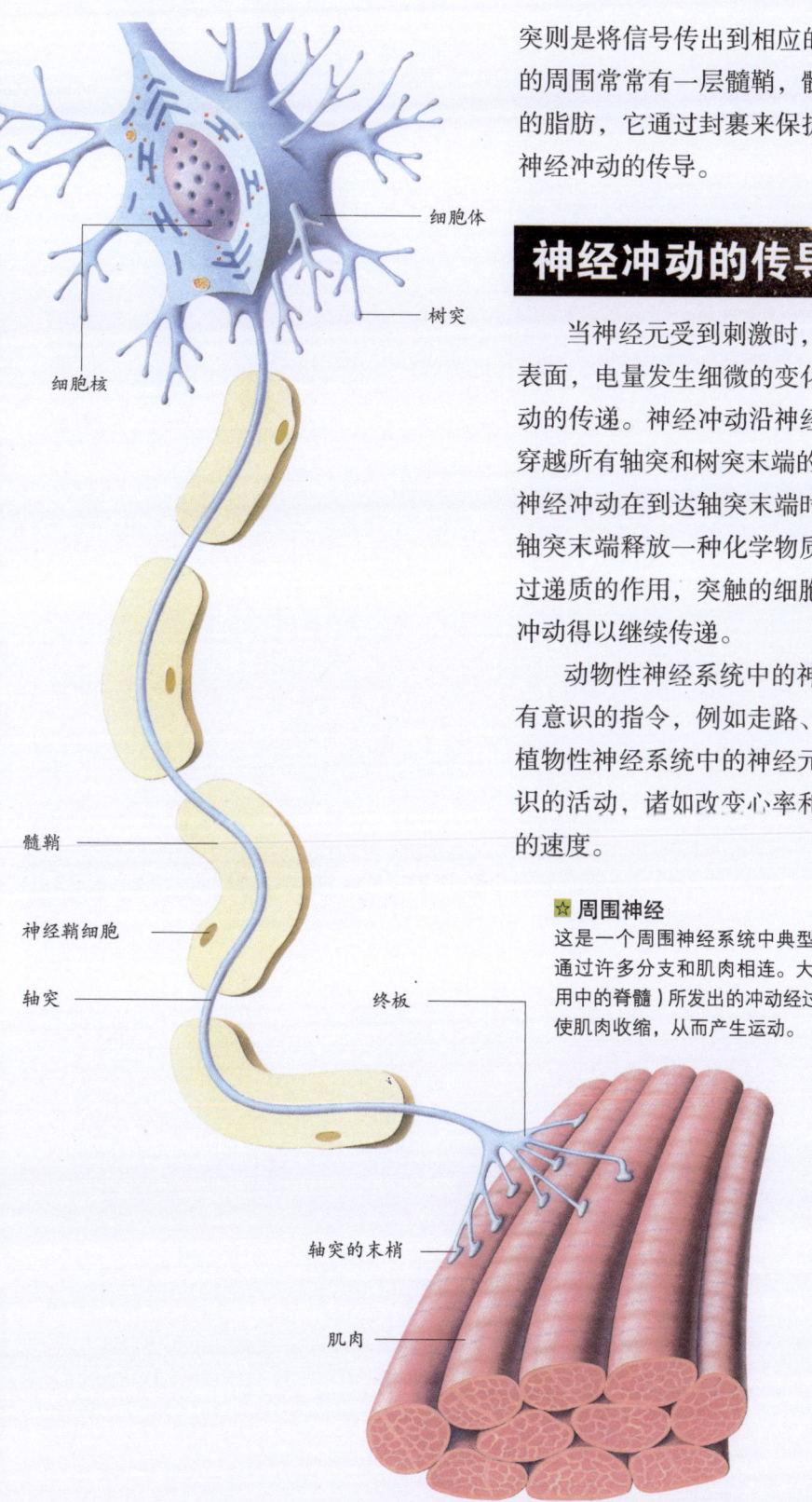

体内物质运输的系统

循环系统包括人体内的大血管和微血管，这是一个复杂的运输系统，它的总长度约为 10 万千米。通过心脏的收缩作用，循环系统将血液运往全身，从而维持生命。

血液的有效运输对于维持身体健康来说是至关重要的。血液运送着氧气和食物中的营养物质，并且将细胞代谢过程中产生的二氧化碳等废物排出体外，血液还维持着人体内的水分比重和化学平衡，并保持体温恒定。

一个成年女子体内的血液总量是 4～5 升，一个成年男子体内的血液总量是 5～6 升。血液中将近一半是血浆（血浆中含有水、蛋白质和盐分），其他成分是红细胞、白细胞和血小板。

血细胞

红细胞又称红血球，呈无细胞核的扁平结构。人体每立方毫米的血液中约有 500 万个红细胞。骨髓是红细胞的诞生地，每秒钟可以生成约 200 万个红细胞。血液中运送氧气的血红蛋白中含有铁，因此红细胞呈现红色。

白细胞，又称白血球，比红细胞略大一些，有细胞核。人体每立方毫米的血液中大约有 5 000 个白细胞。有些白细胞（巨噬细胞）可以包围并吞噬进入体内的异物，例如微生物，还有一些白细胞能抵抗各种病菌的感染，产生各种抗体。

血小板这种细胞较小。当血管壁受到

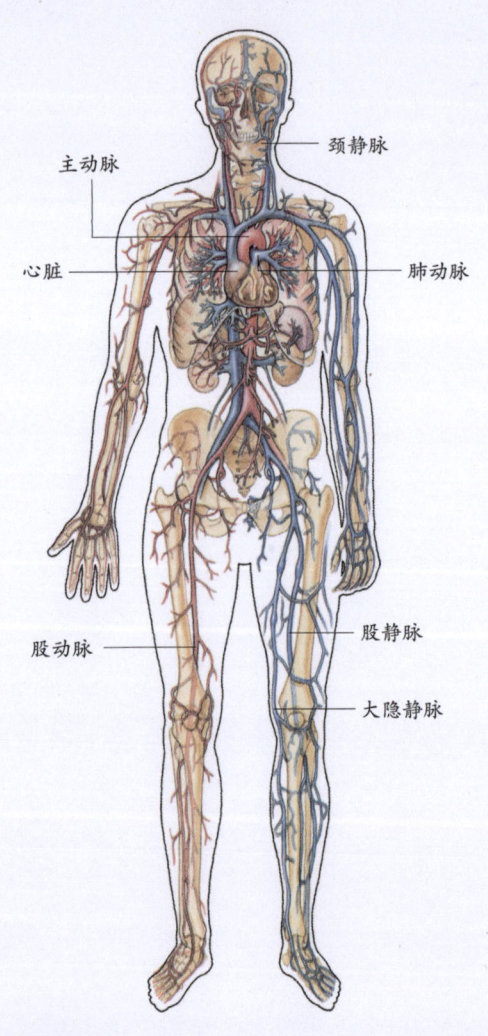

☆ **循环系统**
静脉将血液运到心脏，在图中标为蓝色；动脉将心脏内的血液运出，在图中标为红色。连接心脏和肺的肺动脉中流动的是静脉血，除此之外，所有动脉中都流动着动脉血。

血液运输

如下图所示,动脉由上皮细胞层、结缔组织和肌肉层组成。静脉中的瓣膜起到防止血液回流的作用,血液流经全身血管。白细胞分为5种类型,它们占血液容积的10%。红细胞的数量是白细胞的1000倍左右。

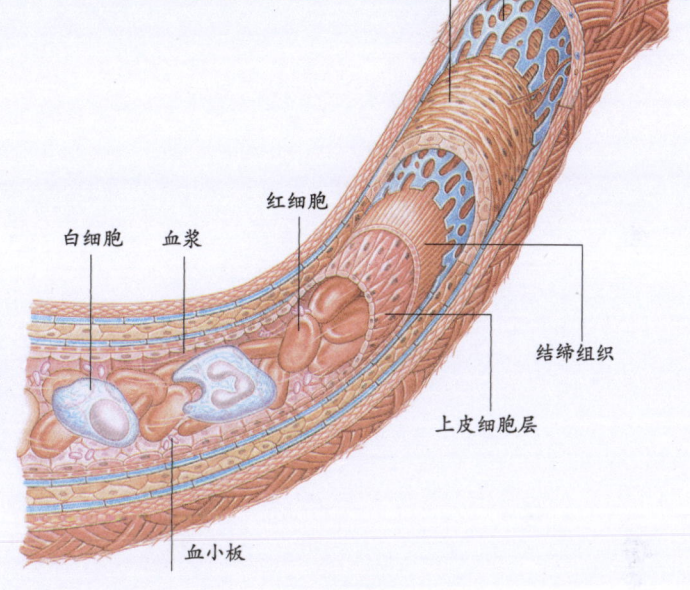

损伤时,血液在血小板作用下凝固成块,起到止血的作用。

血管

人体内的血管所组成的网状系统遍布全身各处,其分支可达全身各处细胞。最有力的血管是动脉,因为动脉壁必须承受从心脏流出血液所产生的高压。动脉分支为小动脉,小动脉又分支为毛细血管。毛细血管将血液运往全身各个组织。食物和氧气经过毛细血管的薄壁进入细胞,同时二氧化碳等废物被运出细胞。毛细血管里的血液再次汇合到小静脉,小静脉里的血液又到静脉,最后将血液运回心脏。

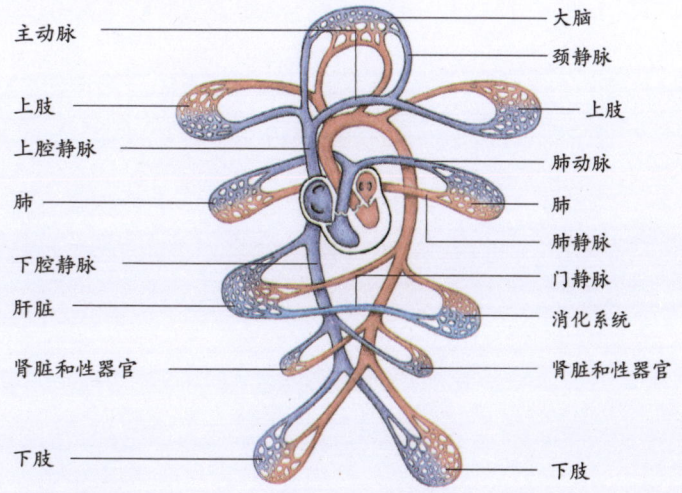

☆ 血液循环

肺动脉将血液运送到肺部,血液在肺部得到氧气,并将氧气运送到全身的组织和器官,然后通过静脉流回心脏。消化系统的血液要先流经肝脏,肝脏储存营养物质后,血液才到达心脏。

我们是怎样呼吸的

我们将空气吸入肺部，使人体获得氧气。氧气起着驱动呼吸的作用，并为人体细胞提供能量。因为人体不能储存氧气，所以我们必须不间断地呼吸，然后呼出二氧化碳等废物。虽然我们可以控制自己呼吸的快慢，但呼吸仍然是一种无意识的行为。

呼吸系统包括鼻子、咽喉、气管、肺和一些胸部肌肉。在这些器官的协调工作下，通过呼吸作用使人体获得氧气，同时把二氧化碳排出体外。呼吸的频率随机体所承担的功能而变化。在一般情况下，我们每分钟呼吸约 10 次，而在剧烈运动或受到惊吓时，呼吸频率可能增加到每分钟约 80 次。通常呼吸运动是自发进行的，不过我们在清醒的状态下也可以控制自己的呼吸频率。

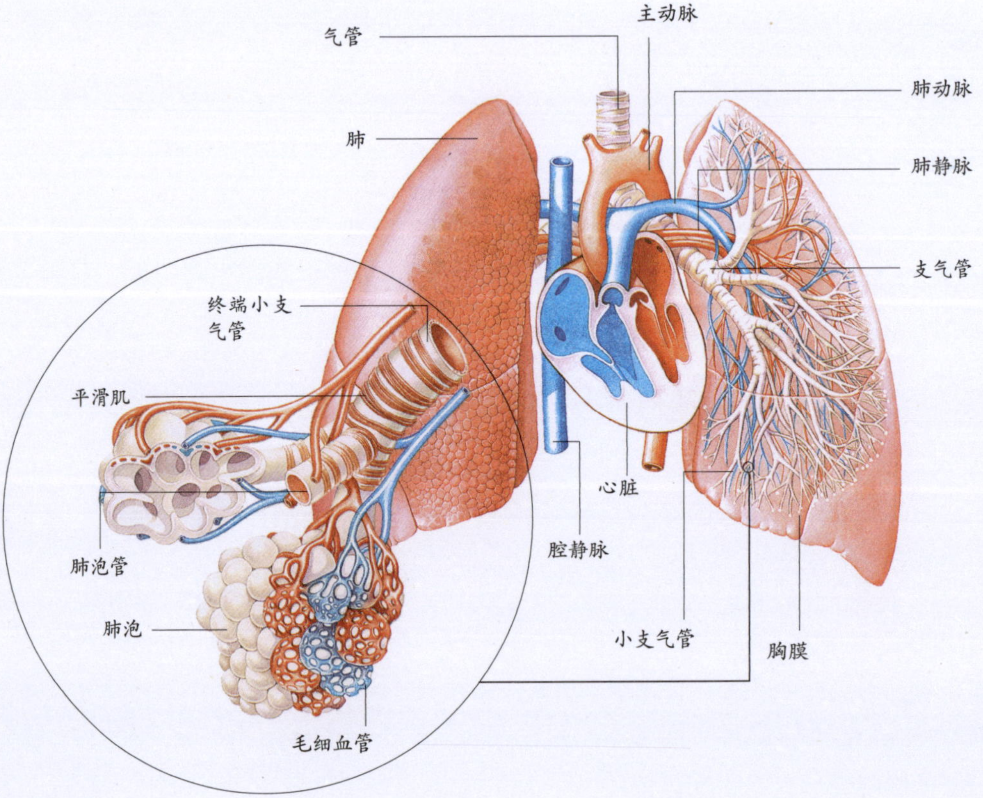

☆ 肺的构造

当空气进入肺，空气通过许多支气管最后到达肺泡。肺泡的周围包围着大量的毛细血管。当血液流过毛细血管时，氧气从肺泡进入到血液，同时二氧化碳从血液进入肺泡，气体交换过程就发生了。

呼吸作用的原理

如右图所示，人在吸气时，胸廓抬高，横膈膜（将胸腔和腹腔隔离的肌肉层）变平，这使得胸廓扩大，肺内压力低于外界大气压，因为空气总是从压力高的地方流向压力低的地方，所以气体就进入到肺内。通常每次呼吸吸入气体量约为500毫升。

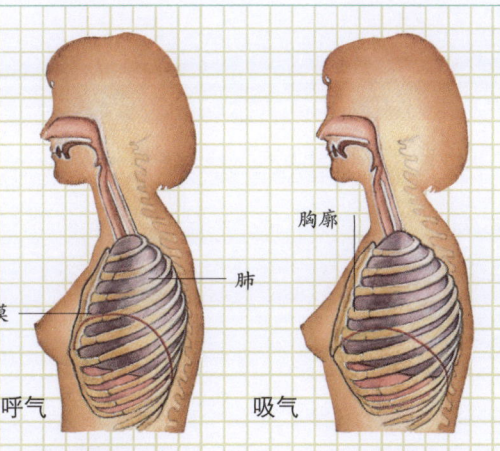

呼气　　　吸气

呼吸系统的构造

首先，鼻腔或嘴吸入空气，并对其进行加温。

然后，空气进入咽喉和器官。鼻毛和鼻黏膜分泌的黏液可以过滤并吸附灰尘颗粒，阻挡它们进入肺部。气管下端分为左右支气管，分别和两肺相连。两肺位于胸腔，分布在心脏的两侧，围着它们的是一层叫作胸膜的组织，横膈膜位于肺部下方。

支气管进入肺后多次分支，形成小支气管，小支气管和肺泡相连接。肺部约有3亿个肺泡，如果平铺开来，肺泡的面积有网球场那么大。

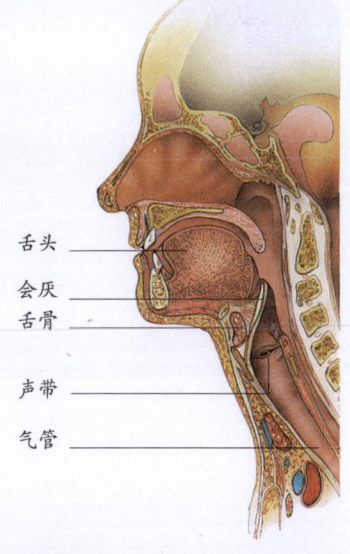

舌头　会厌　舌骨　声带　气管

☆ **咽喉**

咽喉位于气管上端。当我们发音时，空气穿越咽喉，使喉腔内的声带振动，然后通过舌头、嘴唇和脸部肌肉的运动，把这种振动转化为各种各样的声音。

呼吸运动的调节

影响呼吸运动的是血液中的二氧化碳含量，而不是氧气含量。脑干细胞会对体内气体浓度的微小变化迅速做出反应，调节肺部呼吸。

气体的交换

肺动脉将静脉血运送到肺部（上一页图中蓝色），肺静脉将动脉血运回心脏（上一页图中红色），肺动脉和肺静脉的分支形成的毛细血管包围着肺泡。肺部的氧气通过薄薄的肺泡壁进入毛细血管，加速血液流动。血液运输的氧气通过心脏到达全身的各个组织和器官，与此同时，二氧化碳等废物进入肺泡，随呼气排出体外。

食物是怎样被消化的

食物持续提供的养分是维持生命功能所必需的。人体缺少了养分，细胞就不能进行新陈代谢，不能提供肌肉运动所需的能量，也不能进行其他维持身体健康所必需的活动。消化系统的功能正是将餐桌上的食物转变为人体可以吸收利用的物质。

人体的消化系统主要分为两部分。从口腔到肛门的消化道是一条很长的中空管道，它的内壁上大部分有皱襞，最窄的部位是食管，最宽的部位是胃；消化器官、消化腺和其他组织构成消化系统的第二部分，它们在消化过程中起着不可或缺的作用。具体而言，消化系统的第二部分就是口腔、肝脏、胰脏和胆囊所分泌的消化液。

消化过程开始于口腔，牙齿将食物分割成小块，增大消化液的接触面积，唾液开始对食物进行化学分解，同时舌头将食物卷成便于吞咽的球状。

食物的消化

食物通过食管进入胃，它将在胃里停留约3个小时，其间会经过胃部肌肉的搅拌，和胃壁分泌的消化液充分混合。在这些消化液中，胃蛋白酶分解蛋白质、脂肪酶分解脂肪，盐酸则用于增强胃蛋白酶的作用，并杀死细菌。然后食物进入小肠的第一部分——

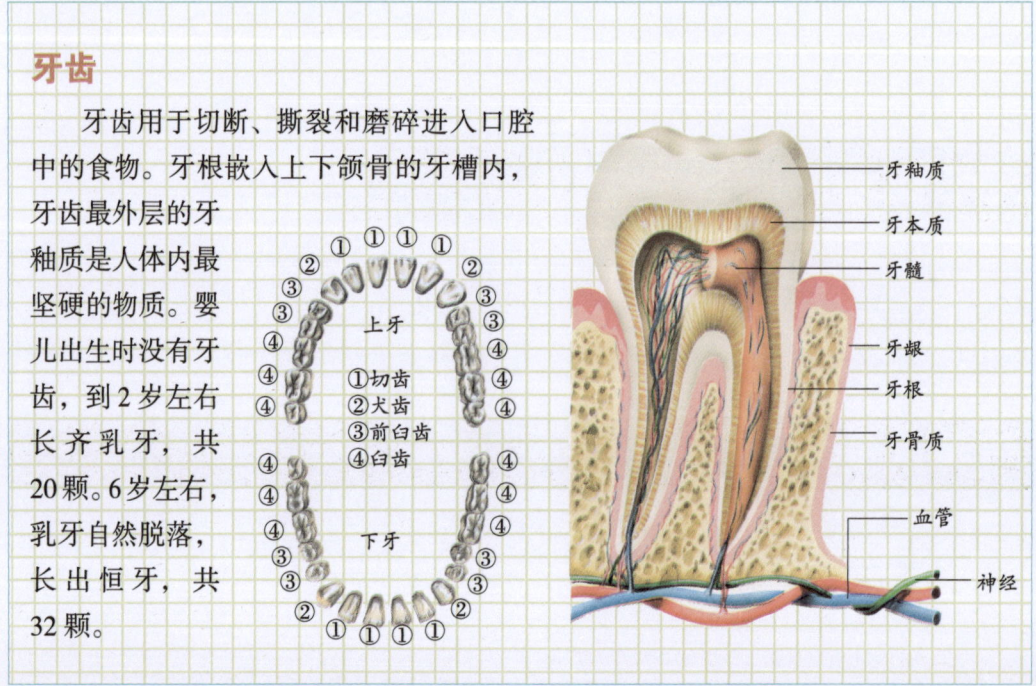

第五章
认识我们的身体

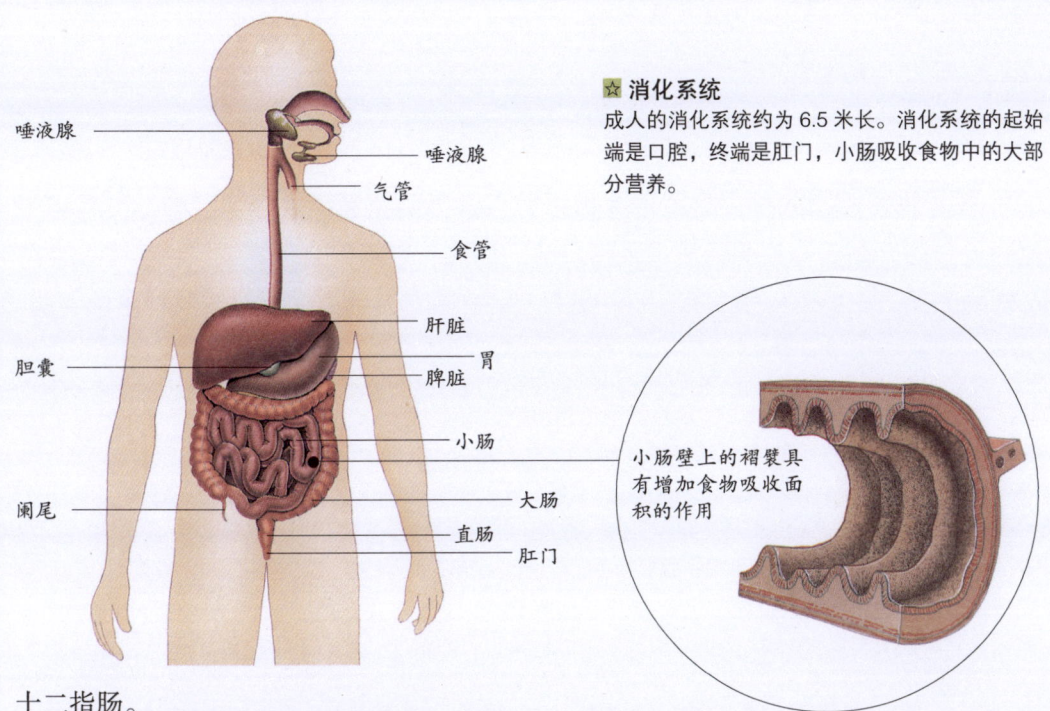

☆ **消化系统**

成人的消化系统约为 6.5 米长。消化系统的起始端是口腔，终端是肛门，小肠吸收食物中的大部分营养。

十二指肠。

在十二指肠中，小肠壁和胰腺分泌更多的酶（加快食物分解的化学物质）来消化食物。唾液淀粉酶将淀粉分解成一种糖——麦芽糖，胰蛋白酶和胰凝乳蛋白酶将蛋白质分解为更小的分子。十二指肠只吸收一部分食物，小肠后部的回肠吸收大部分的食物。在回肠中，糖分转化为更小的形式，蛋白质被分解为氨基酸。小肠的褶襞以及小肠上的微小突起——绒毛具有增加食物吸收的作用，其上分布着丰富的毛细血管，已消化的蛋白质和碳水化合物经过小肠壁进入血液。

经过小肠的消化后，食物中的大部分有用物质已经被人体吸收。含有黏液和消化液的食物残渣进入大肠，大肠的结肠部位会重新吸收食物残渣中的水分。剩余的废物形成粪便，移动到消化道的终端——直肠，粪便在直肠内短暂停留后经肛门排出体外。

蠕动的作用

在消化系统中，食物通过蠕动向前移动。例如，通过平滑肌的收缩和舒张，食物从食管进入胃部。

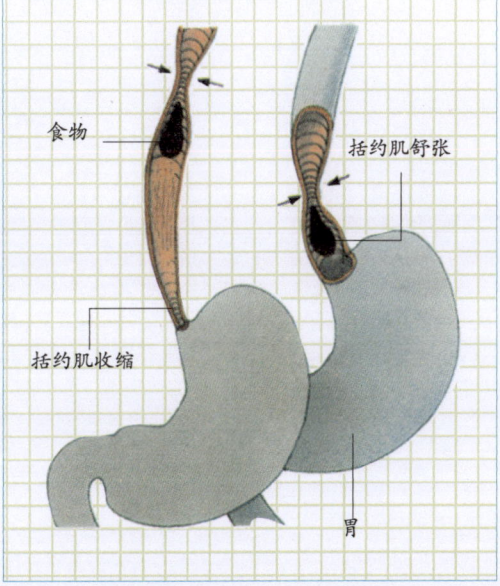

什么是内分泌系统

内分泌腺分泌的化学物质辅助维持人体的正常功能。有的腺体直接将分泌物通过导管输送到体表，另一些腺体则分泌激素，直接进入血液。

人体内有两类腺体，我们可以根据分泌物输送路径的不同而区分这两类腺体。

外分泌腺通过微小的导管释放它们的分泌物。如汗腺（分泌汗液降低体表温度）、唾液腺（分泌口腔中的唾液）和泪腺（起到清洗眼睛的作用）都是外分泌腺。胃壁和肠壁上都分布有此类腺体，这些腺体分泌的酶进入消化道，加强消化功能。

人体内的另一种腺体是内分泌腺。内分泌腺没有导管，这些腺体的细胞所合成的化学物质——激素，直接进入血液。有时被称为化学信使的激素会通过血液循环输送到体内其他腺体和器官。

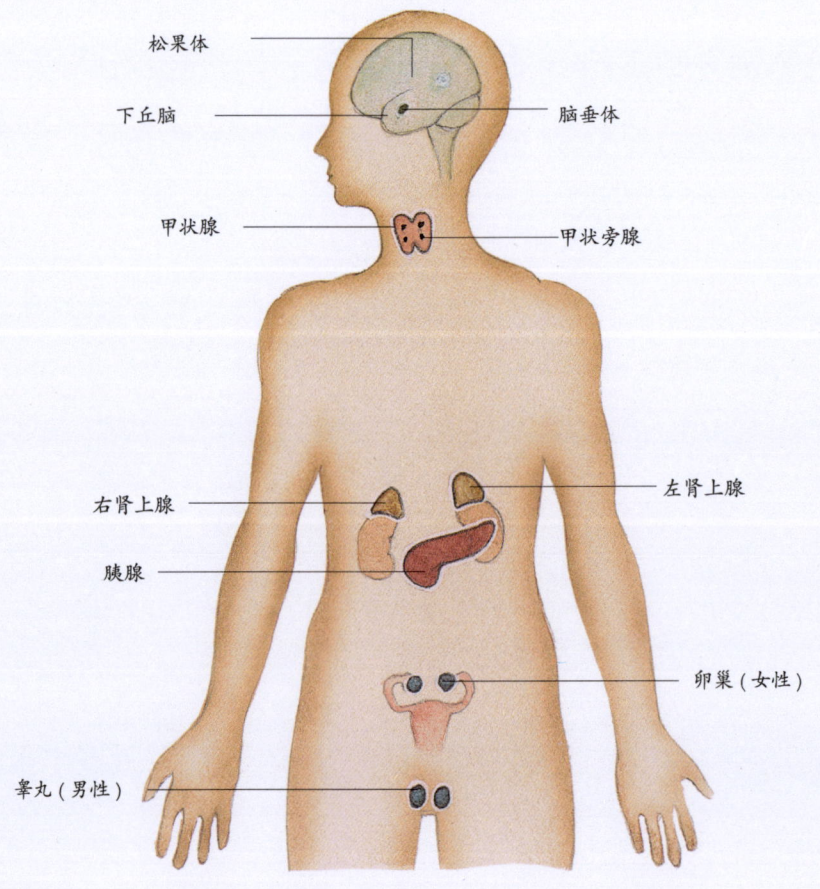

☆ **内分泌腺**
内分泌腺的分泌物直接进入血液循环，合成化学物质，即激素。上图表明了人体内的主要内分泌腺。

激素控制系统

在一种激素激发细胞做出预期反应后，这种激素就会停止作用，直到人体再次需要这种激素。这个过程是这样实现的：下丘脑分泌的激素（图1），激发脑垂体分泌某种激素（图2）。脑垂体所分泌的激素通过血液循环到达目标腺体，激发目标腺体分泌另一种激素（图3），血液循环再将这种激素运送到所需部位。此激素的一部分会到达下丘脑，使原先激发脑垂体的激素停止作用（图4）。

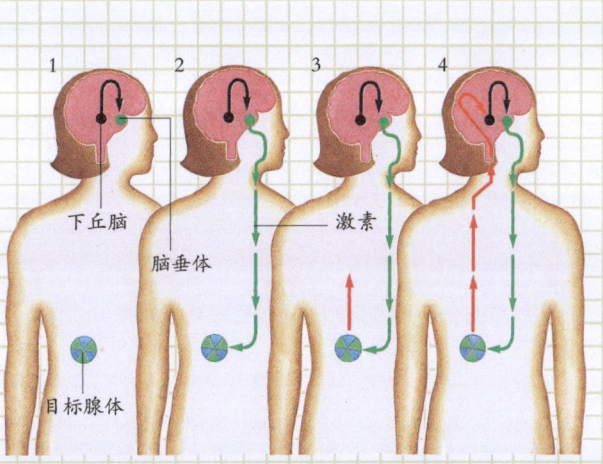

激素的功能

激素用于控制人体内各种功能的活动，每种激素控制一项具体的活动或过程。比如说，松果体控制人的情绪和睡眠。

垂体控制着许多其他腺体的活动，因此常常被视为最重要的腺体，它的活动处于丘脑的控制之下。垂体分泌的激素控制肾脏的功能、人体的生长发育以及性腺的活动。其中性腺指的是男性的睾丸和女性的卵巢。在青春期，性腺分泌性激素，促进男女性成熟，为人类繁衍后代做好准备。垂体还控制着人体的肤色，随着阳光强度的变化，垂体激活人体内的黑素细胞，从而产生黑色素。甲状腺同样受到垂体的控制，它所分泌的甲状腺素控制着细胞对能量的利用，如甲状旁腺素控制着体内钙的代谢，维持骨骼的力量。

垂体还影响肾上腺的功能。肾上腺分泌两种激素：肾上腺素和去甲肾上腺素。这两种激素控制精神紧张时人体的反应，并为人体的紧急行动做好准备，肾上腺还起着协调人体生长发育和新陈代谢的作用。

☆ 战斗还是逃跑？
在某些情况下，例如人们恐惧或气愤时，大脑会向垂体发送一条信息，激发肾上腺分泌肾上腺素，人体随之发生变化，肌肉会做好准备帮助人们战斗或逃跑。

生命从哪里来

人的生命起始于受精卵。当单个精子的细胞核和卵子的细胞核结合时，就形成了受精卵。卵子从母体卵巢排出的过程称为排卵过程。

睾丸在阴囊内，是一对椭圆形器官。睾丸的主要生理功能是产生精子和睾丸激素。男性体内每天产生约3亿个精子细胞，精子形成后进入附睾，附睾是一根蜷曲的导管，精子在附睾中成熟并储存，之后精子离开人体或被分解。

精子很小，长约60微米，只有用显微镜才能看到。精子的形状似蝌蚪，有长尾，能游动。一个精子就是一个雄性生殖细胞。

卵巢每个月排出一个卵子，这个过程就称为排卵过程。卵子经过输卵管到达子宫，在这个过程中，卵子周围的数千个细胞通过纤毛的运动将卵子推向子宫。

染色体数

精子和卵子上的遗传物质运载着遗传信息，这些遗传信息决定了后代的特征。除精子和卵子外，人体内的所有细胞都含有23对染色体。精子和卵子中各含有23条染色体，在卵子受精后，染色体结合成为23对，形成一套完整的染色体。

生殖器官

左图是男性生殖器官的侧面图，右图是女性生殖器官的正面图。

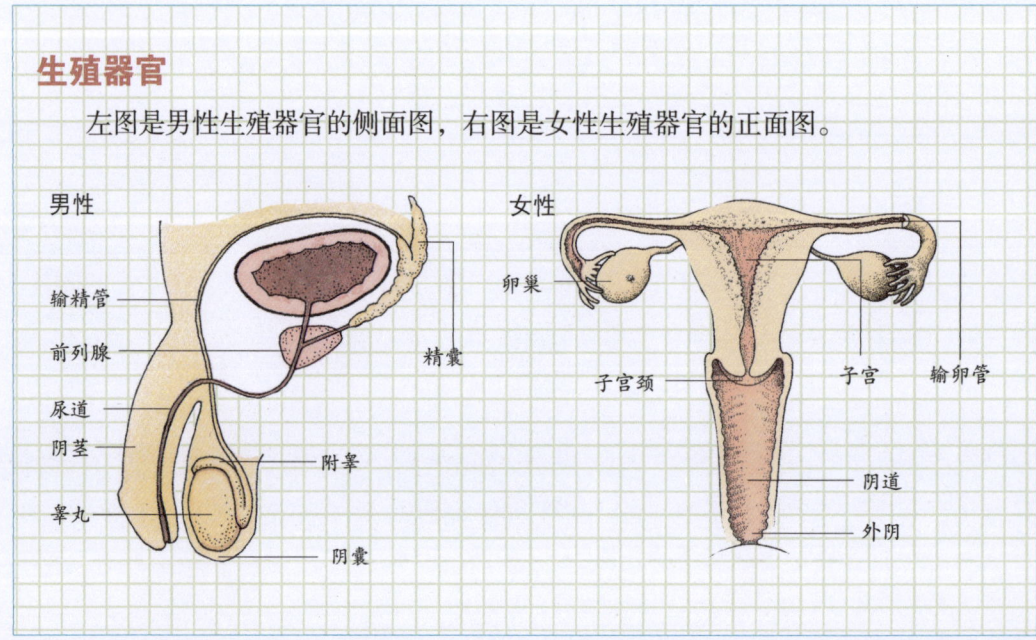

第五章
认识我们的身体

✡ 受精

未受精的卵子被精子包围。上图：只有一个精子可以使卵子受精。中图：原先包围卵子的积细胞脱落。下图：精子的细胞核和卵子的细胞核结合，形成胚胎。

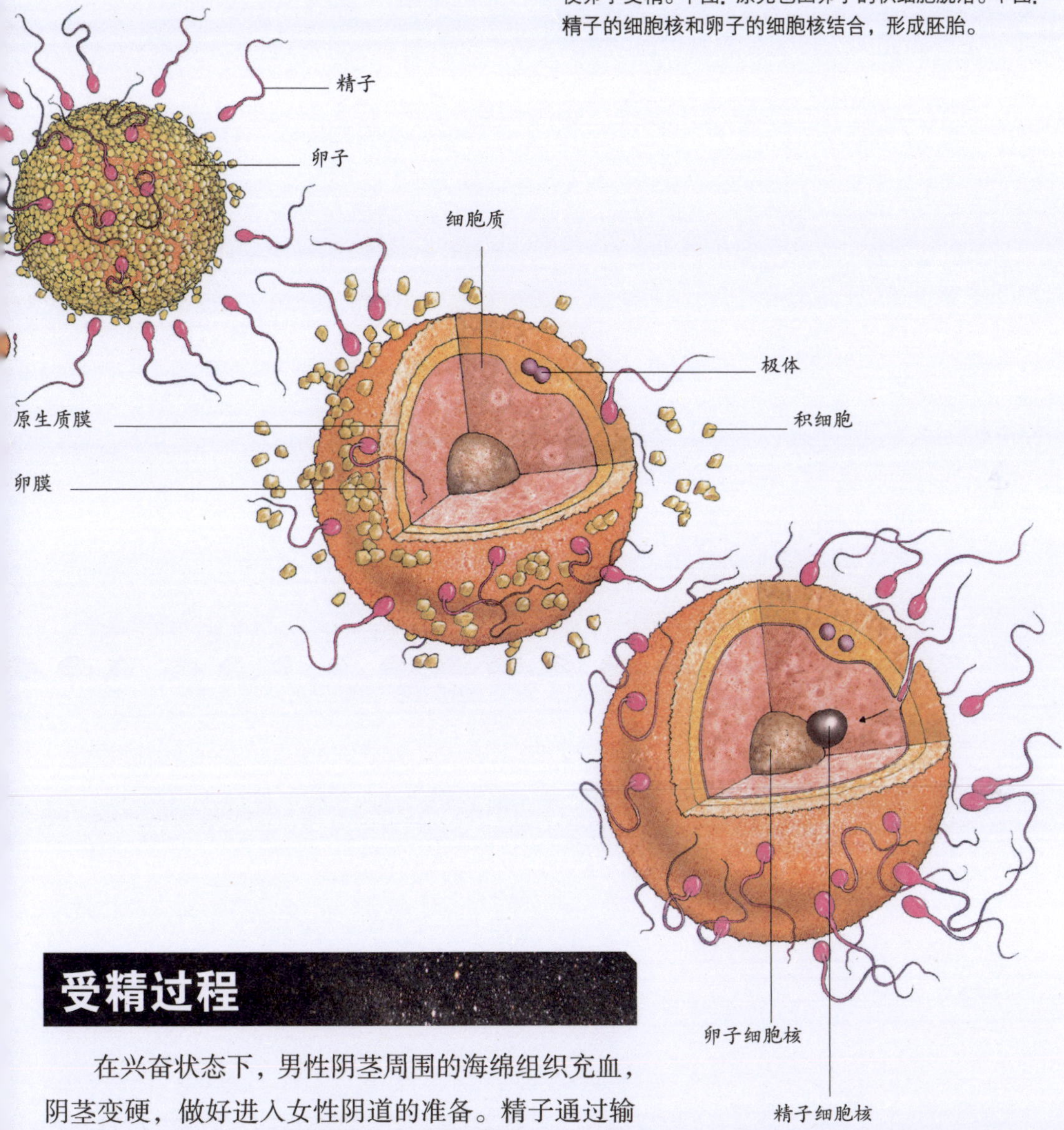

精子
卵子
细胞质
极体
原生质膜
积细胞
卵膜
卵子细胞核
精子细胞核

受精过程

在兴奋状态下，男性阴茎周围的海绵组织充血，阴茎变硬，做好进入女性阴道的准备。精子通过输精管的运送和前列腺以及精囊的分泌物混合，成为精液。

尿道一次射出（通过肌肉的收缩）的精液约 4 毫升，其中含有近 3 亿个精子细胞。精子首先到达子宫的底部，然后通过摆动鞭毛向上游过输卵管，最终接近卵子，通常只有几百个精子能到达卵子的位置。精子和卵子接触后，卵子立即被精子所包围。如果某个精子能够成功穿越卵子的外层，这个精子的细胞核就可能会和卵子的细胞核结合，成功受精。

一起来玩儿吧
游戏中的科学和知识

人的孕育和出生

受精卵在女性子宫中进行一系列重复的细胞分裂,最终长成一个成形的婴儿,这个过程称为妊娠期,妊娠期通常为38周。妊娠前8周的婴儿称为胚胎,之后则称为胎儿。

卵子在输卵管内受精后,开始细胞分裂,大约一周以后,胚胎从输卵管到达子宫,胚胎开始分泌酶,使子宫内膜脱落,然后进入子宫的空心,这个过程称为胚胎植入。胚胎植入之后,胎盘开始形成。胎盘为胎儿的生长发育提供氧气和营养物质,并处理胎儿发育过程中产生的废物。胎盘还起着隔离有害物质的作用。随后脐带开始形成,脐带连接着胎儿和胎盘,胎儿通过脐带从母体获得营养物质。

胚胎的脊柱形成在妊娠期的第3周末,胚胎的心脏通常在妊娠的第4周开始跳动,此时可以观察到肺部和肝脏。妊娠第8周后的胚胎称为胎儿,胎儿有手指和脚趾,并且开始会移动。

> **知识库**
>
> ● 女性发育成熟后,月经周期大约为28天,此间卵子在卵巢中形成并到达子宫,为受孕做好准备。如果卵子没有受精,则子宫内膜脱落,使经血流出,这就是一次月经。
> ● 子宫肌肉是人体最有力的肌肉。

胎儿的发育

胎儿出生前在羊膜内生长发育,羊膜位于子宫内,呈囊状,起着保护胎儿的作用。羊膜内充满羊水,起缓冲作用,防止婴儿受到伤害。

在妊娠的前几个月,胎儿的四肢和器官正在发育,胎儿极易受到传染性疾病的侵袭。例如,德国麻疹是胎儿在这个时期容易感染的疾病之一,它会导致耳聋和心脏缺陷。此外,酒精和烟草中的有害物质也会伤害胎儿。

在妊娠第12周,胎儿的内部器官已经发育完成,手指和脚趾上的指甲清晰可见。在妊娠第16周,可以观察到胎儿的外生殖器。随后胎儿持续稳定生长,在妊娠期32周左右胎儿在子宫内转变为头朝下的位置。

分娩

当胎儿准备出生时,母体开始分泌激素,做好分娩准备。首先子宫的肌肉开始收缩,这是分娩的起始阶段,然后子宫颈变宽,以便于胎儿通过,羊膜也开始破裂。子宫的

第五章 认识我们的身体

收缩更加强烈,将胎儿的头部推出体外。胎儿脱离母体后,脐带被马上切断。分娩之后,胎儿靠母乳或其他奶类喂养,母乳中的成分有利于胎儿抵抗疾病。

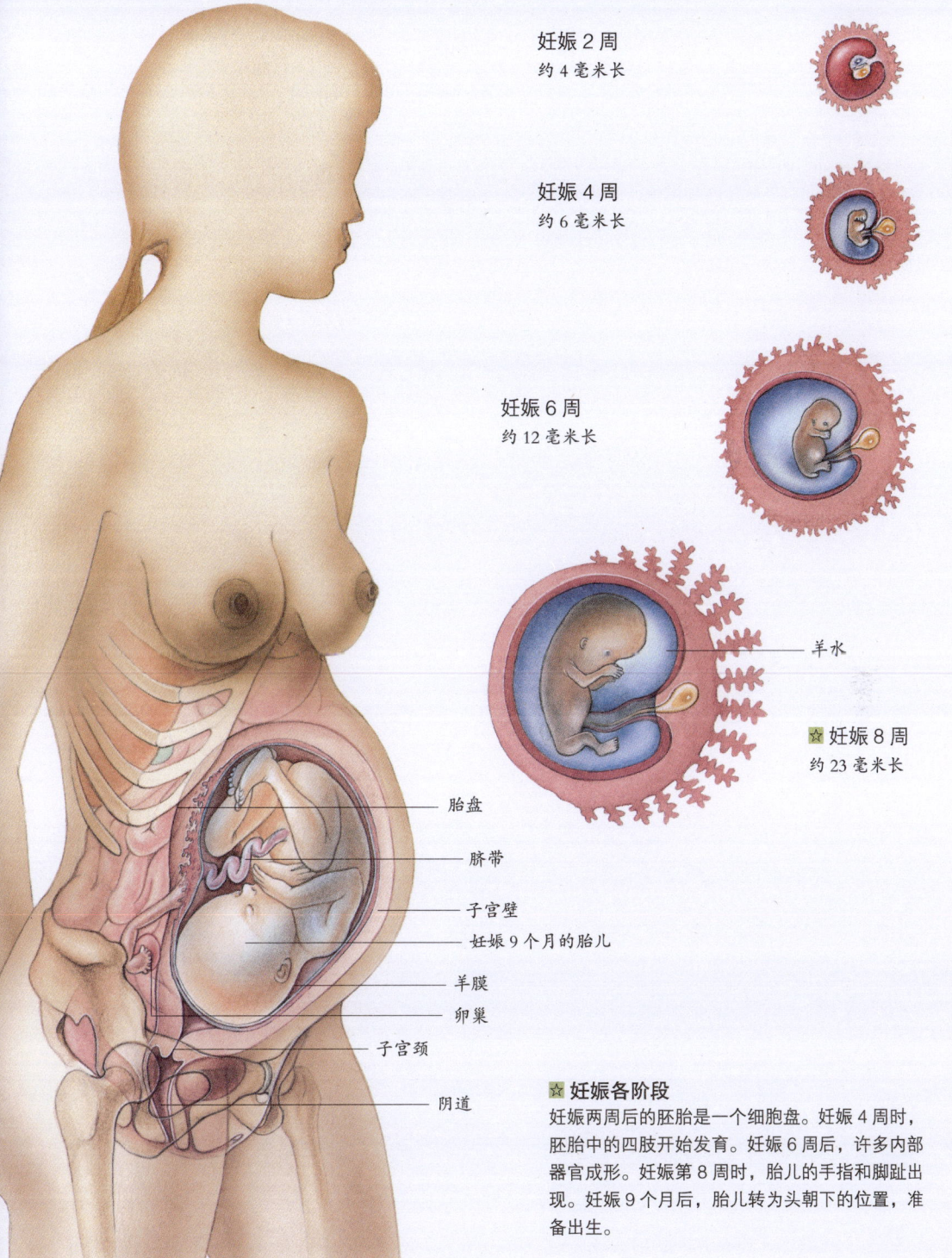

妊娠2周
约4毫米长

妊娠4周
约6毫米长

妊娠6周
约12毫米长

羊水

☆ 妊娠8周
约23毫米长

胎盘
脐带
子宫壁
妊娠9个月的胎儿
羊膜
卵巢
子宫颈
阴道

☆ 妊娠各阶段
妊娠两周后的胚胎是一个细胞盘。妊娠4周时,胚胎中的四肢开始发育。妊娠6周后,许多内部器官成形。妊娠第8周时,胎儿的手指和脚趾出现。妊娠9个月后,胎儿转为头朝下的位置,准备出生。

大脑与感官

脑是人体内最大的器官，也是最复杂的器官。人类是地球上最聪明的生物，人类的大脑是所有动物中最发达的。本章所要讨论的是脑的结构，并深入阐述脑的功能。还将介绍一些与人脑密切相关的器官——眼睛、耳朵以及嗅觉、味觉等器官。人体通过这些器官认知周围世界，为大脑提供信息，产生相应的活动。

大脑的构造是怎样的

脑位于颅腔内，它受脑膜和厚厚的颅骨的保护，处于一种特殊的营养性液体——脑脊液中。脑脊液具有缓冲作用，在颅骨受到冲击时起到保护脑的作用。脑是神经系统的中枢，也是人体内最复杂的器官。脑虽然重约1.3千克，但所消耗的能量约占人体全部能量的20%。

人脑内包含数亿个神经元（神经细胞）和神经胶质细胞，神经胶质细胞起着支撑和保护神经元的作用。

人脑主要包含3部分：大脑约占人脑总重的90%，是脑中最大的部分，大脑的外层是大脑皮层，大脑皮层上的褶皱所形成的凸起叫作"回"，凹槽叫作"沟"，每个人大脑皮层的褶皱都不完全相同，组成大脑皮层的神经元叫作灰质，灰质的下面则是

脑部受到的保护

脑部这个精密的器官受到1层脑骨骼（即颅骨）和3层膜（即脑膜）的保护。脑脊液处于脑膜的中间层和内层之间，当头部受到外伤时，脑脊液起到缓冲作用。此外，脑脊液中含有丰富的葡萄糖和蛋白质，为脑细胞提供能量。脑脊液中还含有淋巴细胞，帮助脑抵御病菌的感染。脑脊液在脑和脊柱之间流动，并流经脑部的4个腔——脑室。

白质，白质大多是由长长的神经束或轴突组成（见第23页）。大脑是由左、右两个大脑半球组成，这两个脑半球通过神经纤维相联系。每个脑半球根据其上的裂纹可分为4部分：枕叶、颞叶、顶叶和额叶。

> ### 知识库
> - 脑的两半球的分界清晰可见，但它们之间通过几百万条神经纤维相联系。
> - 人脑约占人体总体重的2%。
> - 脑是胚胎期发育最快的器官。

脑的第2大部分是小脑，小脑位于大脑的边缘。小脑的形状像是一只合上翅膀的蝴蝶，在中心区两侧各有一个小脑半球。小脑的表面是灰质，灰质形成脊状薄层。位于灰质下面的是树枝状的白质，白质中包含有更多的灰质，它们的功能是将信息传递到脊柱和脑的其他部位。

脑的第3部分是脑干。脑干包括延髓、桥脑、中脑，并向下延伸到脊髓。脑干的神经细胞起着联系脊髓和脑各部位的作用。

通过观察大脑的切面图，可以看到大脑的其他部位。脑干上方是球状丘脑，丘脑负责传播大脑皮层从脊髓、脑干、小脑和大脑其他部位所接收的信息。下丘脑很小，靠近脑的底部，它在激素的释放过程中起着重要的作用。另一个部位是扁桃核，它控制着人体内的一些基本功能。尾状核辅助人体的运动。在大脑底部观察到的连接大脑两半球的神经纤维称为胼胝体。

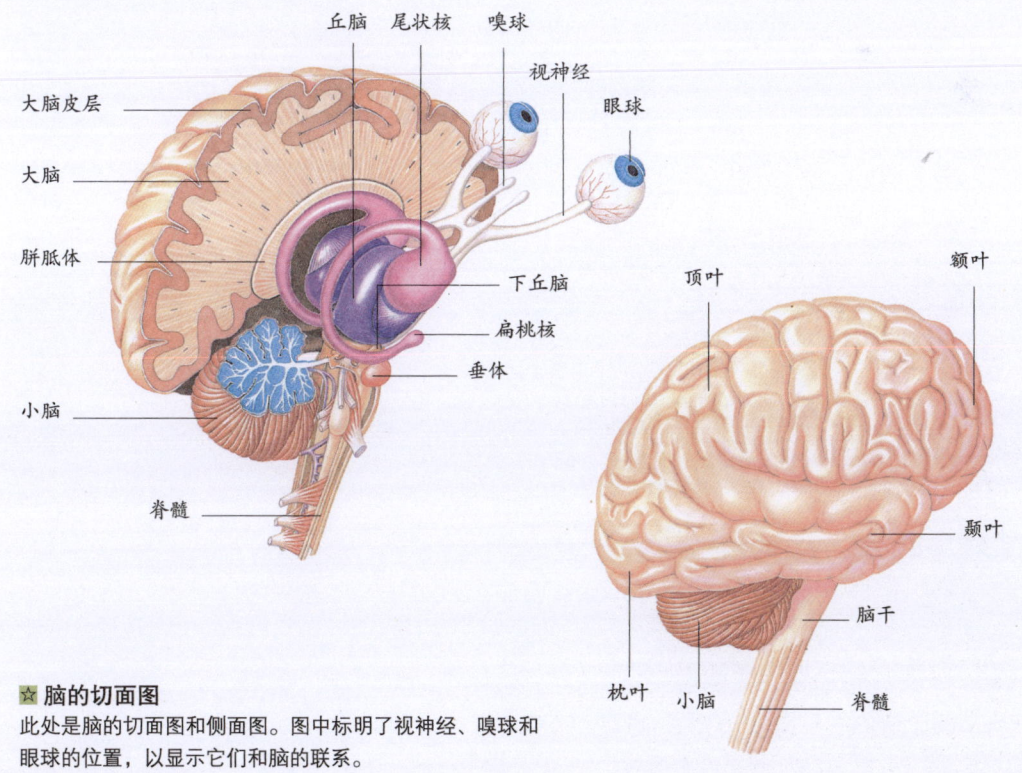

☆ **脑的切面图**
此处是脑的切面图和侧面图。图中标明了视神经、嗅球和眼球的位置，以显示它们和脑的联系。

大脑怎样工作

我们清醒时,人脑从眼睛、耳朵以及触觉、味觉和嗅觉器官接收大量的信息。脑随之对这些信息迅速地进行分类,并运用它们来控制我们的思考和行动。除这种有意识的活动外,脑还在无意识中控制着人体生理系统的正常功能,维持生命的最佳状态。

人脑常常被比作一台复杂的电脑,它发出命令,对信息进行处理和储存,并为我们提供思考所需的信息。与此同时,脑还可以思考下一步行动,发出信号指令,使肌肉收缩,四肢运动,以达成这一行动。我们还可以在同一时间内进行谈话这样复杂的活动。此外,脑对已经发生的事件进行记忆储存,使我们在以后可以回忆起这些事件。脑还执行着许多无意识的活动,诸如保持心脏跳动或监控人体内其他过程。

脑的各个部分有着不同的功能,它们受到脑的统一协调,常常彼此联系。

大脑执行比较高级的脑力活动,诸如学习、记忆和推理。大脑的4个区各自执行一项特殊的脑力活动。靠近前额的额叶控制判断、思考和推理。额叶后面的区域控制言语。位于大脑两端的顶叶对所接收到的触觉、温度以及疼痛方面的信息进行处理。颞叶则负责听觉,并且和记忆储存有关。颞叶附近分布着负责味觉和嗅觉的细胞。位于大脑后端的枕叶控制视觉。

大脑的这4个区和大脑皮层上的联合区相互作用。联合区对信息进行加工后,将其传递到脑的其他部位,并且在智力发展过程中起着重要的作用。

小脑主要的功能是维持人体平衡,并协调肌肉运动。例如,人的行走离不开小脑的协调。脑干是脑的第3部分,其中有若干个控制中心,它们控制着呼吸、心率、血压和消化,对于维持生命至关重要。此外,它们还控制着人体内的一些反射活动,例如呕吐。脑干还负责清醒和睡眠。

战斗中的飞行员
在脑中数百万个神经通路的作用下,这位飞行员可以驾驭飞机,察看各种仪器,同其他飞行员进行交谈,并思考下一步的行动。

第五章
认识我们的身体

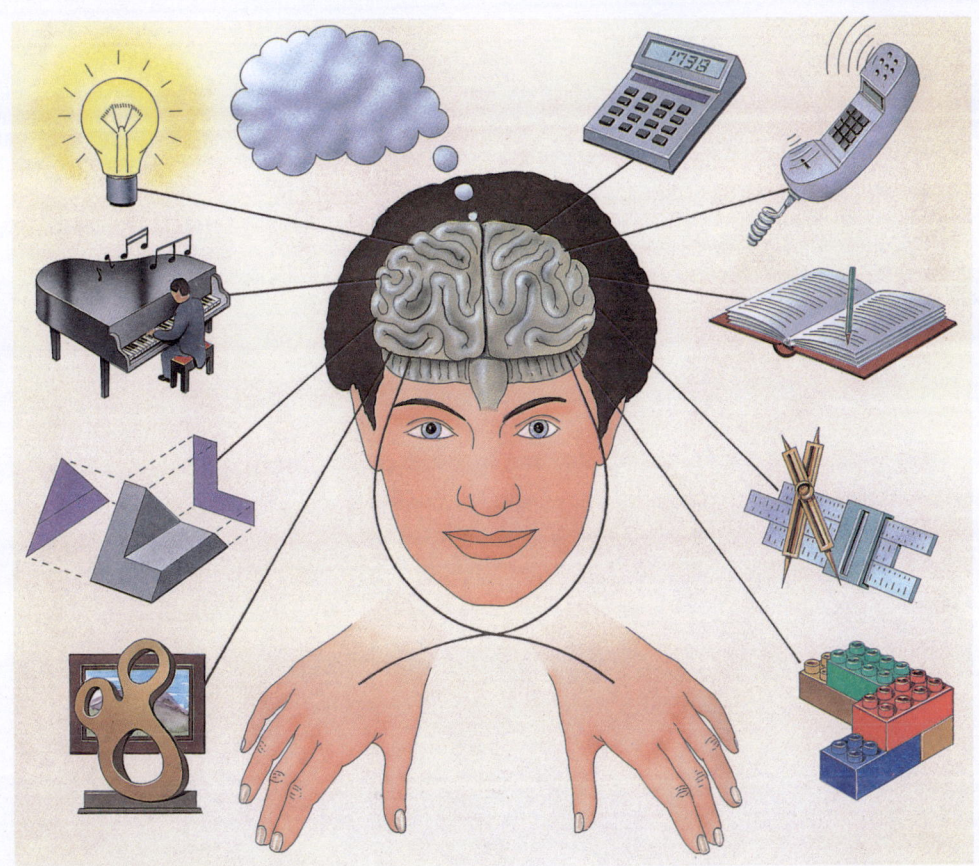

☆ 脑半球的分工
我们的逻辑思考和创造性活动分别由不同的脑半球控制。脑的左半球控制我们对数字、语言和技术的理解；脑的右半球控制我们对形状、运动和艺术的理解。

反射活动

人体在受到某些刺激时，需要迅速做出反应，才能使人体免受伤害。在这种情况下，信息来不及传导到脑部，而是传导到脊髓，这就是反射活动。例如，当人踩到钉子时，感受神经元将这个信息传导到脊髓，脊髓和运动神经元相连，直接将信息传导到腿部肌肉，使肌肉收缩。反射完成之后，脑部才接收到这次信息。

.261

视觉是怎样形成的

当我们观看物体时,物体反射的光线通过眼球到达后方的视网膜,刺激视网膜上的数百万个感光细胞,从而形成物像。感光细胞的作用就像电路开关,遇到光线就开始工作。感光细胞将物体的形状、颜色等信息迅速传递到脑部,脑部对该信息进行解析之后,形成视觉。

物体反射的光线首先到达眼睛,这是视觉的第1阶段,然后光线经过瞳孔,瞳孔对进入眼睛的光线进行调节。光线通过晶状体时发生折射(弯曲),我们所观看的物体聚焦落在视网膜上。晶状体有一定弹性,它的凸度会因睫状肌的收缩和放松发生改变,这样近处和远处物体的物像都能聚焦在视网膜上,这个过程称为视觉调节。晶状体一次只能聚焦一个物体,所以当我们从不同距离观察同一物体时,晶状体的凸度会发生细微变化,以便使物体在视网膜上聚焦成像。当我们观察桌子上距离不同的物体时,这种效果尤为明显,虽然我们能看得到所有物体,但是只有我们直接观看的那个物体是显眼的。

视网膜

光波穿越晶状体后,作用于视网膜上感光的柱状细胞和锥状细胞。光波中的能量能激活感光细胞,柱状细胞对光亮、黑暗和运动有反应,锥状细胞能够精确地辨别颜色。视网膜的不同部位对光的敏感程度不同,其中位于黄斑中心的黄点上的锥状细胞分布最为密集,所以这个位置聚焦成像的效果最明显。视网膜周边的部位则为我们提供周边视觉。

☆ 双眼单视功能
左右眼的视野有轻微差别,二者在中间位置交叉,所以两眼能够同时集中看一个目标,这就是双眼单视功能。因为眼睛具有这种功能,所以这位母亲和婴儿才能估测出两人之间的距离。

视束交叉

双眼的视神经汇集之处称为视束交叉。所有视神经在这里一分为二，左眼视神经的内半侧进入大脑右半球；右眼视神经的内半侧进入大脑左半球。双眼左侧视野的信息都进入左半球，双眼右侧视野的信息都进入右半球，这种构造有利于形成清晰的三维图像。

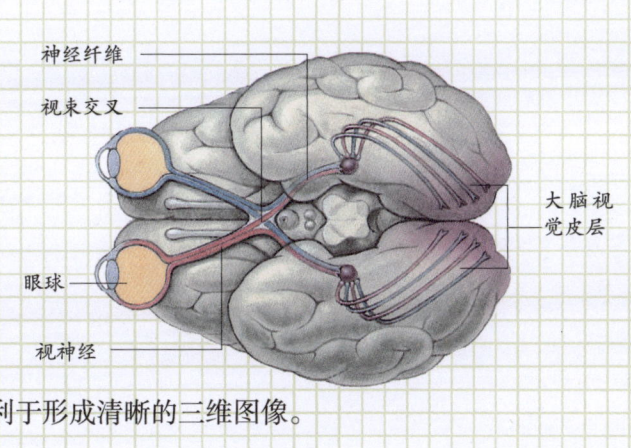

柱状细胞和锥状细胞被激活之后，产生电信号并通过神经元传导。视网膜上的神经细胞在盲点会合形成纤维束，称为视神经，视神经和脑部相连。视神经到达脑部后，在视束交叉（见上图）处分开。

视觉皮层

神经冲动到达脑部后，传入视觉皮层。视觉皮层将神经冲动转变为心理图像，形成视觉。视觉皮层的各个部分对脑部接收到的心肌进行解析，其中有些部分负责分析形状和亮度，有些部分和图案辨认有关。

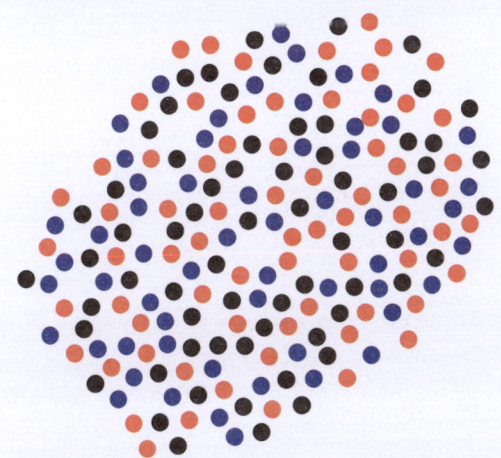

☆ **颜色的差异**
当你在正常距离观看此图时，你可以清晰分辨出红点、蓝点和黑点。现在将书拿远一些，你会发现红点依然醒目，但是蓝点和黑点不太容易区分。因为视网膜上对蓝光敏感的锥状细胞分布较少，所以人眼不易分辨出远处的蓝色。

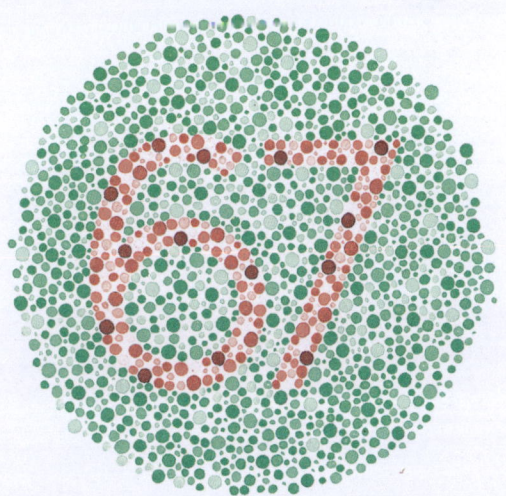

☆ **色盲**
你能从上图的圆点中看出数字67吗？如果你看不出来，那么你很可能是红绿色盲。色盲十分常见，约 4% 的人群患有色盲。因为常人有三组锥状细胞，而色盲患者只有两组，所以他们不能分辨某些颜色。

你怎样听到声音

耳朵是听觉器官，空气振动形成声波，然后声波对耳朵中的接收器产生刺激。接收器将神经冲动传递到大脑，形成听觉。耳朵的其他部位起着维持人体平衡的作用。我们的听力在10岁左右达到最高点，随后开始逐渐减弱。

耳朵是人体重要的感觉器官之一，它和其他感觉器官一同为大脑提供我们周边环境的信息。声音到达双耳的时间不同，这个细微的时间差可以使我们准确地判断声音的来源。耳朵在人际交流过程中的作用尤为重要，因为我们必须通过耳朵才能听到他人的言语。

钢琴调音
这位调音师运用他的双耳认真倾听每个琴键发出音高的细微差别，他正在用一种特制的工具给钢琴调音。

第五章
认识我们的身体

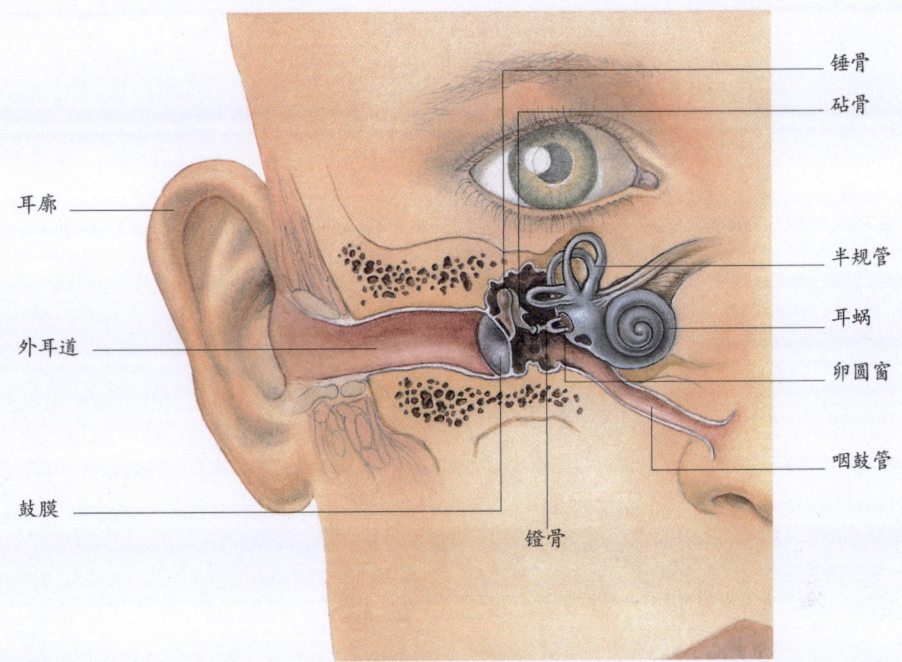

★ 耳的构造

人耳分为3部分：外耳、中耳和内耳。鼓膜在两端气压相同情况下才能自由振动。空气通过和咽喉相连的咽鼓管到达鼓膜内侧，当咽喉因感冒等原因充血时，人的听力也会随之减弱。

听觉功能

耳廓位于耳朵的外围，负责收集声波，声波经由外耳道传入中耳。鼓膜位于外耳道的最内端，是一层组织壁。声波传到鼓膜后，鼓膜开始振动，并将振动传递到中耳。中耳内有3块小听骨，分别叫作锤骨、砧骨和镫骨，它们可将振动扩大约20倍。锤骨的一段和鼓膜相连，另一端和砧骨相连。

砧骨末段和镫骨相连；镫骨末段是一层叫作卵圆窗的薄膜。

鼓膜的振动引起中耳小听骨的振动，从而将声波传入内耳。耳蜗位于内耳中，充满着淋巴液。耳蜗上分布着对声波敏感的毛细胞，毛细胞在受到刺激时会将声波转变为神经冲动，听神经将神经冲动传导到大脑，产生听觉。

人耳能听到的声波范围极广，从每秒振动20次到每秒振动2万次。相对比较，狗的听力范围更为广泛，它们能听到的声波范围是每秒振动15次~5万次。

维持人体平衡

内耳中还有一种器官，叫作半规管。半规管有3根，它们互相垂直。人体和头部的转动会引起半规管内淋巴液的振动，形成神经冲动。神经冲动传递到大脑后，大脑做出反应，通过四肢运动来维持平衡。

嗅觉、味觉和触觉面面观

嗅觉、味觉和触觉器官的功能类似于人的眼和耳，它们也是将收集到的周边环境信息传送到大脑，以便大脑做出判断并运用这些信息。此外，触觉还会向人们提示人体内部的状况。

人体在受到外界物理刺激时会产生视觉、听觉和触觉，在受到化学刺激的情况下才会产生嗅觉和味觉。目前人们在嗅觉和味觉方面所进行的研究相对较少，所以对二者的功能机制的了解并不透彻。

嗅觉

人类的嗅觉比味觉更敏锐。人类不仅能够分辨上万种不同的气味，还能发觉危险性的气味，从而避开险境；而且嗅觉还在吸引异性方面起着一定作用；人们还通过嗅觉这种能力享受着日常生活中各种令人愉悦的气味。人们的鼻腔顶端分布着对气味敏感的组织，当气体分子接触该组织时，会对此处的数百万个嗅神经末梢产生刺激，随后嗅神经将刺激传送到脑部底端。脑部在接收到该信息后分辨气味，引起嗅觉。

味觉

人们通常所说的味道其实是味觉和嗅觉的混合。人们能分辨的基本味道有4种：酸、甜、苦、咸，这4种基本的味道又能混合出多种味道。味蕾是感受味觉的具体细胞，和味蕾相连的神经负责将信号传送到大脑，产生味觉。舌是主要的味觉器官，舌的不同部位可以感受不同的味道。人体的近万个味蕾分布在舌、上颚、咽和喉等部位，食物必须首先溶解在唾液里而后才能产生味觉。

味觉对人类的生存具有重要的意义，当食物中含有腐坏物质（酸味）或有毒物质（苦味）时，即使浓度很低，人们也能够发觉。

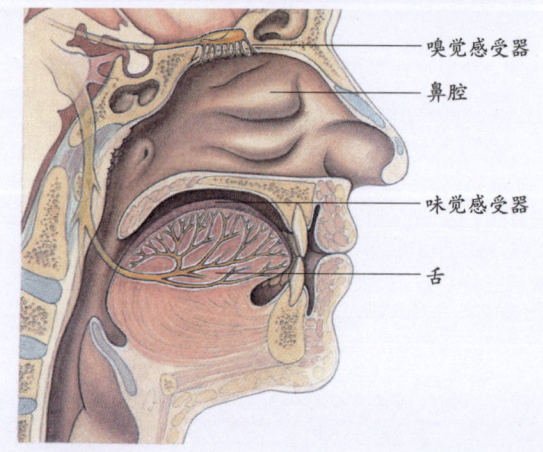

☆ 人的嗅觉

嗅觉和味觉是相互独立的，不过二者都是在人体受到化学刺激时产生的。鼻腔中的感受器探测到空气中有气味的分子之后，和感受器相连的神经末梢负责将信息传递到大脑。

触觉

触觉也是大脑接收周围环境信息的一种途径。人们常常把触觉和令人愉悦的感觉联系在一起。除此之外，触觉还能感受疼痛和冷热程度，这种能力对人类的生存十分重要。皮肤和深层组织中分布着触觉感受器，皮肤接触到的物体会对感受器产生刺激，将信息传送到脊髓。各个触觉感受器外围的保护组织不尽相同，它们在皮下分布的深度也有差别，这两个因素决定了某个神经末梢是否会被轻度抚摸、压力、疼痛、振动和冷热等接触激活。触觉消失很快，所以我们常常感觉不到所穿衣物的重量。大脑还通过触觉了解人体内部环境的状况，例如，人体会通过胃痛告诉大脑消化系统出了问题。

知识库

- 鼻腔中分布着将近1亿个嗅觉感受器。
- 舌头能感受到溶液中质量浓度为0.5mg/L的某物质的苦味。
- 皮肤上遍布着对触觉敏感的神经末梢，每平方厘米皮肤上约有1500个这样的神经末梢。

味蕾

如图所示，舌的不同部位对酸、甜、苦、咸4种味道的敏感度不同。你可以将少量的咖啡粉末、糖、柠檬汁和盐分别放在舌的不同部位，感受各个部位所尝到的味道。

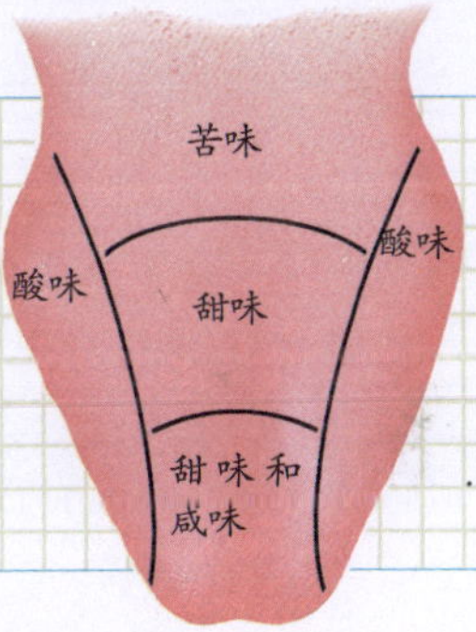

✿ 触觉感受器

真皮位于皮肤下层，真皮中的神经末梢负责收集温度、压力和质地等方面的信息，并且能感知疼痛。人的面部和指尖的触觉最灵敏。

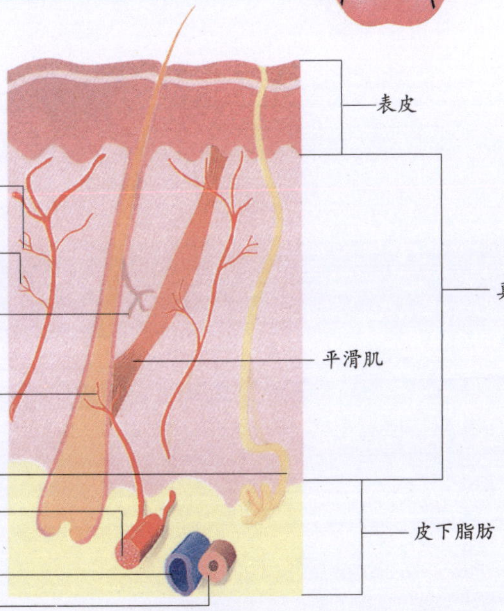

- 自由神经末梢
- 触觉小体
- 皮脂腺
- 毛发周围的神经末梢
- 汗腺
- 神经
- 静脉
- 动脉
- 表皮
- 真皮
- 平滑肌
- 皮下脂肪

怎样延缓衰老

我们所接受的教育和生活环境会对大脑发育造成什么样的影响？人们衰老之后，感官功能和心智能力会发生什么样的变化？

虽然有一些特征是所有人共有的，但是每个人都有自己独特的人格，每个人都有自己的好恶和思维方式。这种独一无二的人格是如何形成的呢？人们的活泼或羞涩，温和或咄咄逼人都是后天习得的吗？

一些研究者得出的结论是环境在个性形成过程中起着关键性作用。他们认为，儿童所受到的教育决定了他们以后的发展状况。另外一些学者则认为遗传基因决定了每个人的基本人格，人们所受到的教育只不过是强化发展了基本人格某些方面的特征。

人们思维和推理方面的许多能力很可能是遗传的。例如，人们很可能生来便具有数学运算的能力，适当的教育环境会为我们提供充分学习的机会，帮助我们进一步发展这种能力。但是，很多人生来家境贫寒，没有接受正规教育的机会，他们依靠天生的智力、决心和意志也取得了成功，历史上这样的例子比比皆是。我们可以通过努力学习，掌握学习和记忆方法来增加自己的知识储备。

衰老过程

如果我们生活和工作的环境有利于健康，在生病时又能得到及时有效的治疗，那么我们的大脑和感官应该能保持健康的状态。但是，人的所有生理系统都会受到疾病的侵袭，大脑和感官也不例外。随着人体的逐渐衰老，大脑和感官也会衰退。

虽然每个人开始衰老的年龄不尽相同，但是大多数人都是在55岁左右开始表现出衰老的迹象。健康的生活方式可以延缓衰老，人们可以通过合理膳食和规律锻炼加速血液流动，使保持身体健康。丰富的活动和广泛的兴趣能使人保持积极的心态，也是延缓衰老的有效方式。

随着人们年龄的增长必然会导致感官功能衰退。近视眼和远视眼多发于40~50岁，因为在这个阶段晶状体调节聚焦的功能减退。人们晚年还常常发生其他较为严重的眼部疾病，诸如白内障（晶状体混浊）和青光眼。此外，味觉和嗅觉减退的现象也很常见。

老年人中常见的脑部疾病有阿尔茨海默病（丧失记忆）和帕金森综合症（神经系统疾病，能致肌肉无力，四肢颤抖），后者会损害肌肉。

第六章

藏在四季里的科学

春季篇

漫长的冬季终于悄悄地溜走了。白天开始变长，天气开始变暖。憋在屋里过周末的你开始感到需要在户外自由地奔跑了。仔细地观察，你会发现，随着大自然从她持续整个冬季的漫长沉睡中醒来，周围的环境发生了惊人的变化——树枝上冒出新叶，稚嫩的幼芽破土而出，动物们都从冬眠中苏醒，鸟儿开始筑巢……这是一年中多么激动人心的时刻啊！让我们走到户外，尽情地享受这美妙的春天吧！

制作石膏印模

动物们常常在松软的泥地和沙地上留下自己的脚印。给脚印做一个石膏模型，留下永久的记录。石膏干了以后你可以发挥想象，涂上绚丽的色彩。

材料和工具

* 一条卡纸（纸板）
* 曲别针
* 熟石膏
* 水
* 小桶或塑料浴盆
* 调羹
* 小泥铲
* 旧刷子或牙刷

卡纸（纸板）　　水　　熟石膏　　曲别针　　小桶　　调羹（勺子）

1. 在泥地和沙地上寻找动物留下的脚印。

2. 选择比较清晰的脚印。

3. 用卡纸（纸板）把脚印围起来，用曲别针别好。将一小段卡纸轻轻向下插入泥土中。

第六章
藏在四季里的科学

4. 接着，调和熟石膏。在小桶中放入少量的水，加入石膏粉，搅拌均匀。

5. 把石膏糊倒入模型中，离开，等待石膏定型。

6. 定型后，用小泥铲把脚印模挖出来，清除掉粘附的土壤和沙子。你或许需要一柄旧刷子或是牙刷来清理细小的缝隙。

271

追踪蜗牛

花园里的蜗牛们聚成一堆，懒洋洋地睡在一起，这种生活方式被称为群居。它们日复一日地爬回到固定的地点睡觉。

材料和工具

* 儿童用可剥落的指甲油
* 花盆
* 小石块

花盆　　石块　　指甲油

1. 在花园或公园里寻找一窝群居的蜗牛。

2. 你会发现它们在石头、砖头或圆木下聚成一堆。

3. 挑选10只蜗牛。在它们的壳上涂一点指甲油。

4. 收集起做好记号的蜗牛，把它们放在附近一个倒扣的花盆下面。在花盆的边沿垫一块石头，以便蜗牛们可以慢吞吞地蠕动出来。第2天清晨，看看是否能找到这些蜗牛，它们是不是还在花盆下面呢？

自然小贴士

在你发现这些蜗牛后，要轻轻地把指甲油剥落下来，否则鲜艳的颜色会吸引蜗牛的天敌——鸟类。

喂养鼻涕虫和蜗牛

鼻涕虫和蜗牛可以养在水族箱中。按下面的步骤,你将会学到如何为它们安一个温暖舒适的家。

材料和工具

* 沙砾
* 小水箱或者大的冰激凌盒
* 土壤
* 苔藓和小草
* 小石头、树皮以及干树叶
* 纱布或者编网
* 线绳
* 剪刀

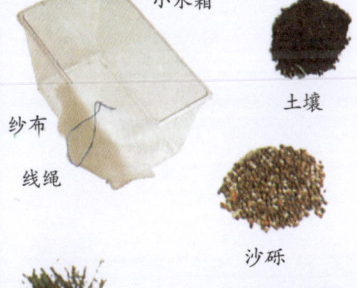
小水箱
纱布
线绳

土壤

沙砾

苔藓

石头、树皮、干树叶

自然小贴士

把你的蜗牛们养在阴凉的地方。给它们喂少量的早餐麦片(糖不要太多)、小片的蔬菜和水果。需要的时候再放一些新鲜的青草和绿叶。

1. 在小水箱或者其他容器的底部铺一层沙砾。

2. 在沙砾上盖一层土。

3. 在土壤中种上小块的苔藓和小草。放入石块、树皮和干树叶。向水箱中淋水,直到土壤变得潮湿。

4. 放几只蜗牛和鼻涕虫,用纱布或编网盖在箱口。用线绳扎好箱口,盖上盖子也行。但要保证箱口留有较多的气孔。

饲养毛毛虫

下面介绍的是一种美观且干净的饲养毛毛虫的方法。最终它们会化成蛹,然后变为美丽的蝴蝶或飞蛾。

材料和工具

* 收集瓶
* 塑料瓶
* 剪刀
* 纸巾
* 广口瓶
* 胶带
* 纱布或者编网
* 橡皮圈或者绳子

1. 在卷心菜或者其他植物上找一些毛毛虫。把它们放入一个收集瓶中。同时,从毛毛虫生活的植物上采集一些叶片。

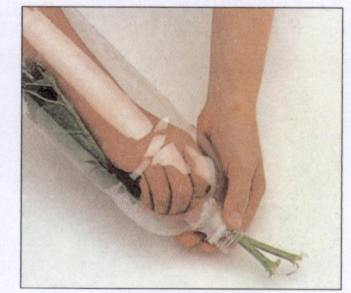

4. 把叶子放入瓶中,茎从瓶口穿出,纸巾刚好形成一个塞子,把枝叶固定。

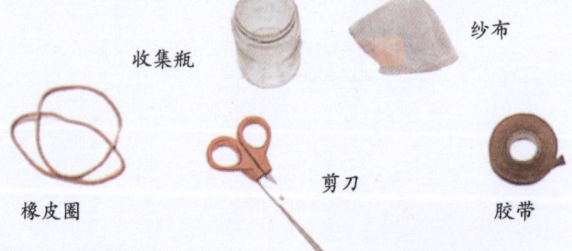

收集瓶　　　纱布

橡皮圈　　剪刀　　胶带

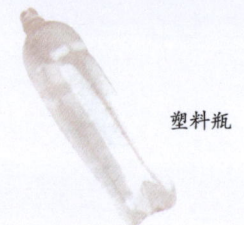

塑料瓶

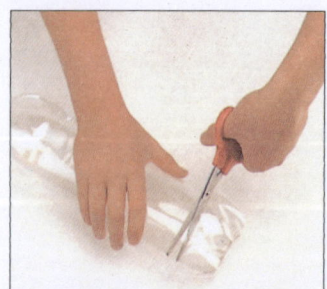

2. 用剪刀将一只塑料瓶的瓶底剪下。

3. 取一束毛毛虫"游览"过的植株和叶子,用纸巾包住茎部。

5. 将瓶颈倒立插入一个有水的广口瓶中,使植物的茎没入水中。如果塑料瓶左右晃动,站立不稳,就用胶带把它固定在广口瓶上。

第六章
藏在四季里的科学

6. 把毛毛虫放入瓶中，瓶顶用一片纱布盖好，然后用橡皮圈（皮筋）或者绳子扎牢。定期给你的毛毛虫宝宝们喂食。

自然小贴士

每隔几天，清理并洗净瓶子，晾干，给毛毛虫们喂一些新鲜的植物。毛毛虫最终会变成像小香肠一样的蛹。留着这些蛹，直到蝴蝶或者飞蛾破茧而出，然后把它们放归自然。

发现池塘和小河底下的秘密

水面下生活着丰富多样的动植物。把渔网或浮游生物网浸入池底世界、河底世界，探访生活在那里的生命。

材料和工具
* 冰激凌盒和水桶
* 浮游生物网或者渔网
* 白色浅底盘
* 画笔
* 果酱瓶或者水族箱
* 笔记本
* 铅笔

1. 在一个冰激凌盒里灌满池水。当你抓到小动物的时候可以把它们放在里面。

2. 用渔网或浮游生物网在水草丛中来回扫动若干次。

浮游生物网

果酱瓶

铅笔

笔记本

冰激凌盒

画笔

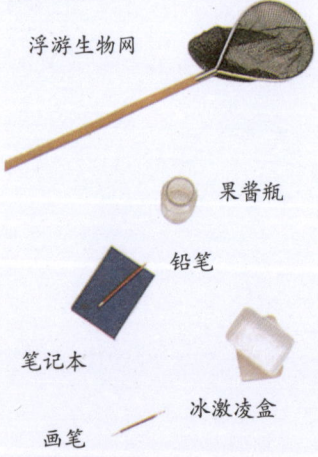

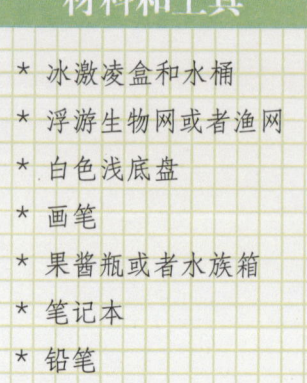

3. 将浮游生物网收集到的东西倒入水桶中。方法是：把网底的广口瓶从网口推出，将网布拉到瓶颈的后面，然后把水倒出来。

4. 很快你会发现种类繁多的水生动物。图中就有两种不同的池塘蜗牛——圆形的塘螺（Ramshorn Snail）和尖角形的大田螺（Greater Pond Snail）。

5. 用画笔仔细地挑出你捕获的动物，放进一个注满水的清洁的浅底盘或者冰激凌盒子中。你可能会捞到一些垃圾，比如枯枝烂叶之类，而清水可以冲去杂质，使你更清晰地观察这些动物。

第六章
藏在四季里的科学

6. 你也可以把它们放入一个大的果酱瓶，或者水族箱中。辨认你捕获的物种，在笔记本中做好记录。探访不同的池塘、湖泊、河流，你发现了生活在不同地方的相同物种了吗？

安全小贴士

无论水看起来多么浅，都要时刻保持警惕！

.277

室内育种

夏季开花的观赏植物大部分都来自于温暖的地区。若要在寒冷的国度种植，我们必须先在室内培育，直到严寒退去才能搬到户外。

材料和工具

* 育种或者花盆堆肥（土壤）
* 种子盘
* 平底小花盆
* 种子
* 浅底盘

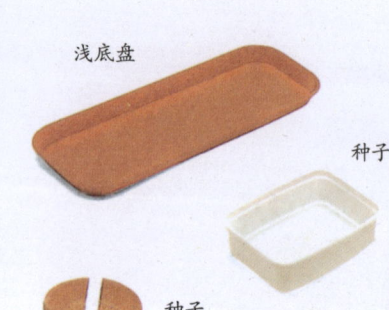

浅底盘

种子盘

种子

花盆堆肥（土壤）

平底小花盆

1. 将育种堆肥或者花盆堆肥（土壤）填满一个种子盘。多装一些，然后将堆肥（土壤）抹平，用一个平底小花盆轻压表面使各处平整。

2. 播下种子，小心地将它们隔开约1厘米左右。

3. 在种子上覆盖少量的堆肥（土壤），看不到种子即可。

4. 为了避免浇水时影响它们的发芽，将种子盘放入一个盛水的浅底盘中。这样一来，它们就可以从下面吸取水分。一次少加一些水，如果堆肥（土壤）足够潮湿，那么种子盘会比较沉重，你能看到表面的潮气闪闪发光。

园丁小贴士

不要忘记在标签上写下种子的名称，并把它插进盘中，这样你就不会忘记你种了什么啦。

第六章
藏在四季里的科学

分育幼苗

当种子发芽并长出一些叶片后，就需要被分开，独立生长。这样每棵植株才有足够的空间长得更高大。

材料和工具

* 小花盆
* 花盆堆肥（土壤）
* 小木棍
* 喷壶

1. 找一个盛满堆肥（土壤）的小花盆，轻轻地将其填实压平。

2. 一只手用小木棍将幼苗掘出堆肥（土壤），另一只手捏牢一片秧叶以扶住幼苗。

3. 将幼苗移入另一个花盆。用木棍挖一个足够深的坑，这样幼苗的根才能舒服地住进去。

4. 将幼苗植入坑中，用一些堆肥（土壤）轻轻压实根部。要非常小心，它们很脆弱。浇些水，最后用喷壶给它们来一个温柔的淋浴。

你知道吗？

植株最底部的第1对叶片叫作子叶。通常它们看起来与其他叶片有所不同，幼苗们利用它们来提供生长所需的初期能量。

夏季篇

阳光普照，假期来临，美好的夏季时光到了！在一年中的这个时节里，没有什么事比户外活动更好了。大自然展现出它最美的一面，如果在春天播下了种子，你现在就能看到夏花开始绽放，闻起来又香又甜。蜜蜂忙忙碌碌地收集着花粉！如果你去海边游玩，仔细地观察石缝中的水洼，沿着海滩边走边找，你一定会发现许多珍宝——幸运的话你还能带几样"纪念品"回家呢！

测量树的高度

野外指南和其他书籍常常告诉我们大树的高度。但是我们怎样测量呢？

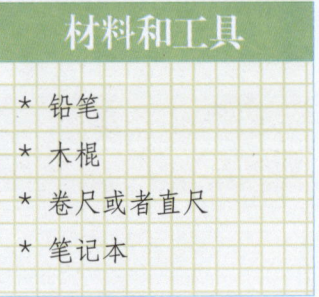

材料和工具

* 铅笔
* 木棍
* 卷尺或者直尺
* 笔记本

1. 站在大树前方。握住一支铅笔并伸直手臂，保证你能同时看到大树和铅笔。让一个朋友站在树下。

2. 将铅笔竖起，使得铅笔头和大树顶端平齐。顺着铅笔下移你的大拇指，直到和树底平齐。

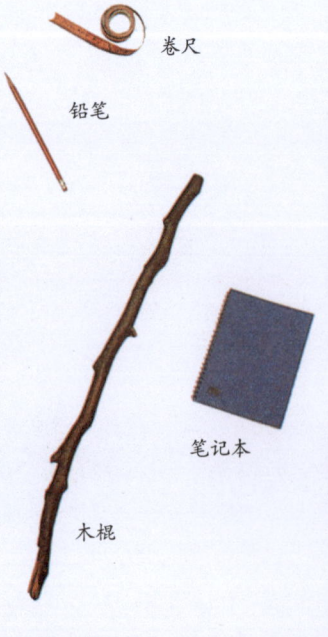

卷尺

铅笔

笔记本

木棍

3. 将铅笔翻转至水平，保持你的大拇指和树底平齐。让你的朋友沿直线背向大树行走，直到她和铅笔的顶端平齐为止。

4. 用一根木棍标记朋友站立的地方。测量从木棍到树底的距离。这个距离和大树的高度相近。在笔记本上记下你的测量结果和结论。

测出树的粗细和年龄

很多树木都非常古老。不过我们还是能够很容易地测出树的粗细和年龄。

材料和工具

* 绳子
* 卷尺或者直尺
* 笔记本
* 铅笔

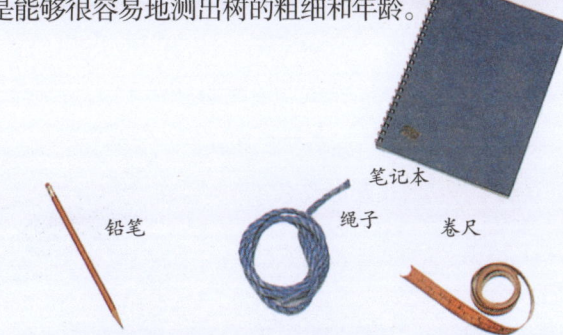

铅笔　绳子　笔记本　卷尺

1. 把绳子绕在树干上,手指卡住绳子交叠处。一棵这样大的橡树应该得有好几百岁的高龄呢!

2. 在平地上将绳子拉直,量到你手指卡住的位置。这个距离和树干外圈的距离相等(周长)。

3. 圆木上的年轮会告诉我们树木的年龄。树木每年都会长出一个新的年轮。

4. 数一数年轮,你能知晓树木的岁数。如果一棵树有150个年轮,那么它就有150周岁。

自然小贴士

下次你散步的时候,仔细观察一下遇到的树木。你发现了多少棵真正的古树呢?古树一定会是最高大或者树干最粗的。

一起来玩儿吧
游戏中的科学和知识

花园"狩猎"

当心了！小心你踩到的地方。一个使人着迷的隐秘世界正在你的脚下活动着。花点时间观察一下，你一定会惊异于这次花园里的"迷你狩猎"！

材料和工具

* 绳子
* 两根竹竿或木棍
* 放大镜
* 笔记本和铅笔

绳子　竹竿　铅笔　笔记本　放大镜

1. 用一根长约1.5米的绳子系住两根竹竿或木棍。

2. 插下竹竿，绷直绳子，穿越长草丛或者林地边缘。

3. 沿着绳子1厘米1厘米地潜行，贴近地面，用放大镜观察。

4. 试着在自然书籍的帮助下辨认你的发现，或者开始写一本自然日记，做适当的笔录。

第六章
藏在四季里的科学

让蜜蜂和蝴蝶入住你的花园

若想吸引美丽的蝴蝶和嗡嗡的蜜蜂入住你的花园,你就要多种植一些它们喜欢的植物,以使它们从附近汇聚过来。很多蝴蝶现在都十分罕见了,所以你种植蝴蝶们喜爱的植物会帮助它们存活下来。蝴蝶和蜜蜂都很喜欢明媚充裕的阳光,所以要把你的花园建在阳光地带!

植物

阔口木桶

花盆堆肥和土壤

鹅卵石

泥铲

材料和工具

* 鹅卵石
* 大花架或者阔口木桶
* 花盆堆肥(土壤)或者相同质量的花盆堆肥和花园土的混合
* 一些精选的适合的植物如福禄考、紫苑、薰衣草、马鞭草、半边莲等
* 泥铲

1. 在木桶或花架的底部放一些卵石以便排水,然后填满堆肥或者土壤与堆肥的混合物。

2. 中间栽种福禄考和紫苑,因为它们的个头儿最高。

3. 福禄考和紫苑的边沿种一些薰衣草、马鞭草。

4. 外围种一些半边莲,这样它就能顺着边沿蔓垂下来。浇水。

你知道吗?

蜜蜂在采集食物的时候,同时做着重要的授粉工作,这样才能有我们吃的苹果和梨子等水果。

一起来玩儿吧
游戏中的科学和知识

赶 海

人人都喜欢去海边嬉戏玩耍，做一回海滩上的自然侦探，看看你能发现什么宝藏。

材料和工具

* 小桶
* 塑料袋
* 笔记本
* 铅笔

1. 寻找海藻和岩石下生活的小动物，那里潮湿、舒适，是它们的天堂。乌贼、螃蟹、海胆以及其他一些动物都常常被冲到岸上。你会在海潮到达的最高处找到它们，那里被称作滨线。

2. 在海滩上你会发现各种不同的贝壳。

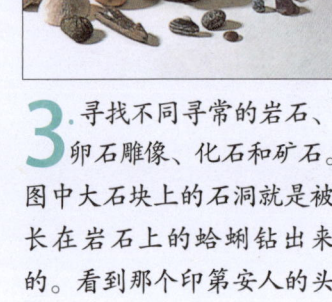

3. 寻找不同寻常的岩石、卵石雕像、化石和矿石。图中大石块上的石洞就是被长在岩石上的蛤蜊钻出来的。看到那个印第安人的头像了吗？那也是从海滩上捡回的，是大自然的杰作。

4. 沙子下面住着谁呢？找到蚯蚓洞，向下挖去，找到生活在下面的蚯蚓。收集起找到的小动物和贝壳，放进小桶或者塑料袋中。在你的笔记本中做好笔记，然后把它们放生。

5. 很多垃圾被冲到海滩上。绳子、塑料、漂浮物危害稍小一些，但是渔具、瓶子、罐子就会有很大危险。小心，有些会装有危险的化学药品，不要碰它们。

收集贝壳

世界各地的海滩上散布着各种各样的贝壳。你可以很快地搜集起一整套漂亮的贝壳,放在盒子里展示或是作为墙上的挂饰,这是很有品位的选择。

材料和工具

* 小桶
* 《野外指南》
* 笔记本
* 铅笔
* 清漆
* 画笔
* 彩色或者白卡纸
* 白胶

卡纸(纸板)　小桶　白胶　清漆

1. 在海滩上搜集空的贝壳,放入桶中。

2. 在家中用清水将它们全部洗净,在户外放置几天,晒干。如果不这样,就会有异味发出。

3. 使用《野外指南》辨认你的贝壳,在自然笔记本中做好笔记并绘图。

4. 挑选出每种贝壳中最好的样本,用清漆涂好。

5. 把它们粘在卡纸(纸板)上。你可以把精选的卡片保存在一个盒子里,或者固定在相框中,悬挂在墙上。

自然小贴士

一些贝壳是受保护的,不能从海滩移走。请在拿走贝壳前确保没有违反当地的法律。

布置迷你池塘

没有哪个花园离得开水声和水景。在一个阳光照耀的、炎热的日子里嬉水会是多么美好啊，这个迷你池塘对于鱼儿来说是有点小，但是对于口渴的鸟儿来说却是一个很好的饮水点。任何一个大的容器都可以用做迷你池塘，只要它不漏水就行！洗碗盆有一点太浅，但在紧要关头还是顶用的。像图中这个较深的玩具箱是最理想的。所以呢，腾出一些玩具，布置一个迷你池塘吧！

材料和工具

* 宽大的容器
* 花盆
* 沙砾
* 两种水生植物，如金莎草和龙头花酒瓶
* 盖上的铅条
* 几束制氧水草
* 花盆堆肥（土壤）
* 小型漂浮植物

1. 找一个宽大的容器，在底部铺一层沙砾。

2. 容器中注满水，大约与边沿平齐。

沙砾　　容器　　水生植物　　漂浮植物　花盆　制氧水草　铅条

3. 把水生植物（当你买的时候，应该已经装在网兜里）慢慢地沿着容器的边沿放入水中。

4. 在制氧水草的根部系一片从酒瓶盖上取下的铅条，固定它们的重心。

5. 将束好的水草装入普通花盆中，在表面铺上沙砾。

6. 将花盆沉入迷你池塘的底部，然后添一些漂浮植物，如水莴苣和水蕨。把你的小池塘放在花园中的坑洞里，这样才能保持阴凉。

建造沙漠花园

如果你梦想着炎热的沙漠和不需要经常打理的植物,那么种植仙人掌和肉质植物再合适不过了。把这盆"沙漠花园"放在阳光充足的窗台上,在夏季要充分浇水,冬季几乎不用浇水。经过这个冬天的休息,一盆仙人掌也许会开出美丽的花朵,给你一个惊喜!

材料和工具

* 花盆
* 特制仙人掌堆肥或者花盆堆肥,鹅卵石,细沙、粗沙的混合物
* 岩石块
* 仙人掌和肉质植物
* 一张折好的报纸
* 沙砾

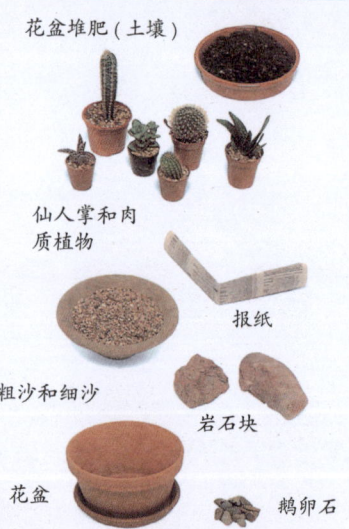

花盆堆肥(土壤)

仙人掌和肉质植物

报纸

粗沙和细沙

岩石块

花盆

鹅卵石

1. 找一只不要太深的花盆,但开口要宽阔,盆底必须有排水的洞。在底部放一些鹅卵石。用特制的仙人掌堆肥填满花盆。

2. 在花盆中放置两大块岩石。

3. 用一张折好的报纸条包住仙人掌,以防扎到手指,围绕岩石种好。

4. 用沙砾盖住土壤表面。在春天和夏天像普通家庭植物一样浇水,但是入冬后,大约每个月浇水1次。

种植野花

乡野植物在田间地头自然地生长了上千年。最艳丽的野花当属玉米地里的野花,但是许多品种现今已经非常罕见了。种上满满一大盆野花,放在门前的台阶上,整个夏季就都能欣赏到它们的风姿了。

材料和工具

* 鹅卵石
* 特大花盆
* 花园土
* 一袋野花种

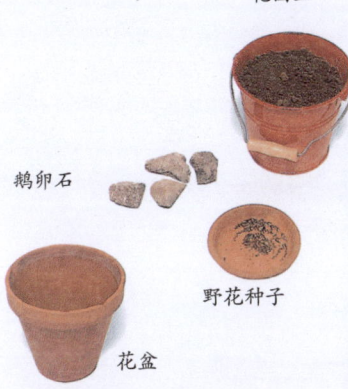

1. 在盆底放些卵石,利于排水。

3. 保持土面平整,然后在土面上均匀地撒一些花种。

4. 轻轻地撒些土壤盖住种子,然后慢慢地淋洒一些水。

2. 在花盆中放入适量的花园土,剔除所有的草根和大石块。

园丁小贴士

不要忘记在花儿生长的时候浇水!花盆比花床需要更多的水分,因为花盆里的水会被逐渐排空。

秋季篇

夏季悄然结束，大自然开始为将要来临的冬天做准备，但这并不意味着你会没有什么东西可探索！众所周知树木在秋天落叶，但你是否收集过落叶，制作过落叶图案的摹拓，作为卧室墙壁上的画片呢？等到树木光秃秃的时候，你可以好好地观察它们。最美妙的就是：为什么不试着亲自动手种一棵幸福树呢？

认识树木的结构

树木是植物世界里的巨人。看看你能否在一棵树上找出以下不同的结构部分。

1. 叶片：叶片有许多形状和尺寸。有些是锯齿边，有些则分成许多小叶。松树叶片就像一根根缝衣针。

2. 树枝：在冬季，树枝可以帮助你辨认出树的种类。从上到下，这些树枝依次是白桦、岑树、苹果树、橡树和柳树。

3. 树皮和树根：我们并不经常看到树的根部。这几棵柳树长在池塘边。你能看到精美的发丝般的须根吗？

4. 花：有些树木会开出带花瓣的花朵，但大多数树木只有绿色或黄色的柔荑花（没有花瓣的花）。

第六章
藏在四季里的科学

5. 果实：树木的果实和种子种类繁多。水果和坚果被想要以它们为食的动物传播开来。其他种子则会长出翅膀，像直升机一样在天空中自由地旋转。

6. 球果：松树通常都是常青的，叶子在冬天也不会脱落。它们的叶子就像缝衣针一样，果实被藏在松塔（松树的球果）中。

园丁小贴士

落叶树木，如胡桃木，在冬天脱落叶片。每个秋天，绿叶变成黄色、棕色或红色。它们枯萎后，从树上飘落下来。你在地面上看到过它们吗？

.293

认识大树上的生命

许多动物把家安在树枝和树叶上。敲打一下树枝，找出茂密叶子中隐藏的小昆虫。

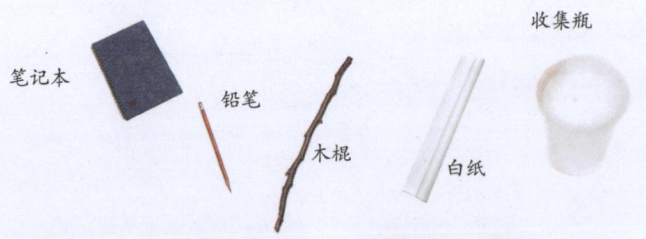

笔记本　铅笔　木棍　白纸　收集瓶

材料和工具

* 一大卷白纸或者布片
* 木棍
* 小画笔
* 收集瓶
* 凸透镜或者昆虫盒
* 《野外指南》
* 笔记本、铅笔

1. 选择粗大的树枝，在下面摊开一张纸或者布片。

2. 把树枝拖到纸张或布片的正上方，用棍子敲打。不要敲得太用力，那样会折断树枝。

3. 昆虫会掉落在纸张或布片上。用画笔把它们挑起来，放进收集瓶中。

4. 用放大镜、昆虫盒和《野外指南》来辨认捕获的样本。在笔记本中给所有的发现列一个名单。树上究竟有多少不同种类的动物呢？用铅笔画下它们的样子。

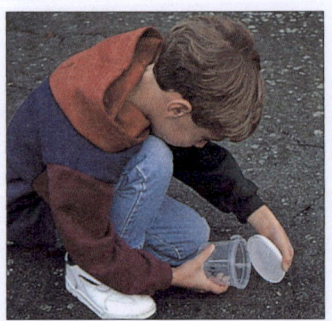

5. 释放你捕获的昆虫，最好是在捉到它们的那棵树下，至少要在安全的地方。现在，试着敲打另一种不同树木的树枝。哪种树上昆虫的种类多一些呢？

第六章
藏在四季里的科学

做一名自然侦探

不论何时，当你外出走近一棵树的时候，仔细寻找住在树上的小动物留下的线索。睁大眼睛，仔细倾听。做一名自然侦探！

材料和工具

* 笔记本
* 铅笔
* 塑料袋
* 收集瓶或收集盒

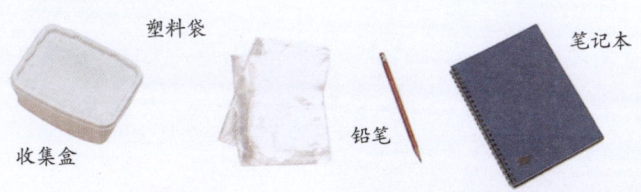

塑料袋　　　笔记本

收集盒　　　铅笔

1. 寻找动物进食留下的痕迹，如松鼠、老鼠等小动物啃过的松塔，坚果以及水果。搜集这些标本，并记录在你的笔记本中。

2. 寻找巢穴。这些洞穴大都在空心树干的下面，里面通常住着狐狸。在上方的枝干中查找，也许能发现啄木鸟或其他鸟类的巢穴。

3. 寻找虫洞。许多昆虫和它们的幼虫在树木中挖洞，图中坑道就是筒蠹的杰作。

4. 寻找腐烂的树木。啄木鸟会在腐烂的树木上打洞，寻找蛀蚀树木的昆虫。其他的动物会刮擦树干来捕捉树干中隐藏的昆虫。

.295

一起来玩儿吧
游戏中的科学和知识

观察石块和圆木下的世界

许多小生命生活在土壤里,包括那些圆木、岩石、石块下的阴暗潮湿的地方。

材料和工具

* 画笔或镊子
* 收集盒
* 笔记本
* 铅笔
* 《野外指南》

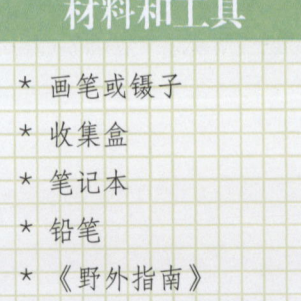
收集盒　笔记本
画笔　　　　铅笔

1. 找一块砖头、石块、岩石或者圆木,看一看下面有什么。你也可以在木板或者其他花园废弃物下面找一找。

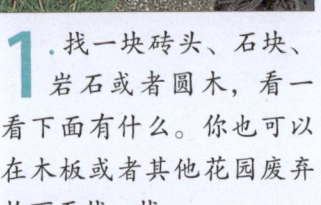

2. 轻轻地搬起石块,看看是否有生活在下面的小生物。慢慢地用画笔或镊子拈起下面的生物。

3. 把你发现的所有动物都放入一个收集盒中。轻轻地把圆木或石块滚回原处,防止下面的小世界干旱荒芜。做好笔记,绘出图形,用一本《野外指南》来辨认出找到的动物。

4. 幸运的话你会发现一些大点的动物,如青蛙、蟾蜍、蝾螈(火蜥蜴)等。当你做完记录后,把它们带回原处放生。

第六章
藏在四季里的科学

设置隐形陷阱

隐形陷阱用来捕捉地面行走的小昆虫。

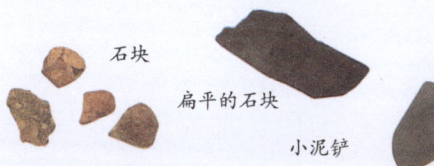

石块　扁平的石块　小泥铲

收集罐

材料和工具

* 小泥铲
* 收集罐
* 4块石头
* 扁平的大石块
* 木片或树皮

自然小贴士

不要忘记在研究完这些虫子后，把它们放归自然。

1. 挖一个收集罐大小的洞。

2. 把罐子放入洞中，确保罐口和地面平齐。填满边沿周围的缝隙。

3. 在罐口周围堆放4块石头。

4. 在4块小石头上放置一大块扁平的石块和一片木片。放置一夜。第2天一早去看看是否有甲虫或其他动物落入陷阱中。

一起来玩儿吧
游戏中的科学和知识

收获秋天

每一年秋天都伴着水果、蔬菜、坚果、浆果的大丰收。各种动物在漫长的冬季岁月前有了充足的食物。看看你能否找得到下面列出的品种。

材料和工具

* 篮子或塑料袋
* 收集罐
* 剪刀，用于剪断样本

塑料袋

收集罐

剪刀

1. 长在树篱中的浆果，如接骨木果和黑莓，可以做果酱、水果甜点和酿制农家酒，这已经有好多个世纪的历史了。

2. 水果有许多不同的种类。这些肉质水果能吸引动物食用它们以传播种子。

3. 坚果有坚硬的盔甲来保护里面的种子。

4. 种子的数量非常多，为动物提供了充足的食物。

5. 这些果实能在风中飘荡。每颗种子都有精致绒毛或蓬松软毛形成的微型降落伞。

第六章
藏在四季里的科学

6. 有些果实上有倒刺，可以抓牢动物的皮毛或我们的衣服。落到地上后，长成一棵新植物之前，它们会被带到好几千米以外的地方。

收集秋天的落叶

每年秋季，落叶植物都会脱下美丽的叶片。一薄层墙壁般的细胞长在叶柄与茎的连接处，之后叶片就开始微缩，死亡，脱落。树叶死亡后，颜色变成黄色、棕色、橘黄色、红色或紫色。收集落叶，用它们做一幅拼贴画。

材料和工具

* 落叶
* 报纸
* 书本
* 大信封
* 白胶
* 卡纸（纸板）或纸张

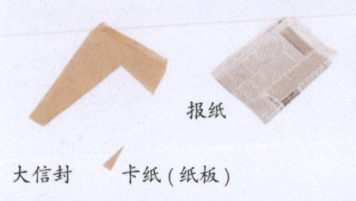
大信封 报纸 卡纸（纸板）

书本 白胶 落叶

1. 尽可能多地收集各种不同的落叶。

2. 把叶片放入一叠报纸中间。放一本书在上面，轻轻地压住它们。

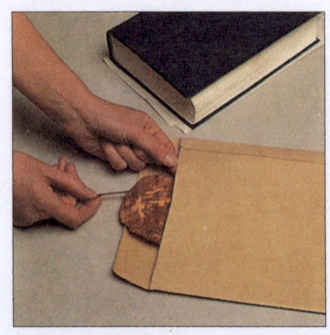

3. 你可以把压平的落叶收集在信封里，直到需要时再取出。

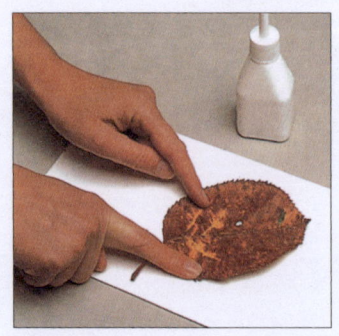

4. 把叶片粘在一张卡纸（纸板）上。

5. 收集不同种类的叶片做一个精选集，或者制作一幅拼贴画，用来装饰贺卡也不错。

第六章
藏在四季里的科学

冬季篇

冬季是一年中特别的时刻：大自然似乎隐藏了它的踪迹，但如果在正确的地方做一点调查，你就会发现那些终年定居那里的小动物的蛛丝马迹。为了让鸟儿拜访你的花园，你可以造一个鸟巢箱或者鸟食盒（给鸟投食）。如果为它们准备好美味佳肴，你就能看到它们在整个冬季来来往往，使你的花园热热闹闹！

绘制自然地图

绘制一张你家附近地区的地图。你可以利用它设计出一条充满自然风光的小路。带着你的朋友观赏沿路的风光，用沿路出现的各种动植物给他们一个惊喜！

材料和工具

* 笔记本
* 铅笔
* 彩色铅笔

1. 绘一张地图，标出所有在你家附近你能看到的街道、马路、建筑物以及其他人造结构。把它们涂成灰色或其他合适的颜色，如棕色。

2. 在各自的位置上画出花草、树木、树篱以及其他各种植物。画上绿色的阴影。

铅笔

笔记本

彩色铅笔

自然小贴士

用这些笔记和图画绘制一幅你居住地区的大型自然地图。

3. 画上所有的水坑、池塘、小河、岩石、圆木、围栏以及其他你能看到的特殊景物。

4. 在你的地图上标出你发现的所有动植物的位置。有些动物也许会走动，那就用圆点线标出它们的活动路线。你也许会发现一些线索（如脚印、粪便等等），那些地方用叉号或者圆点表示出来。

记录旅途中的见闻

汽车旅途有时候会漫长而乏味。在你的笔记本上列一个见闻记录单来打发时间吧！你可以核对沿路所见的所有自然景物。

材料和工具

* 笔记本
* 铅笔
* 彩色铅笔

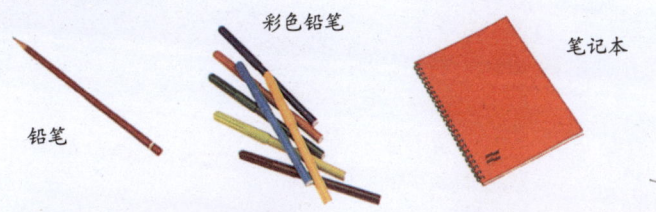

1. 给你路途中见到的鸟类做一个清单，并记录下你见到的各种鸟类的数量。

2. 寻找路边不同种类的花草树木。寻找不同颜色的花朵和不同类型的树木。记录下你见到的各种植物的数量。

3. 给你路途中见到的动物做一个清单，可以包括农场动物。记录下你见到的各种动物的数量。

4. 给你路途中见到的生态环境做一个清单。记录下你见到的不同环境的数量。

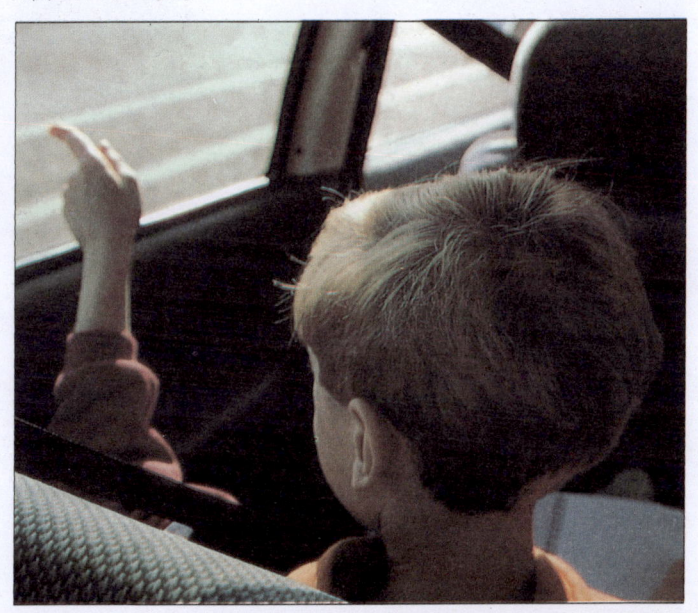

蛛丝马迹

下面有些追踪生活在附近的动物的线索，就算你没见过它们，也一样能知道它们的存在。

1. **粪便**：这是一只水獭留下的。发现于河边的小路上。你能看到鱼骨和龙虱翅鞘吗？这些都是水獭大餐的残留物。

2. **捕食的痕迹**：我们常常能够看到动物被捕食的地方。这些羽毛和兔子骨骼是被一只狐狸留下的。

自然小贴士

你在任何地方都能发现这些蛛丝马迹。有时你会在非同寻常的地方找到。你能看到这只蜗牛在房屋墙壁上爬上爬下的痕迹吗？

3. **窠臼和洞穴**：这些东西告诉了我们动物的住处。你能看到通往这个洞穴的泥泞小路吗？

4. **其他迹象**：许多动物会在身后留下抓痕或其他痕迹。这些皮毛被夹在了一个篱笆的铁丝上。

观察地鳖虫

地鳖虫不能在干燥的环境下生活。下面这个实验会显示出它们如何积极地寻找潮湿的住所。

材料和工具

* 收集盒
* 两张纸巾
* 浅底塑料盘
* 报纸

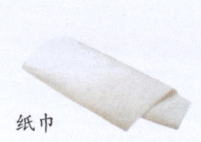
纸巾

报纸

收集盒

浅底塑料盘

1. 在石头、砖块和圆木下寻找一些地鳖虫，把它们放进收集盒中。

2. 把一张纸巾对折，平铺在盘子的半边。

3. 把第2张纸巾对折，打湿，放在盘子的另一半。

4. 把地鳖虫倒在盘子中央，盖上报纸。等待30分钟，掀起报纸。地鳖虫都跑到哪边去了呢？

一起来玩儿吧
游戏中的科学和知识

制作饲虫箱

蚯蚓实在是一种神奇的动物,我们常常把它们称作土壤的救兵。它们能保持土壤健康,通过取食土壤中的植物残骸,开掘出便于空气和水分流动的通道。饲虫箱是一种利用厨房废料制造花盆堆肥的极好用具。相比于肥料桶,这种方法规模小、见效快,产出的肥料非常适合栽培植物。最适宜在饲虫箱中生长的蚯蚓,当然不是普通的泥地蚯蚓而是沙蚯蚓(虎纹虫),大部分渔具店都有售。

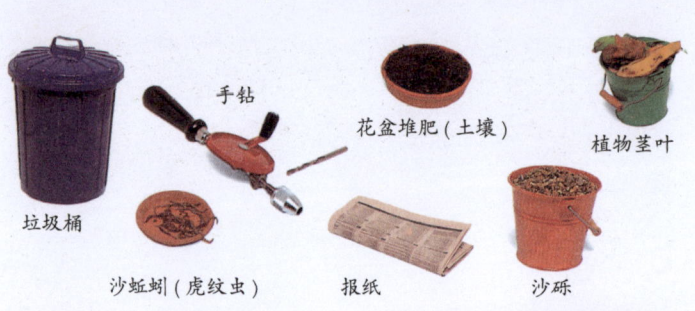

垃圾桶　手钻　花盆堆肥(土壤)　植物茎叶
沙蚯蚓(虎纹虫)　报纸　沙砾

材料和工具

* 手钻
* 小垃圾桶
* 沙砾、报纸
* 花盆堆肥(土壤)
* 沙蚯蚓
* 蔬菜茎叶

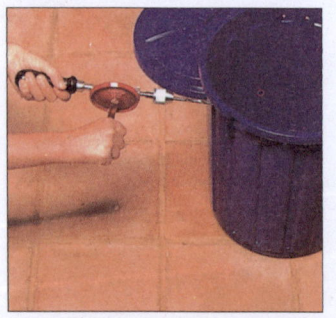

1. 在距盆底2.5厘米的小垃圾桶上钻两排排水孔。在顶部再钻一排排气孔。

2. 在盆底铺上一层10厘米厚的沙砾。

3. 铺上一层湿报纸,防止堆肥(土壤)掉落在沙砾上。

4. 接着铺上一层10厘米厚的花盆堆肥(土壤)。

5. 现在放入一把沙蚯蚓,如果不愿意赤手的话,可以戴上手套。

安全小贴士

在使用任何种类的钻子时都要特别小心!

第六章
藏在四季里的科学

6. 加上一薄层蔬菜茎叶，用厚厚一层报纸盖住。几个星期后蚯蚓就会在它们的新家里安顿下来。在蚯蚓没有处理掉上一批蔬菜茎叶前不要再放入蔬菜茎叶，每次要少放入一些。

你知道吗？

蚯蚓最喜欢的食物有香蕉皮、茶叶渣、胡萝卜和土豆皮以及各种绿色茎叶。它们对橘子皮或者柠檬皮不太敏感，所以最好把这些东西拿远点。

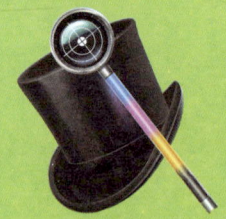